自卑与超越

〔奥地利〕阿弗雷德·阿德勒　著
语娴　编译

内蒙古出版集团
远方出版社

图书在版编目（CIP）数据

自卑与超越 /（奥）阿德勒 著；语娴 编译. -- 呼和浩特：远方出版社，2016.1
（阅读深呼吸）
ISBN 978 – 7 – 5555 – 0575 – 4

Ⅰ. ①自… Ⅱ. ①阿… ②语… Ⅲ. ①个性心理学 – 通俗读物 Ⅳ. ①B848 – 49

中国版本图书馆 CIP 数据核字（2016）第 000756 号

自卑与超越

作　　者	〔奥地利〕阿弗雷德·阿德勒
编　　译	语　娴
责任编辑	孟繁龙
责任校对	董美鲜
封面设计	刘红刚
版式设计	北京旺博雅图文设计中心
出版发行	内蒙古出版集团　远方出版社
社　　址	呼和浩特市乌兰察布东路 666 号　邮编：010010
电　　话	（0471）2236471 总编室　2236460 发行部
经　　销	新华书店
印　　刷	北京振兴源印务有限公司
开　　本	880mm×1230mm　1/32
字　　数	263 千
印　　张	9.25
版　　次	2016 年 1 月第 1 版
印　　次	2016 年 10 月第 1 次印刷
印　　数	1—5 000 册
标准书号	ISBN 978 – 7 – 5555 – 0575 – 4
定　　价	35.00 元

如发现印装质量问题，请与出版社联系调换。

序

阿弗雷德·阿德勒（Alfred Adler），奥地利精神病学学家，个体心理学创始人，人本主义心理学先驱，现代自我心理学之父。

1870年，阿弗雷德·阿德勒降生在维也纳郊区的一个中产阶级犹太人家庭。他在家中排行老三，上面有一个出色的哥哥，这对他的一生产生了很大影响，在他的早期记忆中，他总是因为哥哥的出色而有心理压抑。与他健壮英俊的哥哥相比，两人的先天条件优劣悬殊，阿德勒相貌平平，身材矮小，背有点驼，因为患有软骨病，身体活动受限，直到四岁了才蹒跚学步，这使他处处有自卑感。他后来提出克服自卑感追求优越是人格发展的动力，显然是受他童年经历的影响。

阿德勒的父亲是一名做谷物生意的犹太商人，所以他的家境富裕，但他的童年生活并不快乐，在他孩提时代的记忆中，多是不幸与灾难。阿德勒三岁的时候，睡在他身边的弟弟悄然去世，幼年时期的阿德勒还有两次车祸经历，这使他对死亡非常畏惧。五岁的时候他患了肺炎，痊愈后，他决心长大以后从医，救死扶伤。1895年，阿德勒进入维也纳大学取得博士学位，他行医之初是一名眼科医生，后转向精神病学，曾追随奥地利心理学家弗洛伊德探讨神经症的问题，是弗洛伊德的学生之一。

第一次世界大战期间,阿德勒在奥地利军队服役,1896年4月至9月,他在军队一所医院工作,继续他服役期间的半年义务兵役。1897年至1898年,他回到维也纳大学深造,其间,他与来自俄国的留学生罗莎结婚,生育三女一男,其中次女亚历山德拉(Alexandra)和儿子库尔特(Kurt)后来成为阿德勒学派的心理学家。

1889年至1900年,阿德勒与弗洛伊德同城行医,二人结识后成为好友。不久,他与威廉·斯特克尔一起在弗洛伊德创办的《心理分析汇编》做编辑工作。

1900年,弗洛伊德发表了《释梦》一书,这本用心理学视野分析梦与人的生理疾病的书引起一片哗然,维也纳的《新自由报》发文予以猛烈抨击。阿德勒对书中的心理学运用产生了浓厚的兴趣,在一片炮轰声中,阿德勒挺身而出,在维也纳一本著名刊物上发表署名文章,支持弗洛伊德的观点。1902年,弗洛伊德建立了一个小组织"周三心理学会",邀请阿德勒加入,阿德勒与弗洛伊德就此建立了同事关系。

1907年,阿德勒发表了一篇论述由身体缺陷引起的自卑感及其补偿的论文,这篇论文的问世,使阿德勒一夜之间声名鹊起,并得到了弗洛伊德的赞赏,认为阿德勒的观点对精神分析做出了一大贡献。后来,阿德勒进一步发展了他的观点,将补偿作用看作是精神分析的理论中心,这与弗洛伊德的本能论大相径庭,师生二人由此产生理论上的裂隙。1910年,由于弗洛伊德的推荐,阿德勒担任"维也纳精神分析协会"第一任主席。转眼间,1911年,阿德勒连续发表三篇文章,批判弗氏的精神分析重视潜意识本能、忽视社会文化影响的倾向，公开反对弗洛伊德精神分析中的泛性论，成为挑战弗氏本能论的第一人，两人矛盾由此激化。1912年，两人十年的同事关系走到尽头，阿德勒退出了弗洛伊德的"维也纳精神分析协会"，与他的几个追随者共同组建了"个体心理学学会"，至此，阿德勒一生致力于发展和完善他的个体心理学理论体系。

1934年，由于"二战"期间德国纳粹对犹太人的迫害，阿德勒决定永久定居纽约，同年，他创办了《国际个体心理学杂志》。1937年5月28日，阿德勒赴欧洲做演讲旅行时，由于舟车劳顿突发心脏病，病逝于苏格兰的亚伯丁，享年六十七岁。

《自卑与超越》是阿德勒最为畅销的作品之一，这是阿德勒的后期作品，可以一窥阿德勒个体心理学的基本观点。全书共分十二章，分别论述了十二个主题：生活的意义，心灵和肉体，自卑感与优越感，早期的记忆，梦，家庭的影响，学校的影响，青春期的引导，犯罪及预防，职业问题，个体与社会群体以及爱情与婚姻。每一章的主题论述都力透纸背，清晰地阐述了自卑感的形成及对个人成长的影响，以及人如何借助自卑感的原动力超越自身限制，达到对优越感的适度追求，最终获得成功。在这十二个章节中，始终贯穿着一条主线——生活的意义在于奉献，在于对他人产生兴趣并合作，只有那些对他人怀有社会情感而又能为人类谋求幸福的人，才能有勇气战胜自卑的限制，从而超越自卑，追求优越。然而，并非所有人都能从自卑感中找到补偿实现超越，关键在于他能不能圆满地解决好人生的三大问题，即职业、社交、爱情婚姻。

正如《纽约时报》的一篇书评给予的高度评价一样:"这本书和《理解人性》一样浅显易懂,笔法驾轻就熟,语言简洁生动。人类在意义的国度里生活,生活的意义在于对身边的人发生兴趣。个体作为社会的一分子,应为人类幸福谋求福祉。生活是一个富于创造性的过程,如果我们每个人都将合作的方式引入自己的生活,人类社会的进步将永无止境。生活真正的意义应该体现为接纳并分享他人的活动,善于合作、甘心奉献,恰当使用'追求卓越'的心理动力以补偿与生俱来的自卑感。作为公众熟知的最优秀的心理学家,阿德勒没有用枯燥的学术用语写一本晦涩难懂的书给我们,而是奉献了一本与他作品一贯风格那样朗朗上口的通俗性读物给我们。"

一个世纪以来,阿德勒创立的个体心理学思想在心理学界、教育界和临床治疗界都产生了广泛而深远的影响。现在,阿德勒的个体心理学事业一方面由女儿亚历山德拉和儿子库尔特继承发展,另一方面则由德雷克斯和安斯巴切等人发扬光大,特别是德雷克斯现在已是继阿德勒之后的个体心理学界的领军人物,他在美国创办了阿德勒学派的组织和杂志,在芝加哥建立了儿童指导中心,并在多个国家开展了个体心理学的培训。现在,阿德勒的思想在世界各地得到普遍承认并进一步弘扬发展。

阿德勒的一生本身就是一个奇迹,正如本书阐述的那样,许多童年时期不幸的人克服了常人难以想象的困难,成为人类社会的杰出人物。

目　录

第一章　生活的意义

赋予生活的意义　　　　　　　　001
人生无可回避的三大制约　　　　003
社会情感　　　　　　　　　　　006
童年对人生的影响　　　　　　　010
梦对早期记忆的影响　　　　　　016
合作的重要性　　　　　　　　　020

第二章　心灵和肉体

心灵和肉体的联系与冲突　　　　022
情感的作用　　　　　　　　　　032
身心的不同特征　　　　　　　　040

第三章　自卑感与优越感

自卑情结　　　　　　　　　　　044
对优越感的追求　　　　　　　　052

第四章　早期的记忆

人格塑造　　　　　　　　　　066
早期记忆和生活方式　　　　　069
解析早期记忆　　　　　　　　071

第五章　梦

对梦的传统解析　　　　　　　088
强化生活方式　　　　　　　　093
象征和隐喻　　　　　　　　　097
常见梦境分析　　　　　　　　102
案例分析　　　　　　　　　　104

第六章　家庭的影响

母亲角色的作用　　　　　　　114
父亲角色的作用　　　　　　　124

对孩子的关注与忽视	134
家庭中的手足平等	137
家庭中的排行	139

第七章　学校的影响

变革中的教育	152
教师的角色	154
性格教育的重要性	154
师生关系	157
学习兴趣	158
课堂里的合作与竞争	160
评估儿童的发展	162
天分与培育	164
性格类型的发展	167
教学工作观察	171

第八章　青春期的引导

青春期的特点　　　　　　　　175
心理特征　　　　　　　　　　175
生理特征　　　　　　　　　　177
成年挑战　　　　　　　　　　177
被宠坏的孩子　　　　　　　　179
沉溺于童年　　　　　　　　　179
轻微犯罪　　　　　　　　　　180
神经质行为　　　　　　　　　180
与预期相悖　　　　　　　　　181
渴望赞赏与认同　　　　　　　182
青春期性心理健康　　　　　　185
"男性钦羡"　　　　　　　　　186
成长期　　　　　　　　　　　188

第九章　犯罪及预防

了解犯罪心理　191
人类对优越目标的追求　191
环境、遗传与转变　192
童年影响与罪犯的生活方式　194
犯罪人格的构成　197
犯罪、疯狂和怯懦　201
犯罪类型　202
犯罪案例分析　203
合作的重要性　211
性格、生活方式和三大问题　212
合作的早期影响　216
犯罪问题的解决方案　220
体罚是无效手段　221
培养合作　223
可行性措施　225
预防措施　227

第十章　职业问题

　　平衡人生难题　　　　　　　　230
　　家庭和学校的影响　　　　　　233
　　纠正潜在的错误　　　　　　　234
　　天才与早期兴趣　　　　　　　235
　　培养才能　　　　　　　　　　236
　　童年宣言　　　　　　　　　　237
　　早期记忆　　　　　　　　　　239
　　角色扮演　　　　　　　　　　239
　　影响择业的因素　　　　　　　240
　　寻求解决之道　　　　　　　　242

第十一章　个体与社会群体

　　人类需要团结　　　　　　　　243
　　宗教的角色　　　　　　　　　243
　　政治和社会行动　　　　　　　245

利己主义　　　　　　　　　　　246

精神障碍　　　　　　　　　　　247

过失犯罪　　　　　　　　　　　252

社交兴趣与社会平等　　　　　　253

第十二章　爱情与婚姻

爱、合作与社会兴趣的重要性　　255

平等的伙伴关系　　　　　　　　258

婚前准备　　　　　　　　　　　259

友谊与工作的重要性　　　　　　262

性教育　　　　　　　　　　　　263

影响配偶选择的因素　　　　　　264

婚姻的承诺和责任　　　　　　　265

常见的逃避方式　　　　　　　　267

恋爱　　　　　　　　　　　　　270

婚姻的生理方面　　　　　　　　271

一夫一妻制，努力经营和现实主义　　273
解决婚姻问题　　276
婚姻与男女平等　　278

附录　关键词释义

个体心理学　　279
自卑情结　　281
社会兴趣　　282

第一章　生活的意义

赋予生活的意义

"意义"一词是指人们为某种行为所能带来的作用和价值，包括人们对意义的认知和人生的认识。人类生活在意义之中，当人类置身于丰富多彩的世界时，人类体验事物不会游离于体验对象而抽象地进行，自身的角度往往会左右我们的体验，例如"木头"的含义与人类生活有关，或"一个人走进树林"。"石头"亦是如此，也是人类生活中不可或缺的生活要素。但是，我们会发现一个可悲的事实，有人总是梦想脱离事物的意义，生活在"纯粹的环境"当中。他没有预料到一个后果，当他拆毁了客观存在的事物本义之后，他与周围的人丧失了沟通的条件，成了孤家寡人，一切自我封闭的行为都失去了意义。体验现实必须将现实与生命的存在高度融合，跳出事物本身的桎梏，真正体验生活的意义和价值。但各人对意义的体验千差万别，现实赋予的人生价值充满主观色彩，所以，各人感受的意义总有遗憾，各种缺憾不一而足，因此我们得出结论：体验就像一块有瑕疵的白玉，不能尽善尽美，的确，我们永远找不出一个真正正确的体验，因为充满意义的世界遍布形形色色的谬误的暗礁。

如果你去问一个人："什么是人生的意义？"大多数情况下，

对方都会张口结舌，他会一头雾水，不知你想表达的意思。绝大多数人会觉得花不起这个闲工夫去思考这个问题，认为没有必要去探寻这个让人摸不着边际的事儿。但有一个无法回避的事实，从古至今，这个问题与人类如影随形，曾有很多人发出过这样的探究："人活着是为了什么？""生活的意义是什么？"无论你是白发老叟，还是正当风华正茂，都可能会遇到这样的提问。但真正让人用心来思考的，只在一些特定的时候，比如遭遇到重大的挫折，遭遇难以逾越的困难或被看不到希望的疾病缠身之时，这个问题便是思考的重中之重："人活着为什么？""生活的意义是什么？"企图极力寻求一个答案。相反，那些日子安逸、生活境遇波澜不惊的人，基本上不会有产生探求生命意义的想法，这是个距离他们似乎很遥远的话题。

问题是，谁也绕不开我们人生经历中的诸多问题，这是一个必须要直面的事实。人生意义的解读潜移默化地影响着人的各个方面，形成个人独有的气质。我们观察一个人的行为、言语和举止，包括他对事物形成的观点、性格特征以及生活习惯，甚至他的野心或癖好，可以八九不离十地判断出他对生活意义的诠释。他的个人诠释润物无声，世界先在他的评价中形成一番总结，然后在他的行为方面向别人传达出他的个人观点，"我就是这样的，而世界却是那样。"

前面有过结论，人生意义的诠释找不出绝对正确的，生活意义因人而异，"花有千样红"，人生意义如同百花园，各有芬芳或萎靡，通常每个人对人生的理解都偏执于他的人生境遇，因此这种带有个性化特征的意义诠释都有不完美之缺憾。无人能拿出有说服力的绝对正确的解读，每一种解读都有某一个论点站得住脚，没有一说是"绝对真理"。不同的生活境遇，赋予人不同的生活意义，有的美妙，有的苦涩。"幸福的家庭都是相似的"，这是较好的生活意义的共同特征，"不幸的家庭各有各的不幸"，较差的生活意义却找不到共同的特征。何谓相对"科学"的生活意义？在数不胜数的答案中，我们发现所有的意义都在"绝对正确"和"绝对错误"两极之间像钟摆一样来回摆动，如果我们能从这些有高下之分的解读中，品出带有普遍性的标准和意义，我们就找到了揭示人类问题与现实之谜的钥匙。诚然，所谓"真正的"意义，必须是基于人类生存目的而言的，如果跳出了这个特定的范畴，任何与人类无关的真理，都不会引起我们的关注，更不会去究其根由。

人生无可回避的三大制约

每个人都无法逃避生活中的三大制约因素，这是构成我们人生的现实内容，无所不在地缠绕着我们，我们不仅要遭遇这些棘手的事，还必须做出应对，不得掉以轻心。多得不可胜数的解答，反映出千差万别的对人生意义的解读。

第一种制约，地球是人类生存的共同家园。这个美丽的小小星球（地球）承载着世间万物、各种族类，使得这颗星球显得贫瘠而力不从心，迫使我们必须善待地球。人类的身心健康与生存环境息息相关，我们只能依赖地球提供给我们的资源繁衍延续，除此别无去处。我们无法回避受到限制的挑战，无论我们采取何种生存方式，都是我们对人类生存状况的解答。我们只有一法可以选择，从中选择适者生存的取向，哪些是必需的、可能的、有价值的，择善而从之。但不管哪一种有希望的选择，都要回到一个中心事实：我们必须生活在这个小小的星球上，必须尽人类心智的发展来延续地球的生命，求得地球与人类共存。这是我们遇到的第一种制约，是绕不过去的。

人与自然的关系是力量悬殊的对比，人类本身的孱弱无法抗争生存环境中的潜在威胁。为了追求全人类的福祉，我们必须直面现实，拿出魄力，定下正确的答案。数学几何题的难解在于它的各个不同的点与线，我们必须找出这些点与线的相互作用和条件，最大限度地得出最佳答案。此外，所有答案无一例外涉及人类生存的空间，地球限制了人类生存的空间，我们的生存质量直接与地球祸福相依，一荣俱荣，一损俱损。

第二种制约与人类有关。人类是群居动物，假如一个人离群索居，他的生活是不可想象的，他独自面对一切问题，凭他一己之力解决遇到的难题，单枪匹马，独木难支，他最后的结局是毫无悬念地走向灭亡。在他熄灭了自己生命之火的同时，也断绝了人类的繁衍生息。人类自身的弱点、缺点和局限性，迫使我们要与周围的人融为一体，形成互补，守望相助，结成伙伴关系。尺有所短，寸有所长，以他人之长弥补自身的不足或缺陷，共同生存与发展。我们在寻求人生答案的同时，必须重视我们受到的约束，必须考虑到与他人合作的必要性，不论生存问题或是感情需要，都必须与群居共存的目标相适应。

第三种制约是性别关系，不管哪种族类都只有两大性别，男性与女性（雄性和雌性），人类也不例外，这是人类繁衍延续的必要条件，也是唯一的条件。谁也无法绕开爱情与婚姻，而爱情与婚姻则受制于性别关系。每个人都以不同的方式来诠释这个制约，一旦遇到问题，人们会设想多种多样的方法。总之，人们会以他自己认为最好的方式来解决，这就是目的。

三种制约的客观存在，引申出三个问题：第一，地球是目前人类已知的生存家园，而这个家园的自然资源有限，受到制约的是在星球（地球）上，如何使有限的空间内物尽其用，从而使人类获得永存；第二，在芸芸众生中，如何找到自己的定位，与他人有良好的合作关系，并享有合作带来的益处；第三，如何以最佳状态调整好自身，以适应"人类两种性别"以及依赖两性关系使人类得以繁衍的生存要求。

从目前来看，个体心理学将人类的问题大致归为三类：职业、社会与两性问题。观察一个人对生活意义的诠释，可以准确地了解他对三个问题的不同反应。举个例子，假如有一个人，他的生活中缺失了爱，感情生活一片空白或屡遭挫折；职业方面一无所长，只能从事不尽如人意的工作。他也没有社交圈子，没有朋友，与人相处对他来说是件痛苦的事，由于缺少与人沟通，他的社交能力退化为零。从他加诸自身的定位和局限，我们可以下这样的结论：他的生存状态危机四伏，缺少机遇，常常遭受的失败与挫折使他心灰意冷。为了免受伤害，他采取自我封闭以求自保，躲开可能遇到的问题。活着对他来说既艰难又痛苦，慢慢地，他的生存空间越来越狭窄。

另一个完全相反的例子可以让我们得到截然不同的结论。一个人交友广泛，有良好的人际关系，人脉充盈，无往不利。工作卓有成效，个人职业是他兴趣所在，而不是被迫从事的不喜欢的工作。他有幸福的家庭，夫妻关系融洽，琴瑟合谐。那么，他的生活不仅仅是"活着",而是"创造"。他的生活负有创造性使命,机遇青睐于他,左右逢源,无论遇到什么问题,他都有超凡的勇气和战胜困难的决心,在他眼中,"没有过不去的坎",虽"艰难当饼,困苦当水",却能从中超越、创造。这传达出一个信息:生活是爱,真正的生活在于心中有爱,懂得关注他人,他有"让我爱而不受感戴,让我事而不受赏赐"的精神境界,将自己置身于社会大家庭中,积极地奉献一己之力,为人类的共同福祉做贡献。

社会情感

由此,我们可以发现有一条轨迹可循,无论什么人对人生的何种解读,无论是"真正的人生",或是"错误的生活",都可以从中找到一些共同点。而精神病人、罪犯、酗酒者、问题少年、自杀者、性变态者和妓女,他们的人生之所以失败,是因为他们在遇到职业、社交和两性问题时,单枪匹马,从不寻求他人帮助,他们只相信自己的能力,不相信通过合作能得到帮助,他们缺乏最简单的常识:"凡帮助别人的,没有不被人帮助的。"他们对人生意义的理解是极端个人化的,他们既不能与人分享成功,别人也不能从他们的成就中获益。他们所追求的成功只是个人虚幻的优越感,他们的生活意义只在那种狭小的空间里自我陶醉,乐在其中。

一个手持武器的罪犯感觉自己是强者,占有绝对的优势,这是所有手持武器的罪犯的共识,手中的武器可以使人产生王者的权力(生杀大权)感。但这只是表象,剖开这个表象,我们可以看出他是利用武器为自己壮胆，他表面强大实则内心怯懦。那件拿在他手的武器，并不是地位尊贵的象征，这不免使人感到可笑，那只是他个人的自我意义，而个人化的意义毫无价值，就像一个指代名词只被一个人理解一样。真正的意义是在与人沟通交流中得以体现的，每个人都在努力地追求卓越，但如果不搞清楚自己的成功是建立在为他人做贡献的基础上，他的一切行动都会丧失正确的方向，走进一条错误的胡同里。意义必须得到认同，唯一的衡量标准是看他的理想和行为是否对他人有益。

我讲一个某小教派教主的故事加以佐证。有一天，教主不知从哪儿得到启示，下周三将是世界末日。于是，他急忙将信徒们召集起来，宣布了这个消息。信徒们对教主的话深信不疑，急忙回家变卖家产，抛弃生活中所有的世俗的牵挂，坐在家里静静地等候着那个时刻的来临。然而，星期三过去了，风平浪静，什么事儿也没发生。星期四，信徒们愤怒地去找教主理论，他们说："我们已经一无所有，你如此愚弄我们，以致我们丧失了生活的一切保障。面对人们嘲笑而轻蔑的目光，我们坚信说星期三将是世界末日，这个预言来自有权威的教主。可是，星期三无声无息地过去了，而世界依旧。"面对汹涌而来的谴责声浪，教主以狡辩来自圆其说："诸位，我所说的星期三，并非你们想到的星期三呀！"这说明，个人化的概念是没有说服力的，一个人认为的事实，绝不是普遍真理。

真实的生命意义，必须有一个共同标志，那就是具有普遍性，能够为绝大多数人接受，并能与他人分享。日常生活可以为我们展示所有问题的共性，而切实可行的解决方案就是为他人树立成功的解决问题的范例，这样的人被视为天才，被誉为"卓有建树"，当然，他必须是在被大众认为与众不同时，才会享有这样的殊荣。由此可见，生活的意义在于"对整体有贡献"，这并非空谈，并非华而不实的宣言，而是切切实实地关注其结果。每一个能够处理好人生问题的人，他的生活意义都在向人们传达出一个信号，他真正理解了生活的意义，懂得了爱与被爱的真谛，懂得了关注他人的需要，而且对团结协作有强烈的兴趣，这样的人所做的一切自然也为人们所瞩目。由此可见，他的行为符合人类聚居的本性，当遭遇困难时，他会选择一个不伤害他人的有效的方式来解决。

人生的意义在于贡献，在于与他人合作，这是一个认识的高度。这个全新的理念在一定程度上还没有达到普及，很多人从自身利益出发，一时难以接受这一点。有人不禁要问："假如我事事都为他人着想，毫不利己，专门利人，那我不是很吃亏吗？人为财死，鸟为食亡，难道我不该为自己考虑吗？如果要合作，要共谋发展，那也应该着重考虑自己的利益，在保护别人的利益之前，先把自己的损失降到最低限度。"

这个观点大错特错，这个观点的出发点一开始就偏离了正道，它不是一个问题，而是一种谬误。如果一个人将他的人生总结放在意义的高度，他就会朝着这个方向努力前行，因为这是他体现人生价值唯一正确的目标。在这个过程中，他还要不断地修正自我，纠正偏差，最终形成一种社会使命感和责任感，将自己打造得日臻成熟。人的生活目标一旦建立，便是千锤百炼的磨砺，在磨砺中发现人生问题，解决人生问题，"有志尚者，遂能磨砺，以就素业"。他的能力不断提高乃至得心应手。以爱情婚姻为例，如果一个人要让对方有幸福感，他会极力呵护对方，敏感而细心地察觉对方的感受，竭力让对方幸福快乐。假如一个人缺少爱心，漠视他人情感的需要，只顾个人感受而拒绝有利于对方的行为，结果只有一个，他就是一个嚣张跋扈，人见人厌的家伙。

从中我们可以悟出一个道理——奉献与合作是人生的真谛。纵观我们的祖先遗留下的宝贵财富，会发现我们今天享用的有形资产，田野、道路，房屋和精巧的建筑，以及无形资产，哲学、科学及艺术，包括日常生活经验和无往不利的生活技能，用以应对人类境况千变万化的生存理念，这一切的一切都是我们从祖先那里得到的馈赠，是他们为人类福祉做出的贡献。

那些拒绝与人合作，对人生意义持有另一种理解的人，他们关心的是："我有哪些好处？"他们考虑的是如何逃避责任，只追求自我满足即可，在他们生命终结时，最后除了灰飞烟灭，了无踪影之外，没给人类留下任何痕迹，他们的人生价值没有任何体现。

现代文明创造的文化尚有许多欠缺完美之处，我们的责任是找出这些令人遗憾的地方，以最大限度地造福人类为前提，从长计议，不断改变力求完美。历史告诉我们一个事实，很多人都明白一个道理，他们懂得人生的意义在于为人类的福祉不遗余力，所以他们开始给自己灌输关心和帮助他人的思想，特别是那些有宗教信仰的人，因为宗教信仰宣扬的救赎是一种普世思想，人类所有重大的行动中，都是为了提升社会利益，增加人类的福祉，而宗教在其中竭尽努力而为之，成为一支行善主流。但人们常常误解其义，并没有重视其带来的积极影响，认为他们只是服从于教义而行善积德，没有看到他们带来的意识形态方面的积极作用。没有哪一个办法能切实地解决问题，从科学的角度结论如此，个体心理学亦如此。但是我想这是一个进步，以科学的方式来达到目的。科学可以简捷而有效地解决复杂的问题，或许相比于政治与宗教见效更快，尽管切入的角度不同，但目的是一致的——那就是提高人类的生存质量，提升人与人之间的相互关爱。

我们对生活意义的理解已经约定成俗，生命意义要么是人生历程的守护天使，要么是挥之不去的索命无常。所以，弄清楚生活意义的形成以及找出划分的依据，显得尤为重要，因为只有先了解其结，才有解决其扣的方法，它是如何误入歧途的，如何发现它偏差的环节，又如何将它导入正途？这些都是属于心理学研究的课题，是它该做的分内的事。心理学不同于生理学、生物学，心理学有别于生理学和生物学就在于它能让我们明白对各种不同意义的理解，知晓人类活动及未来命运，并造福人类。

童年对人生的影响

个体生命从呱呱坠地那一刻，生活的意义便与生俱来，哪怕是一个小小的婴孩，他也会努力地想弄清楚自己的力量和身处何种环境，他想知道周围环境于他的利弊。儿童在五岁之前，基本上形成了一套固有的行为模式，他知道用他的方式来应对遇到的一切事情，他会表现出他解决问题的方法，这是他个人的生活方式，是一种根深蒂固的概念。此后，在这个恒定的概念中，他会以自我的眼光判定社会，关注世界，一切都会放进他那个儿童时期形成的概念里解读。其实，儿童时期的生活经验实际上就是没有社会经验，他根本弄不清楚何为社会经验，因此，需要有一个最初诠释，以便他逐渐形成对生活意义的解读。

这个对生活意义的解读，对一个孩子来说，或许谬误百出，他所采取的处理方式屡遭挫折，错得一塌糊涂，但他仍会执迷不悟。修正这一点只有当他们重新审视错误的源头，并加以改正，他的生活意义才会焕然一新。还有一种情况，犯错带来的严重后果会迫使他修正自己的认识，自我完善。如果缺少失败这一环，没有压力就没有动力，他会继续陷在错误的泥淖中，直到不可救药。一般而言，人不会主动自我审视，他调整生活方式最有效的方法是接受心理学人士的指导，借助心理学家的帮助，发现最初的谬误，从源头上更正，重新发现正确的生活意义。

我们可以设想几个不同的童年情景来诠释这一点。童年情景对不同的儿童有大相径庭的意义，假如一个人在他童年时期遭遇到不幸，他会用尽心机，想方设法摆脱困境。"幸，好；不幸，则更好。"不幸的经历使他产生积极的生活态度，"我一定要改变自己的状况，争取美好的未来，我的孩子一定要有一个好的成长环境。"

而有的孩子则愤愤不平，他以仇恨的眼光看待比他境遇好的儿童，"老天不公，人家凭什么就能享有那么好的环境，而我却不能。既然老天待我残忍，凭什么我要对别人慈悲。"

或许有的父母会告诉自己的孩子："我的童年充满苦难、艰辛、饥饿，什么苦头都吃过，为什么你就不能吃苦？"

还有人则认为："我的童年苦不堪言，我做什么错事都应该被原谅，因为我有个不幸的童年。"

还有人则又是另一番感受。在每一个个案中，都可以窥见他们对生活意义的理解，他们的表现明明白白地宣告了作为个体的不同行为。如果他们的思想不能从根本上得到改变，他们的行为模式将会沿着这个轨迹走到底。

　　一个的人经历并不一定就能左右人生的成败，这个观点是个体心理学与决定论的不同之处。一个人的经历对其一生的命运虽没有决定性作用，但对人的命运却有举足轻重的影响，某种特殊的经历会对人带来冲击，留下深深的烙印，称为"创伤"。但决定人生的不是有创伤的经验，而是赋予经验的意义。如果我们将某种特殊经历做为未来人生的基础，那么这一步就已经误入歧途了。环境因素不能决定生命的意义，但我们可以通过解读自己的人生状况决定命运。

　　然而，童年时期的某种境遇，常常会使人对未来的人生产生误读，我们可以从大部分失败者身上看到这一点，他们在童年时期饱受疾病折磨，或是贫困，或是生理缺陷，他们在这些痛苦中度过了他们的童年时代。因此，他们很难感受到社会责任之类的意义，他们不懂得生活的意义在于对社会做出贡献。除非有人也有过相似的苦难童年，并能以自己的经历开导他，引导他步入正确的认识轨道，引导他将关注自己的不幸转移到关注他人的不幸，否则，他一生都离不开以自我为中心的圈子。现实社会对他们另眼相待，他们承受着他人轻蔑的眼光和嘲笑，他们由于受到排挤和歧视，产生自卑心理，在这种环境中长大的孩子，性格孤僻内向。他们因为受到社会的侮辱而丧失了对成为社会一员的期待，与整个社会格格不入。

　　那些有生理缺陷的儿童的日常生活受到限制，有的甚至缺乏自理能力，我相信我是第一个试图深入这个领域的研究课题的人。目前，科学在这一分支上已经站稳了脚根，并取得了不可小觑的成就，但我对它的发展方向产生了担忧，如果我们在偏离了良好愿望的方向上继续走下去,将来会难以逆转。我在尽最大努力克服这一偏差,不能将一个人的失败单纯地归咎于他们身体上的缺陷,归咎为他们的生理内分泌出现了失调。生理缺陷并不是一个人心理缺陷的唯一原因,而内分泌失调也不会对两个儿童产生相同的效应。有一个现象耐人寻味:有些存在严重生理缺陷的儿童在克服自身障碍的同时,可以激发出内在的巨大潜能,成为优秀的人才。

由此可见,个体心理学并不是优生优育的倡导者。我们看到,有很多先天有生理缺陷的人超越了常人的预料,取得令人瞩目的成就,成为某一时代的杰出人才,成为人类文明的巨大贡献者,虽然他们一生饱受病魔困扰,甚至英年早逝,但他们总是以积极的人生态度与不幸抗衡,不屈不挠,直至成为强者。人类的很多伟大发明,都有他们的业绩,他们都是创造者的一分子,他们的贡献功不可没。如果仅凭对一个人生理上的观察,很难判断其心理发展的趋向,很难说他的心理发展到底是变好还是变坏。迄今为止,大部分身患先天疾病或内分泌失调的儿童,基本上没有接受过系统的训练。无人能够理解他们的内心世界,他们潜入自我封闭的内心,越走越远,直到滑入不可救药的深渊。由此,不难判断那些幼年遭遇生理困境的孩子,由于他们对自己的缺陷无能为力,直接导致了他后来的人生失败。

家长对孩子过分溺爱是一大祸根,这是孩子歪曲生活意义的土壤。那些生在"蜜糖罐"的孩子,会自我膨胀,他们的一切愿望都是金科玉律,众星拱月的感觉使他们有呼风唤雨的野心,只要自己一发声,所有要求动动嘴就可以办到,无须经过自己的努力。然而,当有一天,他从众人瞩目的焦点滑落,他的位置被他人取代,这对他来说简直是晴天霹雳般的灾难,他无法容忍特权的变更,他与周围的人为敌,认为所有人都欠他的,他遭到了世界的背叛。所有事物在他眼里都是障碍,没有哪一样他看得顺眼,他在生活中习惯于支配,习惯于索取而没有付出。他根本不懂得如何应对生活中的一切问题,因为他过去遇到问题都是别人代劳解决,百般溺爱使他丧失了独立性,使他无所适从,不知道自己能做什么。他的心中只有他自己,根本不知道与人相处的益处,根本不懂得与人合作的必要性,过去的环境把他宠坏了,现在遇到问题,他唯一的想法就是求助于他人。他固执地认为,改变这种境遇的唯一出路在于夺回失去的位置,重新成为众人瞩目的焦点,如果他再次成为人们心中与众不同的人,他的境况将会逆转。

有过受宠经历的孩子成年后,相当一部分可以定义为社会的危险分子,这一点毫无悬念。他们道貌岸然的外表下,包藏着恩将仇报的阴暗心理,不管他们表面多么"媚世",私下里却喜欢专门寻隙攻讦别人,并乐此不疲。如果有一项任务需要他们与人合作完成,他们心中根本没有团队协作的概念,不是不服从,就是公然反抗。如果他们没有得到别人的关爱和呵护,便会把事情往极端方面推去,认为人人都是敌人,都在背后算计他们。这种思想使他们根本不可能与人为善,只有一有机会,便带着报复心理打击别人。他们的处事方式如果遭到异议,便把别人拒绝接受他们的行为看成是世界容不下他们,认为人人都在与他们作对,他们毫不在意树敌甚众,如果要对他们进行处罚,那等于隔靴搔痒,起不到任何作用。这样的问题儿童所表现出来的处事方式,无论公然暴力复仇,还是以恶报善,无一例外可以追溯到一个根源——那就是他们对生活的理解从一开始起就是错的。尽管有人在不同时期可以采用不同的方式见机行事,但他们头脑中根深蒂固的观念并未动摇，生活的意义就是以自我为中心，他们认为自己永远都是"第一"，是至尊无上的重要人物，只求索取，而不讲奉献。如果他们这种观念得不到纠正，他们的人生态度将会使他们产生错误的行为。

冷落的杀伤力巨大，被忽视的儿童可以列为第三种"问题儿童"。这样的儿童对爱与合作极其陌生，因为他从来没有从哪个渠道接触到此类积极的因素，他根本不晓得爱与合作是个什么东西，当然无从谈起树立关心和互助的概念了。由此，我们可以想象，如果生活中出现了问题，遇到了麻烦事，他都会过高地估计自己的难处，把困难看得难以逾越。他不懂得争取他人的帮助，他总是低估自己与人沟通的能力，不相信他人的善意和诚恳，他更想不到帮助他人可以赢得他人的尊重和爱戴。在他眼中，世界是冷漠的，毫无友情可言，他曾经遇到的冷落使他对任何事物抱一成不变的态度。

事实上，无论何种经验都不能取代奉献和无私的影响力。孩子的生命之初最渴望的是安全感，他要努力地寻求依赖对象，而父母就是这个角色的最佳人选。一个母亲生下孩子后，她首先想到的是让孩子从一出生时就有安全感，而她就是孩子的依赖。父母要尽其责任，让孩子体会信任，学会欣赏他人的价值，并逐步扩大到世间的所有事物。父母要给孩子营造一个有信任感的环境，如果孩子不能对周围的事物产生兴趣，没有与人合作互助的感受，这个孩子将会出现人格障碍。他今后将很难关注社会，很难建立与他人的伙伴关系。当然，与人合作的能力人人都有，但很脆弱，这项能力取决于后天的培养，否则根本无法体现。

如果我们把眼光放在一个被人冷落、不受欢迎的孩子身上，我们会看到这样的事实：他脑海里完全没有与人合作的意识，他就像生活在一座孤岛上，与世隔绝。他没有沟通交流之类的技巧，因为他完全没有尝试过互助互爱、帮助他人与人共存。前面提到过，这样的生活毫无意义，难逃孤独。假如一个孩子在他的婴儿时期有绝对的安全感，说明他得到了充盈的关爱和照顾。现在，我们来看看那些完全被忽视或者在某些方面被忽视的孩子。被忽视的儿童就是那些从未体验过一个真正值得信赖的他人的儿童，这是一个很悲痛的事实，在我们的文明中，孤儿或私生子的人生都充满失败的经历，他们被忽视的经历使他们沦为失败者的概率很大。

综上所述，生理缺陷、溺爱和被忽视，有这三种经历之一的孩子，很容易陷入生活的误区，导致他们对生活做出错误的解读。在这种环境中长大的人，无一例外都非常需要借助外力的帮助，才能修正他们的人生观，找到正确处理问题的行为方式。他们唯一的办法是依赖帮助，获得对生命的更好的理解。确切地说，如果真正地关心他们，给予他们相关的训练和帮助，我们就可以从细微之处发现，他们表露出来的一言一行，都对生命赋予了全新的意义的理解。

梦对早期记忆的影响

一项针对梦境的研究表明，做梦和想象都是有益的。人在清醒的时候，他的个性人格隐藏在各种粉饰中，是经过一层过滤之后的表象。然而，做梦时的情形就完全不同了，人在睡梦中毫无戒备和隐藏，他的个性赤裸敞开，尽情地释放。然而，想真正找到人们赋予自己个人生活的意义，需要一把破解的钥匙，这个得力帮手就是人的记忆库。无论一个人的记忆如何支离破碎，作用却很重要，因为人可以从这些看似微不足道的烦琐的记忆碎片中找出一条线索，正是这个记忆碎片提醒我们哪些事情是不能忘却的，记忆会告诉人们"这就是你所期待的事"或者"这是你应该逃避的"，"这就是你的人生"。留在脑海里的记忆片段经过筛选以后，凝结成生活经验，这把钥匙帮助我们找到人生的意义所在。因此，它之所以宝贵就在于此，每一个片段都有其独特的用途，用以印证生命的意义。

儿童早期记忆的重要性在于，可以了解一个人理解生命意义的独特方法始于何时，儿童早期的记忆有两个重要环节。第一，这是他对自己所处的环境的最初印象和判断，储存的记忆中有他对事物的综合评价，比如，他对自己的外貌以及个人评价、别人对待他的态度进行审视。第二，他第一次建立了个人主观的观点，这是他个体自觉的起步，这个时候，记忆犹如笔端，开始了个人人生传记的书写。因此，从他的早期记忆中，我们可以窥见他对自己地位的认知，是弱小还是强势、是安全还是岌岌可危。就心理学的层面来讲，他的最初记忆始于哪一件真实事件，或是否是真实的最初记忆，这些并不重要，重要的是这些记忆展现出的他对生活的理解，以及对他现在及未来生活的影响有多大。

现在让我们来看几个早期记忆的例子，看看他们对以后人生意义的定位产生了什么影响。"咖啡壶从桌上掉下来，烫伤了我。"这是一个女孩的最初记忆，每每提及这个记忆片段，她的脸上都是一副悲哀和无奈的表情。她的早期记忆以这种方式介入了她的生活，她今后的人生经验总是充满危机四伏及不安全感，并处处夸大危险的存在和困难的程度,这已不足为怪,不必为她对周围人的抱怨感到意外,她总是抱怨别人对她的关爱不够。因为在她的阅历中就有这样的例子,有些人粗心大意地将孩子扔在一旁,让孩子置于危险的环境当中。

再来说一个与之相似的例子,"我在三岁那年,有一次从婴儿车里掉下来了。"一个人这样回忆他的早期记忆。这个危险的早期记忆像一片黑暗的影子盘踞在他心中,后来,他常常被这样的梦境困扰:"世界末日就要到了,我在午夜醒来,看见天空像一片火海,星辰纷纷坠落。一颗星球像脱了轨一样飞快地撞到地球上,眼看最后的毁灭就要临到,这时,我醒了。"这是我的一位患者,还是位学生。当问及他对什么感到害怕时,他回答说:"我害怕不能拥有一个成功的未来。"很明显,他的早期记忆和由此带来的噩梦萦绕,令他成为一个杞人忧天的懦弱者,总怕天要塌下来,总怕失败和灾难发生。

有个十二岁的男孩被带到我的跟前,他来我的诊所是因为他有尿床症,不止于此,他还常常和她母亲发生冲突,他母亲想得到我的帮助,把他带来治疗。他的早期记忆中有一段经历:有一次,他躲进了衣橱里,他母亲找不着他,以为他丢了,急得满大街大喊大叫地找他,差点急疯了。"其实我从头到尾都躲在衣橱里,就在家里。"这段记忆给他留下不可磨灭的印象,认为通过制造麻烦可以引起别人的关注,如果受到忽视,不妨采取欺骗手段赢得重视。尿床症可以使他成为众人关注的对象,这就是他寻找关心的安全保护的方式。而他母亲则用焦虑和担心促成了这个男孩对世界的认知。

这个例子中的男孩在他幼年时得到了"外面的世界充满危

险"的印象，这在他生命中是一个份量很足的插曲，他得出一个结论——只有当别人为他担心时，他自己才有安全感。这是他认为唯一可行的办法，只要制造一种使别人提心吊胆的处境，别人就会赶来提供保护。

下面是一个三十五岁女人的早期记忆："楼道一片漆黑，我独自一人站楼道里，这时，我看见比我大一点的表哥从漆黑的楼道深处朝我走来，我害怕极了。"这个记忆片段为我们提供了一个判断依据，这个女孩不喜欢与其他孩子一起玩，她不大习惯与小朋友们相处，尤其不能轻松地与异性朋友相处。事实上，她的确是个独生女儿，而且一直到三十五岁还是单身。

再看一个例子，可以让我们体会到与前面的例子截然不同的社会情感："小时候，我记得妈妈让我推着妹妹的婴儿车。"从这个例子中，我们虽然没有看到他心态阳光的痕迹，但却可以看出他擅长与弱者相处，只有在跟比自己弱小的人在一起时，他才感到轻松，而且对母亲有一种依赖感。这是一个比较普遍的教育方式，当家庭中有新的孩子降生时，大人便会引导大一点的孩子照顾弟弟、妹妹。这种教育方式的好处在于，可以使孩子从小学会关心家庭成员，这是一种培养孩子合作精神的最佳选择，为他们提供分担家庭责任、与他人互助的机会。如果他们有了这种自愿行为，年龄稍大的孩子就会理所当然地照顾新生的弟弟、妹妹，不会因为这个刚出生的婴儿抢走了父母对自己的关爱和重视，而对新生的婴儿产生怨恨。

当然，一个人有喜欢与人相处的欲望，并不表明他从内心对他人有真正的关注。一个女孩被问到最初记忆时说："我跟姐姐经常和另外的两个女孩一起玩。"由此可见，她是一个喜欢群体合作的人。但这个女孩子在提及她的恐惧时,这样说:"我害怕一个人待着。"这又提供了一个证据,就是我们对她的独立性产生了怀疑。她喜欢与人相处是因为她的独立性差,她是为了不让自己孤单才有与他人相处的兴趣。

只要我们真正懂得了生活赋予的意义,就掌握了解密一个人性格的钥匙。常言说"江山易改,本性难移",人的性格是无法改变的,持这种观点的人是因为他没有找到那把正确开启性格之门的钥匙。没有正确的方法,找不到错误的根源,任何治疗方法都徒劳无功,难以奏效,而唯一正确有效的改进之道,就是培养他们对待生命的勇气,培养他们与人合作的精神。

合作的重要性

培养合作精神可以有效地预防精神疾病的发生,这是唯一的安全保障。所以,尤其要引起足够重视的事情是,家长必须让孩子学习与人合作,鼓励他们在日常生活中与同龄人和谐相处。可以给他们制订一些小小的任务,让他们通过游戏的方式形成互助互爱的合作精神,这非常重要。任何阻碍合作方式的行为都是致命的,都会导致严重的后果。比如,被宠坏了的孩子会非常自私,他会把这种对他人漠不关心的性格带到学校,只听得进对自己有利的话,如果要想他好好学习,唯一的办法是要让他感到他是受到重视的,有人欣赏他。他只对自己兴趣浓厚的课程有学习的愿望,别的都不屑一顾。随着年龄的增长,他身上表现出的性格缺陷日益突出,因为从他最初曲解人生意义之时,祸根就埋下了，堵死了发展自己的社会责任感和独立性的途径，这时，他已毫无面对人生挫折和困难的勇气了。

　　对于某个人幼年时犯下的错误，我们不必去指责成年人对他在教育方面的缺失，但要重视由此带来的后果，并及时施以援手加以补救。这就好比不能让一个没有受过正规合作训练的人去应对繁杂的合作问题，指望一个地理成绩不好的学生去考地理科的高分，都是不切实际的空想。他们在理解人生意义上犯下的错误，可以依靠培养合作能力加以解决，在人类发展的文明中，人生的使命都在谋求人类的福祉这个框架内，人生的意义在于奉献，如果一个人明白了这一点，他就有勇气直面一切问题和困难，并且有机会取得成功。

　　如果老师、父母和心理学家们对孩子在人生意义的认识上所犯的错误了熟于心，足够地重视，那么只要他们能避免重犯曾经犯过的错误，我们就可以自信地说，那些缺乏社会感的孩子最终会认识到自身能力并赢得机遇。当他们在困难与挑战面前，他们会反复尝试去解决问题，而不是选择逃避、推诿责任或者采取非常规手段达到目的；他们不会指望得到特殊的关注或同情，也不会因为丢了面子而产生报复心理，不会愤愤不平地质问："人生没有任何意义，我能从中得到什么？"他们会说："我们必须对生命负责，这是我的使命，我能够处理好自己的事，我可以主宰自己的行为。如果遇到什么革故鼎新的工作，我将融入其中。"如果人人都这样解读赋予生命的意义，都有自觉的合作精神，人类文明前进的脚步将永不停息。

第二章　心灵和肉体

心灵和肉体的联系与冲突

究竟是心灵支配肉体还是肉体支配心灵,这个问题历来争论不休,人们各执己见,谁也说服不了谁。许多哲学家也不甘冷眼旁观,纷纷参与进来,孰是孰非,莫衷一是。他们各自为唯心主义和唯物主义而战,争论了千百次,摆出了千百条理由,仍然没有决出对错,至今仍是个棘手的事。或许,我们认为个体心理学可能会为此提供一些帮助,因为在个体心理学中,有一席位置是留给心灵和肉体的交互作用的,它是个体心理学一直锲而不舍关注的。身患重病的人前来寻求帮助,他们与常人一样有着心灵和肉体两方面,如果我们的治疗出现偏差,病人就没有康复的希望。因此,个体心理学的理论必须以实际经验做为后盾,而且要经得起实践的检验。我们要弄清楚它们之间的相互作用,并且找到那个正确的切入点。

个体心理学使这个复杂的问题变得简单,它们之间不再是"非黑即白"那么绝对,心灵和肉体的相互关系是人生的两种表现形式,都是生命的体现,二者都在生命的整体中相互作用,各自成为不可分割的一部分。生命在于运动,但仅有强壮的体格,作为一个人来说是不完整的,强健的体魄还要依赖聪明的大脑来调节支配,这是一个不可忽视的因素。一颗种子埋在土里,生根发芽后,它就在原来的位置牢牢地扎根,不能随便挪动。这是一件很奇妙的事情,当我们发现植物与人类一样同样具有感知能力时,会惊叹造物主的神奇,但造物主偏爱人类。即使植物有某种感知能力,如果不借助人力,它本身是没有移动能力的。比如,一株植物预感到:"我听到了脚步声,马上就会有人朝我走来,踩在我的身体上,要折断我的茎蔓。"虽然预感明显,但却毫无用处,它能预料,却无法改变结果,作为一株植物,它无法转身逃走。

然而,世间一切有行动能力的生物都有预见可能发生之事的心智,并根据有利于自己的发展调整方向,这个了不起的区别在于人有头脑和灵魂,或者也可以说人是有精神的。

当然,你是有知觉的,不然你就不会有行动。
——(《哈姆雷特》第三幕第四场)

这说明,预见并指挥行动的能力源自于人的心灵的核心机能,不管是长两条腿的人或是长四条腿的动物,只要他(它)有预知并指挥自己的行动能力,都具备精神或灵魂。如果我们弄清楚了这一点,肉体和精神的关系便一目了然。精神负责行为的目标设定,为身体指明运动的方向。但目标设定要讲究科学性,并不是漫无目的地指示行动方向,否则便失去了意义。从主次上来看,精神的职能是设定行动目标,所以精神在人的生命中是主导因素,而肉体反过来对精神产生影响,只有身体的行动才能完成精神支配。但身体的行动受制于一定的能量,只能在身体能量允许的范围内,否则,精神和肉体二者的配合就会缺少一只轮子,无法发挥作用。比如，人类梦想着上月球，精神有这个目标，但身体却无法完成，只能借助高科技的帮助，比如人造飞船才能实现，否则，只是空想。

相对于世间万物来说，人类活动的范围超过其他任何生物，这里并不是说人类的活动方式更多，仅从人类手部的灵活多变的手势可以看出，人类的活动对环境的影响也很大。我们可以断言，人类的大脑对未来的预见能力会越来越发达，准确的预见可以使目标更加明确，人类奋斗的目的性也更强，人类有望通过有效的努力在整个环境中改善自身的地位。

我们还认识到，在群体的目标和相应的行动之外，每一个人类个体行动都包含着如万花筒一样的单一的行动。我们所做的一切无非是为了一个目的：寻求安全感，获得安全感可以使我们有克服困难并征服生命中所有障碍的感觉。为了生活在安全的环境中，一切行动和目标都必须协调一致，而为了完成设定目标的精神因素，必须不断完善，直至成长到足以绰绰有余地完成使命。

肉体的节奏也必须跟上精神的成长，两者成为一个整体。肉体在胚胎阶段便开始向理想状态发育，并不断努力发展。打个比方，人的皮肤如果破了，整个身体机能都会调动起来，努力修复，使其复原，身体方面的任何不适，身体机能都会进行调节修复。当然这并不是肉体单方面的作用，如果肉体独自努力，仅靠单方面的孤军作战是没有成效的，精神的作用不可忽视，精神会为肉体发掘潜能提供帮助。日常生活中的锻炼、训练以及卫生常识都证明，肉体的行动都是在精神的帮助下完成的，比如修复皮肤，由于精神提供了帮助，皮肤会修复得更快。

人的生命从起初到最终，精神和肉体的合作从未停息，二者就像紧紧咬合的齿轮，缺一不可，任何一方松口，整体便会停止运动。精神就像马达，它的不停转动使人体发挥出全部潜能，变得日益强壮。而身体的一切动作、表情则反映出精神作用的印记。比如人转动眼睛，吐吐舌头，大笑或大哭地扭动脸上的肌肉，这些喜怒哀乐的表情都传达出精神赋予我们的某种意义。心理学是心灵的科学，现在，心理学进入到一个更高的研究层面，找出一个人所有表现的含义，每个人的行动中都包含着某种意义，心理学就是要找出她或他的目标，并将这个目标进行比较。

实现目标不能盲目行动，当我们想实现目标时，都要先进行评估，这样做是为了目标清晰明确。比如，我们要去某个地方，先要测算好路途的距离，需要走多少路，哪一条路最安全最便捷。当然，事实上总有免不了走弯路的时候。总的来说，当目标无法确定或者方向出了偏差时，我们不会采取行动，盲目行动只会让我们与目标南辕北辙，或者在原地绕圈子。但如果我们移动双手，大脑中必定有一个行动的目标。有时候，大脑也是会选错方向的，比如大脑选出一个通往灾难的方向，是什么原因导致大脑做出这个选择的呢？这是因为精神出了问题，误导了大脑的选择错误，它披上了一件正确的美丽外衣，把大脑的选择引进了这个谬误当中。人类一直在致力于寻找安全的目标，可是到底哪里才是安全的地方呢？正确的选择可以引导正确的行动，而一旦在选择上出现了偏差，那么毫无疑问会产生错误的行动。

当我们看到一个表征或病症时，如果一时无法判断其所代表的含义，可以采用一个最简单的方法——不去深究其中的深奥和复杂，把这个一时不能理解的含义看成是一个单纯的行为。比如说，一个小偷偷了东西，偷东西的人当然是为了把别人的财物据为己有。我们来分析一下这个行为的目的，偷窃者偷东西是用别人的财物来补充自己的欠缺，他希望财物多多益善，越多越安全。他之所以这么做，其根源不外乎是贫困或缺乏，饥寒起盗心。接下来，我们要了解这个人所处的环境，分析他是在什么情况下产生的匮乏。最后，我们可以做一个假设，如果改变他身处的环境，或者使他的贫困状况有所改善，那他还会不会去偷窃？现在不是指责他偷窃行为的时候，有一点可以肯定。他走了偷窃这一步错棋。

在前面的第一章里，我们有过论述，人在童年时期的四五岁时，已经奠定了他作为一个个体的身心统一的基础，有了精神与肉体的合作。这个阶段的他，从遗传而来的素质以及他对周围环境中潜移默化的感悟，通过消化、处理，以此形成更高一层的追求。在六岁以前，他拥有了定性的人格。他对人生意义的设想，对于目标的追求，处事风格以及情感秉性基本定型。这些他个人的特质随着年龄的增长，或多或少会发生变化，但有一个前提不可或缺，他首先要摒弃幼年时期形成的错误思维的导向。由于他过去的思想和行为与他对生命意义的认知一致，如果现在要改变，他现在的新想法和新行为都必须改变，必须与全新的对生命的认知相一致。

个体对周围环境的印象，是通过感觉器官来获得的。因此，观察一个人用什么样的方式训练自身的体魄，我们可以看出他在环境中获取的是怎样的印象，以及他想用什么样的经验达到什么样的目的。如果我们留意人们的观察力和聆听方式，摸清楚他的兴趣所在，就可以对他有所了解，知道是什么东西吸引了他，顺着这个思路，就可以深入地了解他，所以特定姿势的重要性便在于此。看一个人如何训练自己的感官，如何利用感知能力选择表达方式，每个举手投足的姿势都有其独特的含义。

现在，可以在心理学的基础上，再加上我们的定义，看看是什么造成了人类在感官受到刺激后各自大相径庭的心理反应，心理学的使命就是专门理解分析人与人之间的思维差异。搞清楚人与人之间对周围环境的感知为什么有如此巨大的差异，它形成的因素是什么。如果身体不能适应环境，无法满足环境的要求，就会使精神上承载更重的负担，所以那些先天残疾的儿童心智发育都比较迟缓。他们的大脑在指挥身体动作的协调时往往力不从心，显得不堪重负。这些儿童如果要和正常人一样生活，他们要付出多一倍甚至几倍的心智努力，才能跟上正常的步伐。所以他们的精神负担很重，由于这个因素，他们的个性往往都有以自我为中心的倾向，傲慢自负。这是因他在集中精力关注自身的生理缺陷和行动受限的困难时，无暇顾及周围自身以外的事物，在他的经验中，他没有时间和精力去关注其他的人和事，这样的孩子长大以后，他的社会情感会很淡漠，也没有很好的合作精神。

我们必须承认这个客观事实，生理缺陷给我们的行动带来诸多障碍，但并不是说这些障碍就意味着命运无法逆转。如果一个残疾人本身有强大的精神力量，他的积极向上的正能量可以鼓励他克服常人难以想象的困难，如此，他就能和身体健全的人一样，没有区别，尽管有诸多障碍，他也能和正常人一样取得成功，甚至能超越比他天赋更好的人，取得巨大的成就。比如，一个先天弱视的孩子承受的压力比正常孩子大得多，他的视觉世界限制了他看世界的能力，他要比别的孩子投入更多的观察力和注意力，更热衷于分辨色彩和形状，结果，比起那些视力正常，但漫不经心没有费尽力气去观察的孩子，他的视觉感受反而优于后者，审美意识也高于他们。当然，这必须是在克服了生理缺陷的前提下，原来的障碍转化了，反而成了一种优势。

据我所知，很多画家和诗人都饱受视觉障碍困扰，但有一个方法帮助了他们，那就是训练有素的精神让他们越过了缺陷的障碍，使他们比起正常人有更好的视觉感受，并懂得如何运用自己的眼睛。还有类似的补偿情况，而且更为显著，一些不大起眼的左撇子孩子，在他们刚进学校或在家里时，常常被责令用右手写字或绘画，老师或家长随时提醒他们改掉用左手写字的坏习惯。然而他们天生习惯于用左手，右手写字会显得很拙笨，但他们通过训练对大脑的支配，使原本并不具备优势的右手渐渐地变得和左手一样灵活。事实正如预期的一样，许多左撇子孩子画画和写字的能力甚至优于其他孩子，他们用右手写出漂亮的字，表现出更高的绘画天赋，手工活也做得很出色。这是因为他们通过正确的技巧，借助积极性的动力，训练有素并刻苦练习，将劣势转为了优势。

那些有强烈愿望融入集体，而非局限于只关注自身的孩子，才有可能慢慢弥补自身的不足。如果一个孩子一心想着如何摆脱困难，那他肯定会落后于人。除非他能找到激励自己的目标，并且对这个目标的期望超过了阻挡他的障碍，他才会有勇往直前的信心。

现在来谈一个关于兴趣和注意力的问题，如果将目标置于自身有残疾这个事实以外，他们就会全力以赴地培养、训练自己，为达到那个目标而努力。在他们眼中，任何困难只不过是他们成功道路上可以克服的障碍而已，不值得拿不起放不下。反之，如果他们耿耿于怀自身的生理缺陷，将注意力集中在自身的不足，或者苦恼如何摆脱这种困境，那他根本无法取得成功，反而是一脚踩进了沼泽地，越挣扎陷得越深。假如有一只手行动不便，一心只想着这只笨拙的右手,是不会改变什么的,右手不会因为你将注意力放在手上而变得灵巧。只有经过过硬的训练,才会改变右手笨拙的状况。不仅如此,为了摆脱这只笨手带来的挫折感,还要在精神上树立"将来会好起来的"的目标。如果一个有某种生理缺陷的孩子想要克服困难,扫清障碍,他必须为自己设定一个目标:关注社会,关注他人,建立与他人合作的兴趣。

我对患有肾管缺陷的家族进行过研究,我在其中发现了一个很好的例子,可以作为遗传缺陷可以转变的事例。在这些家族成员中,孩子们多患有遗尿症,这个遗传疾病像魔咒一样困扰着这个家族成员中的孩子们,他们身上可以看到明显的生理残疾,肾脏有问题、膀胱有问题或"脊柱裂",还存在着腰椎有问题的可能。他们身上某些对应的皮肤表面的痣或胎记可以推测这些灾难的可能性。然而,他们的生理缺陷并不是他们遗尿的唯一原因,他们并非在器官的控制下生活,他们只这些器官的使用者。比如,有的孩子在夜里会尿床,而白天则没有事。有的孩子会由于环境或家长的关注力下降而好转。如果患病的孩子没有智力障碍,他不会利用自己的缺陷去做错误的事。这说明固有的遗尿症是可以克服的。

遗憾的是,很多孩子因为患有遗尿症而遭到外界的刺激,丧失了克服的信心,他们改不掉固有的老毛病。有经验的父母会采取行之有效的训练帮助他改掉这个毛病,而缺乏经验的父母却会束手无策,任其发展。在有肾脏或膀胱疾病的家族中,孩子们一听到撒尿的字眼就会条件反射地紧张,他们没有经验的父母常常采用错误的方法,在孩子刚刚开始尿床时便急忙去制止,这越发增加了孩子的紧张感,他发现父母总是在关注他的这种行为,产生了抵触心理,很厌恶父母提及这个话题，更不会接受相应的训练。

一位著名的德国社会学家做过一项统计：相当一部分的孩子犯罪与父母从事的职业有关，父母从事警察、法官或狱警之类阻止犯罪职业的，孩子的犯罪率很高。而父母从事教师职业的，则孺子不可教也，孩子的学习成绩并不优秀。我本人的经历也印证了这个结论，我甚至发现，心理学家的孩子，有相当高比例的人会产生精神方面的疾病，而牧师的孩子也有为数不少的堕落者。同理，如果父母在孩子的遗尿问题上关注太多，这等于恰恰给了孩子一个通过遗尿来表现自己的机会，他就是有这样的意愿。

尿床与梦境表面看是毫不相干的事，但人的行为往往与梦境的唤起相联系。尿床可以做为一个例子，孩子晚上梦到上厕所撒尿，这就为他尿床提供了合理的借口，他因为在梦中上厕所，所以也就放心地尿了。他通过这种方式可以达到以下目的：引起关注，操纵别人，达到黑夜和白天一样是关注的焦点。有时，这还是孩子表达某种反抗的方式，用尿床制造对立。这真是天才的创意性表达方式，这是这类儿童的聪明过人之处，他们选择用膀胱而不是用嘴来表达意图。这就是说，生理上的缺陷成了他们表达自我观点的借口。

以这种方式来表达意愿的孩子大都承受着一些压力。比如，他们曾经是关注的焦点，受到父母的溺爱，但如今却被冷落了。或许因为家庭添了弟弟或妹妹，他眼睁睁地看着父母对新的家庭成员的关注，自己却争取不到这份曾经属于他的关爱。这种情况使他要采取一定的手段，以吸引父母对他关注的目光，尿床成了他表达意愿的方式，哪怕这样的方式令人很不愉快，只要能达到目的，采用什么样的方法就顾不得了。孩子用尿床的方式向父母发出宣言:"我也像那个小的一样,还没有长大,还需要照顾。"

在不同环境中,生理上有其他缺陷的孩子同样会选择类似的行为,以达到同样的目的。比如说,他们常常平白无故地啼哭以便引起别人的注意,甚至整夜哭闹不休,用哭声赢得关注。一些孩子有梦游的习惯,或者由于噩梦惊吓,掉到地上,或者吵吵嚷嚷闹着要喝水,声言自己口渴得很。所有这些表现都有相同的心理背景,而具体选择的症状,一部分来自外在环境,一部分则是来自孩子的生理伪装。

上面的事例清晰地展示了精神对肉体的影响。有一点必须引起注意,精神对肉体的影响并不单单影响某个特别的生理状况的选择,还影响着一个人的整体发育,甚至起着决定性作用。当然,这只是目前的一个假设,我们还没有找到有力的证据来支持这一假设,现在还分不清什么样的证据才算真正的证据。然而,不容置疑的是,某些迹象却透露出明显的事实,一个男孩性格羞怯,他的羞怯会导致他的身体发育受到限制,不像正常男孩那么健壮。所以,他从来对锻炼都很消极,或者说,他根本不敢相信他能有效地锻炼出健美的肌肉。即使看到别的孩子都在积极地锻炼,他也视而不见,一切相关的外在影响对他来说都不能提起他的精神。那些性格开朗的孩子则会对锻炼肌肉兴趣浓厚,与那种性格羞怯的孩子相比,性格开朗的孩子在锻炼上更容易取得成绩。

以上事例让我们得出了一个结论:精神直接影响到肉体的发育和人的整体形象,肉体反过来也能够将心理上的错误和不足暴露出来。我们常常看到这样一个事实,有人由于肉体方面的缺陷,但苦于找不到弥补的方法,他的身体状况会直接反映出他的情绪和心理方面的问题。比如,一个人在五岁之前内分泌腺对人的影响很大，但腺体的不足之处不能对行为产生强制性影响，却挡不住来自其他因素的干扰，总是被外在环境、孩子的喜好，以及他们精神的创造活动所左右。

情感的作用

一个人因为生活环境改变而发生的意识形态的变化，谓之"文化"，这种狭义的文化存在于我们的衣食住行、风俗习惯、生活方式、行为规范当中。在我们的文化中，精神是促使身体做出行为的主导因素，还不止于此，精神还能对人的身体发育起到辅助作用。最终我们会发现，不管你属于哪一类人，都有一种标记，那就是你所作所为的目的性，这是一个人在表达方式上的标记。当然，精神并非无所不能，它没有人想象得那么有绝对的主宰权威，做为行为的保障，克服困难还需要一个健康的身体。精神的司职功能在于对环境产生影响，它要让身体免于疾病、死亡、伤痛以及意外事故，包括身体功能的损伤。精神可以让我们有快乐或悲伤的感知能力，产生无穷尽的想象力以及对事物优劣的辨别能力。

做为预测未来的一种方式，幻想和识别是一种方法，但并不局限于此。幻想和识别可以激发人的感觉，身体因此而受到支配，做出反应。显而易见，人对未来生活设定的目标以及他的人生态度，个体感受由此成型。感知虽然在很大程度上支配着人的身体，但人并不依赖于感知，而是依赖于他对自己未来目标而采取的人生态度。

显然，个人的生活态度并不是影响他行为的唯一因素。如果缺少了诸多其他因素的参与，态度本身并不会产生行为。行动力还需要强化动机。新的个体心理学的观点有一个新的发现：人的感受从来不会与生活态度背道而驰，目标是人心目中的一座塔，人的感受以这个塔为中心调节到与之相适应，这绝不是生理学和生物学能胜任的范畴。化学原理无从解释感知的根源，化学实验也无法预测这一点。生理过程是个体生理学的必须条件，即使如此，我们更关注的仍然是心理上的目的与目标，这是个体心理学的兴趣所在。比如，以焦虑为例，我们的目光聚焦之处是它的目的与目标，而非交感神经和副交感神经对它的影响。

从以上观点我们可以推断，产生焦虑的原因并非是性压抑，或是出生时遭遇难产引起的后遗症。这样的解释离题太远，纯属无稽之谈。我们知道，大凡习惯于被母亲呵护、陪伴和受到支持的孩子会发现一个制服母亲的秘诀，他只要一有焦虑的表现，马上就会引起母亲的关注，这是他有效控制父母的手段。至于焦虑是如何发生的并不重要。同样道理，我们也不想对孩子犯怒的生理性原因侃侃而谈，我们获得一条经验，发怒不失为孩子控制某人或某种局势的有效手段。当然，有个事实我们必须承认，精神或身体的特征都来自遗传，但遗传因素并不能左右人生态度，我们必须转移注意力，把研究对象放在如何利用遗传因素来实现个人愿望。就目前来说，似乎这是个体心理学值得研究的唯一正确的方法。

我们发现在人的身上存在一个共性，那就是感受和发展都有一个特定的规律，即依据人实现其个人目标的基础，最终达到个人的期望值。不管人的悲伤或快乐、勇敢或怯懦，总与个人的生活方式相适应，表现方式和程度与我们的预料基本一致。经历了痛苦的折腾才能达到优越感目标的人，这点成就感不足以使他欢欣鼓舞，他只能在痛苦中才能感到快乐。我们还发现，感受就像有灵一样，可以随人的意愿招之即来挥之即去。那些患有广场焦虑症的人，在家独处时或支配他人时，他的焦虑感就会消失。每个精神病患者都有一个底线，当他感到自己无法掌控别人时，他会回避。

情绪和个人生活方式是无法拆开的一对。比如，胆小的人一辈子改不了他胆小的毛病，即使在有人保护的情况下，他也是只纸老虎，表面上是一副不害怕的假象，或者碰到比他弱小的人时，他会表现得趾高气扬，傲慢而不可一世，但内心却是虚的，害怕的心理牢牢地占据着他的内心。他的房门安了三层防盗锁，还养了几条凶悍的看门狗，装上防盗报警器，对外宣称自己胆大如斗。其实原本没有人认为他是个胆小鬼，但他过于谨慎的行为，显示了他内心的恐惧和焦虑。

性欲和恋爱也有类似的证据。当一个人的脑海中浮现出一个性的对象时，有关性的感觉便会一触即发，产生性的感受力。他专注于那个认定的目标，对其他人则心无旁骛。由此，当他专注于对象时，他的性器官会唤起相应的感觉。如果这些感受和功能消失，阳痿、早泄、性冷淡甚至变态的病症便会找上门来，很明显，这时的他已经无法自拔，他已不想放弃那些不利于身心健康的行为了。人为什么出现这种异常？其根源在于错误的优越感和生活态度。这些事例让我们发现一条规律，这类患者都是只求索取，不想付出，只希望对方给予，而自己却不体恤对方，如此，他们自然缺乏社会责任感，也无从谈起勇气和乐观精神。

我有一个病人，在家中排行老二，这个次子被他内心的负罪感折磨得生不如死。他的父亲和哥哥对他的评价不低，认为他忠厚诚实。但在他七岁那年，一件小事彻底颠覆了他表面老实的假象。有一次，他完不成作业，请他哥哥代劳，但他却对老师说那是他自己完成的。他的谎言成为他沉重的负罪感，他把这个事实在心底埋藏了三年，终于受不了煎熬，鼓起勇气向老师坦白了自己说谎的过错，不料老师付之一笑。他又找到父亲，哭泣着讲述了一切，不料，父亲的反应没有像老师那样给他一个轻轻的微笑，而是对他大加夸奖，还不忘安慰他一番，并为自己有这个诚实的儿子感到骄傲。他亲眼看到了父亲真正原谅了他，但他内心的负罪感并没有得到解脱，仍然波澜起伏，无法平静。这个事例让我们看到他掩藏在假面下的真相，这个微不足道的过失使他如此深刻地自责，原因只有一个——只想证明他是一个高度诚实的孩子，他们家庭中浓厚的道德观使他在品质方面抱有很高的期望值。相对于哥哥在学业和社会上的成功，他另辟蹊径，采取自责和承认错误的方式，希望以卓越的表现来争取别人的一片喝彩声。

后来，另一个鬼魔又找上了他，他染上了其他坏习惯，为此他经历了一波又一波的自责反省，他开始手淫。后来为了取得一个好成绩，他又重蹈覆辙，在考试中作弊，从未根除过这个令他无数次自责的毛病。每次考试以后，就是他新一轮反省的开始，他的负罪感进一步加重。渐渐地，他的年龄越来越大，使他积习难改。他的内心像纸一样脆弱，他的敏感的道德心使他无法面对哥哥的成就，心理上压力巨大。只要看见哥哥在某一方面有优秀之处，他便有诸多理由来自责，为自己找一个开脱的借口。大学毕业后，他想谋求一份技术方面的职业，但笼罩在他心里的负罪感无休止地折磨着他，他整天闭门思过，整天祷告乞求上天的宽恕。如此一来，他找工作的时间便被挤占完了。

后来，在他精神状态每况愈下、几近崩溃的边缘时，他被家人送进了精神病医院。看到他那不可救药的样子，医生们束手无策。不料过了一段时间，他竟奇迹般地有了好转。将要出院时，医生承诺，如果病情复发，他可以再次来入院治疗。之后，他改行学习艺术史，当考试即将到来之前，一个礼拜天，他跑到教堂，面对所有教徒跪下，痛哭流涕地喊道："我是罪人中的罪魁！"就这样，他以这种认罪的方式使他获得了众人的瞩目。他的内心如此脆弱，使他不得不重新回到医院住了一段时间才回到家中。一天，他竟一丝不挂地走下楼来，到餐厅里吃饭。的确，他有一副健美的身材，这是他唯一可以超过胞兄的地方，甚至可以和许多人比个输赢。

这个病人的负罪感其实只是一个道具，他使用这个道具来表现他的诚实，由此努力获得人们的认同，满足他潜在的优越感。他想努力展示他的优点，可是，他的发展却朝着一个错误的方向。他逃避考试又不想工作，这都证明了他高度的无能和内心的怯懦。他的整个精神病症状都指向一个事实，就是他的不自信和对失败的恐惧。无论是在教堂里的自我谴责，还是赤身裸体地走进餐厅，都是他为了获得与众不同的优越感而不顾一切的拙劣表演，他的生活态度决定了他的行为方式，他产生的感受力完全与他的目的一致。

另一种行为我们普遍有印象，它是一种身体出现短暂的而且不固定的生理状况，这个证据可以证明精神对身体的影响。实际上，在某种程度上，我们的感知都会通过身体来表现。每个人都会以显而易见的方式来表达个人的情绪：或是他走路的姿态，或是某个手势,或摆在脸上的表情,或可以让人察觉到的身体的颤抖。类似的变化同样会在人体内的器官上得以体现,比如,突然涨红了脸或脸色变得苍白,这意味着人体的血液循环发生了变化,每个人都有独特的肢体语言,或愤怒,或激动,或焦虑和悲伤,都能通过他个体的肢体语表达出来。

当一个人遇到恐惧的情况时,不同的人有不同的反应,有人会头发竖起来,心口狂跳,冒冷汗,呼吸急促,声带因为紧张而发不出声音来,或者浑身颤抖、站立不稳等,或者没有食欲及恶心呕吐。而有些人则因为情绪的变化而膀胱受到影响,这就是人们常说的吓得尿了;有些人受到影响的则是性器官。很多人有这样的经验,遇到考试时会感到性兴奋。我们还知道,有的人在实施犯罪后会跑去找妓女发泄一通。在医学界,出现了不同的观点,有的人认为性欲与焦虑是孪生兄弟,而有的人则认为二者毫不相干。他们的观点都是出于个人的经验而得出的主观结论,因此才出现大相径庭的看法,有人认为二者有关系,有人则看不到任何关系。

研究发现,不同类型的个体反应与遗传因素难脱干系,以一个家庭为整体来看,从中我们可以判定某个家族的弱点和特征,在特定的环境下,同一家族的不同家庭成员在身体方面的反应都有相似的表现或行为。然而,最有趣的是,我们可以通过不同情绪的表现,从中观察作为中枢神经的大脑是如何对身体起到指挥作用的。

人的情绪和他的身体表达告诉我们,大脑在对环境的好坏做出利弊的判断之后,是如何做出反应的。比如,一个人被激怒后,个体总想极力克服恼怒的情绪,这时候,最好的办法莫过于打击对方，采取攻击、谩骂他人的方式发泄一通。生气会直接影响到身体器官，身体器官受到刺激后开始行动起来。有人生气会胃痛，有人会脸红脖子粗。血液循环力度加大，以致血压升高，引起头疼。在那些习惯性头疼的人身上，我们会发现，人一旦受到羞辱后，由于强压怒火和耻辱感，会引起偏头痛、三叉神经痛或者癫痫发作。

精神对身体产生影响具体源自何种因素，人类至今还没有进行过全面探索，或许我们永远也搞不清楚它的根由。精神紧张时受到影响的不光是神经系统，还包括非神经系统。当紧张情绪出现时，自主神经就会赶来助阵，接着就是一系列的动作，比如使劲拍桌子、咬紧嘴唇、撕纸片。每当他们有紧张的情绪产生，接下来就会有一连串的动作，比如咬笔杆或者啃指甲，通过这些细节为情绪找一个发泄的出口。同样的道理，当他们站在陌生人面前时，他们会因窘迫而脸红，手足无措，甚至发抖或肌肉紧张，这都是焦虑和紧张的缘故。通过非自主神经的作用，传遍全身引起紧张感。所以，任何一种情绪都会牵一发而动全身。以上事例只是说明神经紧张引起的明显的身体状况。

如果我们深入研究，不难发现，人的任何外在表现的情绪，都与身体的某一个部分相关连，这就是精神和肉体相互作用的影响。既然精神和肉体存在相互关联的两个部分，那么观察精神和肉体的相互作用就是非常重要的。

从上述例证我们得知，个人的生活方式以及相应的情绪倾向会对身体的发育产生持续性的影响，诚然，如果我们有丰富的经验，就能从儿童的性格和生活态度观测到他整体的早期定型，并预测到他未来的发展模式。通常，一个勇敢的人所表现出来的心理素质首先体现在他健壮的体格上,他肌肉发达,站姿挺拔,显得气宇轩昂。他的生活方式直接与他的身体发育挂钩,使他体型健美,与众不同,勇敢的人面部表情也和别人不同,他的所有外在特征不管是体型、肌肉甚至骨骼都会与别人不同。

如此,精神对大脑运作的影响作用已不可否认,病理学的若干病例证明,如果一个人大脑的左半球遭到创伤,他会丧失阅读和写作的能力,但有一个补救的方法,就是通过训练大脑其他部分,他的这项功能会得到恢复,重新获得阅读和写作的能力。我们从中风患者身上得到了印证,那些中风患者起初以为自己受损的大脑已无法修补,可是通过对大脑其他部分的训练,成功地使他丧失的功能得到恢复。这一事实使我们得到启发,个体心理学同样可以应用于教育方面。如果精神对大脑的影响力如此巨大,如果大脑不过是一个精神的御用工具,即使它是一个不可替代的工具,仍然只是一个工具的角色,我们就可以从这个工具入手,寻找打开的窍门和改进这个工具的方法,这样,人们就可以不再受制于这个天生的大脑配置给我们的那点脑力。那些脑病患者也都可以从疾病的折磨中解放出来,通过训练大脑,使其适应我们的生活。

比如,我们的定位目标由于错误的导向,走到了一条岔道上,精神与大脑在分了岔的不同轨道上运行,精神指向东,而行动却向西奔去,直至失控,后果可想而知。所以,我们看到很多缺乏合作精神的孩子,在他们后来的成长中,他们匮乏的合作能力使他们的心智和理解能力大大低于正常儿童。既然成年人的行为方式是受他五岁时对生活的认知影响的,他在生命的头五年里,构建了他的生活态度和世界观,我们就可以从这一览无余的五年短暂的时光里,摸到他们生活中存在的障碍在哪些地方,并提供帮助使他们能够纠正错误。这是个体心理学任重道远的课题，现在，我们已经在这个领域起步了。

身心的不同特征

有一个论点无法撼动，精神和肉体表现的关系是一种恒定的关系，这是许多科学家形成的共识，但却没有人想在二者之间做一番深入的探究，没有人试图潜入这二者之间细究那座搭建二者的桥梁是何种质材，何为因，何为果？比如，克雷奇默（Kretchmer）曾经说研究一个人的精神和感情特征可以通过一个人的体貌特征得出结果。他根据自己的界定，将大部分人粗略地划为若干类型，比如矮胖型的人都具有脸圆、鼻子短、肥胖的特征。莎士比亚笔下的恺撒大帝如是说：

我愿周围的人都身体肥胖，
脑满肠肥，能吃能睡。
——（《尤里乌斯·恺撒》第一幕第二场）

克雷奇默的此种分类法，将特定的人的体型特征和精神挂钩，但有一个漏洞，他没有解释清楚二者之间是如何产生关联的。在社会上，这一类人不会因为相貌上的审美而受到轻视，因为他们并没有显示出他们的身体有什么不足，他们与常人一样，可以适应我们的文化。他们体格健壮，有力气，自信心强，如果要比拳头硬，他们从来不会害怕谁。当然，他们不必与人为敌，没有必要因为力大就将他人视为敌手，也没有必要认为周围的环境充满敌意。有一个心理学派将这类人界定为"外向型人"，之所以这样称呼他们，是因为他们的身体没有使他们感到苦恼，他们不因自己的身体而有焦虑的表现。

克雷奇默的分类法还描述了一类患有精神分裂症的人。他们的共同点就是有某一个身体上的特征显得超出了常人，他们的身材和孩子气的脸型很不匹配，不是长得很高，就是长得很矮，脑袋尖尖，鼻子长长。在克雷奇默的描述中，他坚信这样的人寡言少语，性格内向，由于他们不善交际，只要他们遭到心理困扰，十有八九会患上精神分裂症，莎士比亚借恺撒的口这样说：

看卡修斯那副饥饿消瘦的模样。
他心事重重，这样的人是危险分子。

——（《尤里乌斯·恺撒》第一幕第二场）

或许他们受到身体上的缺陷的困扰，使他们在成长过程中心理倾向于以自我为中心，而且更悲观、更内向。或许他们更渴望得到更多的关注，或许他们会提出要求，以期得到更多的帮助。可是有一天，他们突然发现他们根本没有得到应有的关注，他们为受到冷落感到痛苦，变得刻薄、多疑。总之，这些正如克雷奇默描述的那样，都是精神分裂者身上的共同精神特征，而那些混合型的人或者肥胖者，尽管他们看起来心宽体胖，实际上也可能朝着这个危险的方向发展，变得胆小怕事，容易沮丧，环境的作用使他们畏手畏脚，毫无自信心可言。说到这儿就不难理解，任何一个经常被人捉弄的孩子，如果不断受到打击，有很大可能会成为精神病患者。

长期的经验告诉我们,从一个人的表现中我们可以大致判断出他与人合作的能力达到哪个等级,现在对人与人之间的合作程度尚无一个绝对的标准,到目前为止,这一直是一个我们极力在摸索的问题,人们试图从中捕捉到某个信号,这就是合作的必要性。在纷繁的世界中,我们已经感受到找准个人定位的必要性,在纷繁的生活中厘清头绪,找准方向。同样,我们也看到,在一项革命性的事业发起之前,人们的思想已在这项事业的萌芽之初便意识到了,并努力付诸实践,促其成功。由于这种努力出自人的本能,所以很容易陷入错误。有一个普遍的现象,人们都不喜欢那些长相丑陋、行为怪异的人,认为这种人是另类,感觉很难与这样的人合作,总是回避他们。这其实大错特错,也许持有这种判断的人曾经遭遇过与他们合作失败,基于这个经验,得出"一刀切"的定论。现在,我们还没有摸索出有效地提高与这样的人合作的最佳方法。所以,他们的缺陷便被置于放大镜下,被人们夸大,成为更加怪异的人,由于这些缺陷,他们处处遭到排挤和回避。

现在我们来进行一个总结,在人生最初的四五岁时,儿童便确立了一个未来的生活目标,这是他的精神诉求,从这个时候开始,精神和肉体的关系日益密切,当一个孩子的人生态度基本形成之时,他的相应的情感、身体方面的行为特征也开始产生。他与人的合作能力也在不知不觉中融入他的生活方式,我们可以凭借他的合作能力判断他在与人合作时是积极的还是消极的。比如,失败的人缺乏合作能力,这几乎是所有失败的人的共同特征。如是,我们可以给心理学下一个另外的定义——为了了解一个人合作能力缺失到哪一步。既然精神是一个整体,生活态度贯穿人的一生,个人情感、情绪以及思想无不在其中得以相应的体现。如果我们看见情感方面出现异常，与个人自身利益背道而驰，你仅仅从情感方面找原因，是解决不了问题的，情感只是个人生活方式的表达，只有从根本上改变生活态度，才能得以改变。

个体心理学在这个方面有一个前瞻性的贡献，它为我们的教育和治疗提供了一条特殊的渠道。针对一个人的个性性格，切不可采取头痛医头、脚痛医脚的方法，最好的方法是找出他在进行人生选择时错在哪一个环节，找准那个精神对生活方式错误解读的死结，何为他们的生活意义，他们所处的环境和自身的经历，当问题临到时选择的应对措施等。这些才是心理学必须要研究的真正课题。医术精良的医生不会采取针刺的方法去测量一个人被扎以后能跳多高，或者搔搔他的胳肢窝看他笑得有多响。当然，这种做法在现代心理学界很普遍，也许这样做可以为我们提供一个人的心理状态情况，但它的效果只不过是让我们看到在某一层面上的个体生活方式的一份证据。

人生态度在心理学中永远是一个最值得研究的课题，而其他学科的心理学研究都倾向于生理学或生物学，那一分支的调查素材与人生态度基本上不沾边。对于那些研究刺激和反应、精神遭到重创或不同寻常的情感经历的人，还有那些研究遗传对人的作用、跟踪观察遗传在个体身上的发展的人，这种提法同样适用。但在个体心理学中，我们的重点是放在人的精神问题方面，既然精神对肉体的行为起主导作用，我们的研究方向就是要弄清他的世界观，了解他最初的目标建立、努力的方向以及在生活中处理各种问题的方式。迄今为止，我们理解一个人的最好途径还是了解他的合作能力如何。

第三章　自卑感与优越感

自卑情结

"自卑情结"已是挂在人们嘴上的一个常见的词，这说明它已达到尽人皆知的地步，"自卑情结"是心理学的重大发现之一，对这一学科的贡献举足轻重，许多学派的心理学家都承认这一名称，并将其运用到实践中。但是，我不敢确定他们是不是真正理解了这一概念，在使用中是否运用恰当。比如，一位医生对坐在他面前的病人说："不要自卑，自卑没有任何好处。"病人听了这话后，可能自卑感更加严重，因为你只给他指出了问题所在，却没有给他一剂康复的良药。我们的责任是要帮助他找到病因，也就是他在生活方式中暴露出来的力不从心感，在他们垂头丧气之时，要鼓励他们拿出勇气克服困难。

几乎所有的精神疾病患者都存在自卑情结。判断精神病患者与其他类型患者的区别在于，观察他在某种特定的环境里有没有感到生活的意义，还有他是不是会为自己的努力和行为设定限制。如果我们对一个患有自卑症的人说："我能理解你受自卑折磨的痛苦。"对一个病人来说，这话说了等于没说，你理解病人的痛苦却丝毫解决不了病人的痛苦，就好像对一个有头痛病的患者说："我能说出你的病，你患的是头痛病。"

对精神病患者说他有自卑感，会遭到对方断然否定，大多数患者会坚定地回答："没有！"个别人甚至会说："你恰恰说错了，其实我比周围的人都强。"所以，我们没有必要提问，只需要观察，他虽然嘴上不承认，但举止言行却将他的心理疾病暴露无遗。比如，我们看到一个傲慢无礼的人，他那种不可一世的举止等于在告诉我们："不要小瞧我，我要让你们看到我是个分量很重的人物。"再比如，如果一个人在说话时总是辅以夸张的手势比比划划，我们可以由此推测他的意图，"如果不强调一下，你们不会觉得这话有多么重要。"

可以这样说，在所有盛气凌人的外表之下，其实都隐藏着与强大外表截然相反的自卑感。就如同一个身材矮小的人，担心别人说他是矮子，总是踮起脚尖走路，或者借助高跟鞋使自己看起来高一些。这也就好比两个孩子比个子，长得高的心里有底，而害怕比不过对方的孩子总会挺直身子尽量使自己看起来高一点。如果我们问这个孩子："你是不是觉得自己没有他高？"他根本不会承认。

自卑感的表现方式千差万别。我们来看看三个孩子第一次到动物园的故事，这三个孩子都是被他们的母亲带到动物园的，当他们一同来到关着狮子的铁笼子前时，第一个孩子迅速躲到了妈妈身后，吓得发抖，嚷着："我要回家！"第二个孩子站在原地，他浑身颤抖着挪不动脚步，脸色苍白，嘴上却说："我根本不害怕它。"第三个孩子则像勇士一样挺直胸膛，怒目圆睁，瞪着狮子，问他妈妈："我可不可以朝它吐口水？"实际上，这三个孩子心里都很害怕，但表现方式却不同，三个孩子都用与各自的生活方式相一致的方式来表达。

每个人心中都有潜在的自卑感，只是程度轻重不同而已，我们常常发现自己的生活环境中存在不尽如人意的地方，"人生不如意事十之八九，可说与人无一二"，如果我们对自己的勇气有信心，采用简单而有实效的方法来消除这一感觉改善现状，可以使自卑感消失，没有人能一生都生活在自卑感的阴影中，这样他会因不堪心理的重负而彻底垮掉，拯救他的唯一出路就是要选择一个合理的解决办法，假如一个人已完全失去了自信，自暴自弃地得过且过，他不愿付出努力改变自己的生活。即使如此，他仍然不愿做自卑感的奴隶，他时时刻刻想摆脱自卑感的困扰，达到跳出这个桎梏的目的，但他却没有心思去努力，只是独自叹息，玩一些自欺欺人的小把戏，一厢情愿地承认自己的优越感，他的海市蜃楼一般的优越感能带来一个什么后果呢？日复一日的自卑感会越来越严重地困扰他。他没有准确地找到问题的根源，不能从源头上改善这一状况，他只是在做一些解决不了问题的表面功夫。他每走一步都在自我欺骗，问题越积越多，压力使他不堪重负。

我们如果只被他表面的行动所迷惑，没有解析其深层意义的努力，他的这种没有目的的行为会欺骗他一辈子。他的行动并没有释放出真正要改善自己生活的目的。如果有一天，我们发现他和别人一样在极力地争取充实感，但却并没有真正有信心地改善自身的处境，他所做的一切都带着虚幻的色彩。当他感到自己软弱时，他会创造一种貌似自己强大的情景。他选择的方式不是锻炼自己变得强大，而是让自己在心中变得威武强壮，这完全是一种自我愚弄的拙劣手段。当他在工作中遇到难题无法解决时，他会迁怒于人，用撒野的方式来表明自己是强大的。然而，不管他费多少力来证明自己的重要，都丝毫没有减轻他内心有自卑感这个客观事实，在他那貌似强大的假面下，暗藏的自卑的情绪无情地冲击着他，到此，我们可以给这种情况下一个定义——自卑情结。

自卑情结的典型表现是，当一个人遇到问题时，如果他没有能力采取应对措施，而他却坚信自己有能力解决时，这就是没有争议的自卑情结。从这个定义我们可以看到，愤怒、哭泣和推诿责任的辩解，都是自卑情结的表现。因为自卑感在人的心里如同一座大山，他想推翻自己身上的压力，所以要制造一种优越感来释放自己，但这种方法只是隔靴搔痒，根本触及不到问题本身。对于他们来说，治标不治本的办法就是把真正的问题置之脑后，转而从那些无意义的芝麻小事中谋求优越感。当然他也会避其锋芒，约束自己的行为躲开失败，他只需要"避免失败"，而不是"争取胜利"，在困难面前，他们会像阉割的"子儿马"一样，不是掉头逃走，就是不知所措畏畏缩缩。

从那些患有广场综合症的人身上，可以看到他们的明显特征，他们的内心深处有一种固执的观念，"我只愿意待在我熟悉的环境里，不能走远，外面的环境太险恶，必须躲开。"如果这种观念顽固地存在于他的脑海中，他会让自己待在一个封闭的环境里，整日闭门不出。

对于这种人来说，还有一个对付困难的办法，那就是结束自己的生命，用自杀来逃避困难。对他来说，生活中的困难大大超出了他解决问题的能力，因而放弃。同时，自杀还可以解读出谴责或报复的含义，我们可以从自杀者的行为中看出他对优越感的追求。自杀的人把责任推给别人，他的意思是："我是一个脆弱、敏感的人，你们却毫无怜悯之心。"

在某种程度上而言，几乎所有患有精神疾病的人都有过分谨小慎微的特点，他们喜欢给自己设定各种限制，使外面的环境与自己的活动范围保持一定的距离。他们这样做是为了逃避生活中的三大问题，给自己的生活创造一种可以主宰的感觉。这样，他为自己构筑了一间"密室"，闭门谢客，过着与世隔绝的孤独生活。至于哭泣还是抱怨，或者选择恐吓的办法来统治自己的领地，完全取决于他的教养如何。总的来说，当他认为某种方法对他来说效果并不满意时，他会尝试选择最适合自己目标的手段，不管他怎样变换方式，目标只有一个，那就是在不改变自身环境的前提下，获得优越感。

比如，那些弱小的孩子发现眼泪可以帮助他达到目的，于是，他便会无缘无故地哭，爱流泪的孩子长大成年后，多半是性情忧郁的人。眼泪和抱怨有一个别致的称谓——"水性的力量"，这是干扰合作、支配他人的一枚重磅武器。动不动就哭哭啼啼的孩子与那些饱受欺凌、怀有负罪感的孩子一样，有非常明显的自卑情结，他们愿意毫无遮拦地把自己的弱点暴露给别人，承认他们没有照顾自己的能力，而实际上，在他们内心深处则隐藏着他想凌驾他人之上独霸天下的欲望。而那些喜欢吹嘘、好大喜功的孩子，表现给别人的是一种优越感，其实我们只要细心观察他的行为，而不是被他的表面迷惑，就可以发现他们嘴上不承认的自卑情结。

俄狄浦斯是希腊神话中的一个人物，他的恋母弑父的故事集中体现了恋母情结。恋母情节也是精神疾病患者的一种特殊表现。如果一个人无法面对广阔世界中爱的问题，他始终把自己禁锢在个人局限的"小城堡"中，我们就可以理解，他总是在他的小范围内解决他的性欲问题。由于安全感的缺失，他的眼光总在有局限的范围内，他不会对不熟悉的人感兴趣，他害怕受到伤害，害怕没有能力驾驭在他圈定之外的人。恋母情结一般发生在受到母亲溺爱的孩子身上，孩子由于被母亲娇生惯养，在家庭中一呼百应，习惯成自然，他认为他的所有个人愿望都像法律一样必须执行。他从来没有意识到，他还可以在家庭之外靠努力去赢得爱。这样的孩子长大成人后，他的心智在某些方面仍然是个孩子，愚忠于自己的母亲。他眼中的爱的世界，没有平等关系的爱人，他不要平等的对象，只需要奴仆。而这个扮演忠心耿耿奴仆角色的人就是他的母亲。如果他的母亲在他孩提时代百般溺爱他，将他霸占为只对自己的爱感兴趣而阻止他与父亲或其他人亲热，这个孩子百分之百会产生恋母情结。

所有的神经官能症患者都有一大特征——行为受限制。看一个说话口吃的人那种欲言又止、犹豫不决的样子，由此可以推测他有想与人交流的愿望，但他的自卑情结像一堵墙一样将他与别人隔绝开来。那些在学校里显得智商低的孩子，那些人到中年仍然找不到工作的人，那些害怕谈婚论嫁的人，那些不断重复一个动作的强迫症患者，那些总是萎靡不振无法应对日常工作的失眠者，总之，这些类型的人都有自卑情结，以致他们的正常生活受到妨碍，解决不了自己生活中的问题。有自慰、早泄、阳痿或性变态的人，都被错误的生活目标误导。他们在与异性接近时会感到局促不安，缺乏与异性相处时释放性欲的安全感，如果我们问他："为什么你不能适应这个？"他追求的性对象会说："他定下的目标使他无能为力。"

我曾经说过，自卑情结并非一无是处，它也有积极的一面。自卑感乃是改善人类处境的动力之源。比如，当人类认识到自己的无知时，才会做好应对未来需要的准备，才会促使科学进步发展；得益于它，人类有了努力改变命运的成果，它可以让我们对宇宙的探索产生浓厚的兴趣，更好地开拓人类的生存环境。其实，人类文明的基础就是先产生自卑感，继而才是发明创造。我们来做一个假设，有一天，我们迎来了一个不速之客，这是来自另一个星球的人，这个外星人对我们的文明感慨不已，他说："地球人建立起自己的制度和机构，开办各种协会，为自己提供安全保障。为了避雨，他们盖起了房子；为了避寒，他们穿上保暖的衣服；为了出行方便，他们修筑道路、架设桥梁，他们一定是地球上最弱势的生物。"的确，与大自然相比，人类是渺小而弱势的。我们甚至比有的动物更弱势，比力气，我们不如狮子和猩猩；比自我保护能力，我们甚至逊于很多小动物，它们在自我保护方面的天赋令人类汗颜，为了弥补自身缺陷，许多动物采用群居生活弥补自身的缺陷。其实人类比它们更需要集结成群，以他人之长补自己之短。

众所周知，婴儿的身体特别脆弱，一个婴孩的成长需要成年人多年的精心照料。这是人类一条亘古不变的规律，每一个生命都是从脆弱开始的。既然人类离开合作就只能仰赖于大自然，听从环境的摆布，这就不难理解为什么没有学会合作精神的孩子最终会陷入悲观，成为一个失败者。由于他产生了严重的自卑情结，他已丧失了人类基本的社交能力，这是他失败的根源。即使是社交能力出众的人，也难免遭遇各种各样问题的困扰，生活中的问题总是此伏彼起，使我们不得不运用智慧去应对，没有哪一个人敢断言自己在人类之中是一枝独秀，超越了世界上的任何人，成为世界的主宰。人类肉体羸弱，生命短暂，即使如此，我们仍要"生如夏花之绚烂，死如秋叶之静美"，仍要直面人生的三大任务寻求更加丰富而完美的解决方案，这是我们生命的意义。在努力的探索中，我们可以先找出一个临时的解决办法，但绝不是浅尝辄止满足现状。在任何情况下，努力是必须的，而继续努力有一个重要的前提条件，那就是寻求合作之路，只有与他人合作才会充满希望，所有努力才会彰显出奋斗的意义，我们的环境也会因此得到改变。

但有一个事实无情地摆在我们面前，人类的终极目标永远离我们的奋斗有距离，人类的奋斗永远是进行时，没有穷尽的。设想一下，当某个人或某个团体为了争取某个目标，所有的意义都在努力争取的过程中，一旦目标达到，事情就结束了，那种激情和兴趣都随着目标的达到而消失了。同理，如果人类已经到达不存在任何问题，我们的生存环境已到了完美的境地，未来的一切都可以预知，提前做好应对的措施。那么，我们的生活便会成为一潭死水，索然无味。如果我们已知晓任何事情的底细，它的根源已被我们了熟于心，那么，探索和发现的词汇将会从字典中抹去，没有了发现，科学也就失去了它的位置，我们的生活就像一段耳熟能详的故事，像日落日出一样周而复始，人类追求的艺术和宗教也不再有意义，就像一张白纸。看来，生活中没有挑战不见得是好事，我们身边存在的困难迫使我们要应战、要奋斗，困难和问题是人类的福音，人类永不停歇的奋斗使我们解决和发现新的问题，这个奋斗的过程就是人类为社会做出的贡献。

可是，精神疾病患者却不能和正常人一样享受奋斗的幸福，他们在生命最初的成长时便遇到了障碍，他们判断问题和解决问题的方法都只停留在肤浅的层面上，由于他们的神经官能症，他们眼中的困难和问题往往倾向于极端，将不利因素放大。而正常人与他们相比则智高一筹，有无穷的困难就有无穷的解决办法。工作就是解决问题，这是人类有益于社会的能力，他们不甘于落伍，不愿成为别人前进的累赘，也不需要别人的特殊照顾，他们的人生目标明确，意志坚定，有勇气和魄力独立解决问题，他们的社会认知和个人情感都能很好地统一。

对优越感的追求

人人都有对优越感独一无二的追求，个人的优越目标取决于人对生命意义的解读和描绘，这种意义绝非表面功夫，它并不是一个没有情感的字眼，它在个人生活中就像一曲绕梁三日的美妙乐曲，一直贯穿在个人生活中。但它的表现方式含蓄而委婉，不喜欢大张旗鼓地让我们看出它明确的目标，而乐意迂回曲折地露出线索，让我们顺藤摸瓜地慢慢寻找，才能洞察其中的答案。了解一个人的人生态度就像解读一位诗人的作品，诗人在有限的文字中，蕴含了他深远的思想和感悟，读诗可以读出音乐，读出绘画，读出一切艺术形式可以表达的事物，这都需要我们用心去解读，通过直觉从字里行间寻找踪迹。个人的人生观如同一部深奥的作品，意蕴丰厚而复杂，心理学家研究一个人就像读诗人的作品一样，必须在其言行当中琢磨推敲，将他隐含的人生意义解读出来。

我们在四五岁的时候，就已经对生命的意义有了最初的理解，这不是用数学计算出来的，而是在眼前的一片黑暗中摸索出来的。就像夜行山谷，凭着直觉依靠碎片一样的经历，一点一滴地拼凑，抓住局部的感受和理解，然后做出解释，找到出路。人人都有对优越感的追求，这一点不能否认。我们对优越的目标并不是一开始就十分清晰，而是在暗中摸索而逐渐变得明朗的，优越感是人生的一种推动力，它是我们的追求，但它又不是地图上某一个静止的点，可以一目了然。没有人能说得清楚自己的优越目标，也许，他很清楚他的职业目标，但那只能算是人生目标的一小部分。即使目标明确无误，但通向目标的途径却不尽相同，条条道路通罗马。比如，一个人想要成为医生，但成为医生意味他必须具备多方面的素养，他不仅要有在某个特定的医学领域成为专家的潜质，还要有在职业生涯中表现出对自身和他人的浓厚兴趣，我们不仅要看他在多大程度上能够培养出对他人的关怀，还要看他要求自己帮助他人的程度。这个职业是他为自己设定的目标，并以此作为他对自己自卑情结的补偿方式，而心理学家要做的事情就是通过观察他在工作领域中的成就，推测出他是为了什么样的特殊感受得到弥补。

比如，我们发现，很多医生在他们的童年时期就开始耳闻或目睹死亡的现实。这些事例给他们留下的不可磨灭的印象就是，人类在遭受不安全的威胁。也许他们家中的兄弟姐妹或父母死去了，在他们后来的成长中，他们便会努力寻求从医之道，希望能找到对抗死亡的办法来增加安全感。有人的志愿是想当教师，但我们知道教师的类型很多，教师的素质修养也不尽相同。如果一个教师本身的社会情感程度较低，当一名教师是他获得优越感的一条途径，因为和那些比他弱小或经验不足的人在一起，可以使他感受到在一个小范围内的权威。也许，只有跟弱者或比自己更差的人在一起，他才会有足够的安全感。而那些有高度社会情感的教师则会以平等的态度与学生相处，他们的内心深处有一种责任心，真心希望能为人类造福。在此，我们需要解释一下，教师与教师之间的能力和兴趣差异是非常大的，观察他们的言行，可以清楚地预见到他的个人目标，当一个人的个人目标有了初步轮廓之后，个人潜能为了适应这个目标就会被修剪或限制，而他的整体目标是不变的，会在任何情况下努力突破这些限制，通过适当的途径来表达个人设定的人生意义并最终获得优越感。

所以，对每个人来说，我们都不能被表面现象迷惑，必须通过表面去观察。一个人可能会改变他的某一个目标，比如，他可以随意换一份工作，而我们需要寻找的是那种潜在的一致性，寻找个性中的统一性。人的性格表达方式有很多，不管他用哪一种方式表达，个性与统一都是相符的。比如，我们用一个不规则的三角形来做实验，我们将它颠倒放置在不同位置，或者我们站在不同的角度去观察它，就会发现它在不同的位置上都是不同的三角形，而实际上，它就是那个原来的三角形。人的个性化与这个道理相同，虽然不同的表现所蕴含的内容经由侧面表达出来的方式不同，但我们可以综合其他的条件来辨识它。我们不可能对一个人说："你或者这样做或者那样做，你就可以取得成功，你就获得了优越感。"追求优越感的过程是灵活的，事实上，一个人身体越健康，精神就越接近正常状态，当遇到困难时，他就越能找到最佳的解决办法，而不是被困难逼到一个死角。只有精神疾病患者才会撞死南墙不回头，他固执地抱住自己设定的目标不放手，说："只有这是最适合我的，别的都不行。"

我们要注意一点分寸，不要对任何追求优越感产生的特殊情况说三道四。我们从追求优越感中发现一个共同点，那就是梦想着做人上人。这一点在一些儿童身上表现得特别明显，他们喜欢挂在嘴上的一句话就是："我要成为上帝。"很多哲学家也有类似的意念，他们沉迷在深奥的哲学领域企图寻找到那条化身为神的路。有些教师也有这样的愿望，希望把孩子培养成神一样的人物，在古老的宗教教派中，从各种清规戒律中可以看到同样的目标，信徒必须近乎严酷地修炼，使自己成为超凡脱俗的圣人，而圣人的隐喻就是上帝，这种观念很突出地表现在德国著名哲学家尼采（Nietzsche）身上，在研究哲学之前，他是一位文字学家，尼采本人的生活经历导致他后来成为精神病人，从他在发疯前写下的很有深度的书中，可以看到强烈的攻击性和令人瞠目的自我吹嘘。1889年，长期被人冷落的尼采受不了孤独的煎熬，在都灵的大街上，抱住一匹正在受马夫虐待的马的脖子，以致彻底精神失常。疯了以后的尼采，曾写给斯特林堡（Strindlbcrg）一封信，信的末尾署名"被钉上十字架的人"（The Crucified）。

疯子说话口无遮拦，因为他们理智的闸门已经失灵，他心里想什么就说什么，他想成为神，也会很直白地说出来，"我是拿破仑。""我是皇帝。"这是他们心中的愿望，没有经过理智的过滤便表达出来了。这些肆无忌惮的言论使我们从中看到他们想要获得像神一样的优越感，渴望成为众人瞩目的焦点，渴望能频频上镜，接受众人的膜拜，成为街头巷尾谈论的中心。他们有想成为世界主宰的强烈愿望，希望自己能够预知未来，成为超人。

或许，还有一种人试图用另一种更温和的方式来表达想成为世界主宰的野心，他们那种在心中蠢蠢欲动的目标就是渴望能一步登天成为"像神一样"的人，这种精神错乱并非现代人才有，早在上古时期就发生过，《圣经》记载，挪亚的子孙到了示拿（巴比伦）平原，在那里建了一座通天塔，宣称要与上帝平起平坐，结果他们的图谋被上帝挫败，史称"巴别塔之乱"。不管哪种形式的表现，都是以上帝般的人物为出发点，比如梦想长生不老，或是脱离生死轮回重返人间，或是有通灵的本事能够预知另一个世界的事。在宗教教义中，上帝是永生的神，天地可以重来，上帝永远存在。这些都是对生命的解释，我们都会或多或少有某种意义上的解读。即使是无神论者，在他的潜意识里也有神的存在，因为他们有一个目标，要争取成为比神更高的存在。在某种程度上来说，我们都认为上帝是至高无上的，而我们的目标就是希望自己跟上帝一样。

人的生活目标一旦确立，他的人生态度就会以这个目标为中心，他的所有行动都将与这个目标相契合，他的习惯和行为都会准确无误地遵循这一目标。那些问题儿童、精神疾病患者、酗酒之徒、罪犯、性变态者，他们的生活方式都以恰当的行为表现出所追求的目标，不管何种方式，都是为了追求人上人的地位，如果我们去指出他们的行为是错误的，那等于对牛弹琴，毫无作用，他们既然有这样的目标，必然会做出与其相适应的行为。

有一个男孩，在学校里是出了名的懒孩子。一次，老师问他："为什么你的作业总是做得一塌糊涂？"他回答说："只要我是班里最懒的学生，你就得对我格外关注，在我身上放更多的精力和时间。你从来不会去注意那些上课安安静静、按时完成作业的好孩子，因为他们从不捣乱。"

很明显，这个男孩之所以"懒"，是因为他想吸引老师关注的目光，用这种方式来达到控制老师的目的。所以，他这毛病并不是他的坏习惯，而是他的一种手段，他要依赖这习惯来成全他的愿望，从这个角度来说，他做得很巧妙。

另一个男孩，他是家里的乖孩子，听话听到唯唯诺诺的地步，在家里一点儿也不机灵，在学校读书反应也比较迟钝。他有个哥哥比他大两岁，真是"一娘生九子，九子不一样"，他哥哥的人生态度与他截然不同，既聪明又活泼，总是因为大胆鲁莽闯祸。有人听到弟弟对哥哥说："我宁可笨一点，也不愿像你那样鲁莽，到处惹祸。"

我们权且把弟弟的行为看作是他为了避免惹祸，所以表现愚笨，那他可以算得上大智若愚，反倒是很聪明。如果弟弟天生智商偏低，别人不会对他有过高要求，即使他做错了事，别人也会原谅他，因为他是个笨孩子。从他为了"避免惹祸"这一目的来看，他并不是个笨孩子，恰恰相反，他很聪明，他的笨是假装的。

从古至今，医生治病的目的就是为病人消除病症，绝大多数情况下，都是解决表症，即解决身体上的不适。但无论是医学还是教育学，都对针对表症解决问题持有不同意见，个体心理学的反对意见很彻底，坚决反对针对表症的处理办法，没有商量的余地。如果一个孩子的数学成绩一团糟，那么我们仅仅针对他的数学方面来提高他的综合成绩，这本身对我们来说就是一道难题。或许，这个孩子正在虚晃一枪，以他的数学成绩差来为难老师，甚至巴不得闹到学校干脆将他开除，正好帮他达到逃离学校的目的。如果我们选择单一的方法来纠正他，他会采用另一种办法来达到目的。

这类孩子和成年的精神疾病患者有相似之处,设想一下,假如一个人饱受头痛之苦,头痛除了使他痛苦以外,还可以成为他的一种工具,帮他在遇到困难时摆脱窘境。一旦遇到难题,他的头痛病立马就犯了。借着头痛,他可以逃避生活中的很多麻烦,头痛甚至可以帮他向同事、妻子胡搅蛮缠,还可以帮他逞强霸道。头痛病成了他走旁门左道达到目的的有效途径,因此,他不可能在别人的帮助下放弃这个武器。在他看来,头痛不是坏事而是好事,可以帮助他得到他所想要的一切。当然,我们可以用足够的智商来医治他的头痛,我们可以严肃地告诉他,头痛是会致命的,他的头痛就会消失了。这个道理和不敢上战场的士兵一样,可以采用电击或假手术来治疗他的战争疲劳症。也许药物可以使他的病情有所缓解,迫于有应对之道,他有可能会放弃利用头痛来达到目的。但只要某个目标存在,他会换一种方式取代头痛,他的失眠或者其他病症会接踵而来。

有的神经官能症患者就像生病大户一样,有层出不穷的病症,他的一种病症解除后,又迅速地患上了另一种病,这是神经官能症患者中的"老兵油子",他们经验老道,生病花样翻新,如果拿一本心理治疗的书籍给他看,他会从中受到启发,原来还有更多的神经官能症未曾体验。所以我们只能拿出比他更聪明的办法,追踪到他利用这一病症的目的,找出这一目的与患者获取优越感的目的的一致性。

假设,在一间教室中,我搬来一架梯子,爬上去,在课堂的黑板顶端坐了下来,这个姿势在学生们眼中危险而不可思议,他们说:"啊,阿德勒博士疯了吧!"他们不晓得我搬来梯子爬上去高高在上的底细，他们搞不清楚为什么我要爬到黑板顶端上去坐着。可是他们一旦明白了其中的原委，"他有严重的自卑情结，必须要爬到高处俯视全班才会心满意足，他要比别人更优越才有安全感。"他们摸到了这个底细以后，就不会再对我的怪异行为感到不理解了。为了追求居高临下的优越感，我用了一个看起来神经兮兮的做法，这其实是我为了达到目的的高明之处，这个高明之处使我成功地说服了别人，那种很出格的做法在别人眼里成了很合理的行为。

我的疯狂始终围绕一个中心团团转，那就是对于优越感的解读。除非有人直言不讳地给予指正，说我的行为有悖常理，否则我根本不会意识到我正朝着一条死胡同盲目地往里走。如此，我的既定目标可能会因那个好心人的指正而选择改变方向。如果我的目标依旧，有人来拿走了我的梯子，我还是会找来另一架梯子，或者找来凳子叠加起来往上爬，如果凳子也被拿走了，我会双脚跳起来看能跳到多高，或者踮起脚尖试图攀爬。所有精神疾病患者都是这样，他的目标指引着他的行为，从这个角度来讲，他并没有做错什么。而我们需要做的事情是建议他改变目标，一旦他的既定目标得以改变，他的思维和态度也会来个一百八十度的大转弯，以前的行为和思想与他现有的目标也不相适应，这时他会抛弃旧的习惯和行为，取而代之的是新的思想和行为。

我们来看一个中年女人的事例。这个女人因为焦虑无法与人沟通，她来向我求助，诉说她内心的焦虑导致她与人相处困难重重，没有朋友。她又没有自食其力的能力，只能依靠家人的接济度日，成为家人的负担。她也曾做过秘书、文员之类的工作，但老板不怀好意地讨好她，为的是占她的便宜，她常受到老板的骚扰，不胜其烦，又惊又怕之下，她只好辞去工作。她另外找了份工作，这个老板倒没有对她动手动脚，不料这也摆不平，她认为老板对她的冷淡是因为她缺少女性魅力，这无疑是对她的蔑视，愤然之下她又辞了这份工作。后来，她接受了长达八年的心理治疗，但收效甚微，她的社交能力仍在原地徘徊，没有进展，她仍然缺乏与人沟通的能力，没有朋友，也不能与人合作，一直找不到合适的工作。

我与她第一次见面，便询问了她童年的生活方式，这非常重要，如果不追溯她早期的生活方式，就不能了解她的成长，也无从判断她的现在。她是家中最小的孩子，相貌生得十分漂亮，这足以使她在家里成为宠儿，父母含在口里怕化了，放在手上怕冻了。那时她的家庭条件优裕，父母对她百依百顺。听她自述到这里，我不禁问道："那你就像公主一样啊？"她说："就像你说的一样，那时每个人都叫我公主……"接着，我问她最初的记忆是什么，她说："记得四五岁时，有一天，我走出了家门，门口有一些孩子在玩游戏。他们不断地蹦蹦跳跳，嘴里喊道：'巫婆来了！'我被吓坏了，回到家里后，我问一位和我们住在一起的保姆说：'世上真有像巫婆一样的人吗？'她回答说：'有的，巫婆、强盗，还有小偷，他们都会跟着你。'"

从那以后，她很害怕一个人独处，这种恐惧感一直在她的生活中挥之不去，成为一片阴影笼罩了她的全部生活。她承认没有独立自主的能力，不能养活自己，只能依赖家人照顾她。下面还有一段她的早期记忆："曾经有一个男性钢琴师教过我，这个男人有一天想来亲我，我立刻停止弹琴，跑去告诉了母亲。从此以后，我再也没有学琴的兴趣了。"从这个记忆中，我们可以看出，她在自己和男性之间筑起了一道篱笆，和男性保持一段距离。于是她后来的性成熟与自我保护、排斥异性形成了一致。她不敢承认自己是弱者，认为谈恋爱就是弱者的表现。

在此我必须要说，很多人在陷入爱情的漩涡时，都感觉自己很脆弱，变得多愁善感，在一定程度来说，这无可厚非。人在恋爱时性格会变得温柔，同时，也会因爱慕对方使自己受到伤害，这应验了一句经典名言："爱情就是你爱的人给你带来的伤害。"只有一个人的优越目标是做一个强者、绝不袒露内心的人，才有可能躲开对爱的依赖。这样的人没有恋爱的思想准备，也不会去接受爱。我们发现，一旦有一天，他感到有来自爱情的信号，恐怕自己会有陷入爱河而不能自拔的危险，他会快刀斩乱麻，毁了这段爱。他会采取伤害对方的手段来使他的破坏行为彻底，他会挖苦讽刺那个差点要把他拉下爱河的人，通过这样的方式摆脱自己的脆弱感。

这个女孩在遇到爱情和婚姻时，立马会变得很脆弱。所以，在她工作的环境中，一旦发现有男人对她感兴趣时，她会变得脆弱而敏感，除了心生恐惧想逃避以外，没有更好的办法应对。不幸得很，当她正在学习这些功课时，她的父母也相继去世了，她从公主的宝座上跌落下来，曾经拥有的"公主王朝"随着父母的离世而景况不再，她尝试着依赖其他亲属的照顾，但境况与从前大不相同。很快，亲戚们开始疏远她，没有人再关注她，她指责他们薄情寡义，说："现在我孤孤单单地生活，你们知道我的处境多么危险吗？"后来有人看不下去，再施援手，她才没有落到孤苦无依的悲惨境地。

我敢断言，如果她的那些亲戚们硬起心肠抛弃了她，她的生活肯定会崩溃。她的优越感就是她心中永远的公主地位，为了维护这个目标，她唯一的办法是强迫家人照顾她，她生活中的一切困难都要依赖家人帮她解决。她常常耽于幻想，"我不属于这个星球，在另一个星球上，我是公主。这个星球的人完全不懂我，他们根本不知道我是多么重要的人。"如果再这样发展下去，她将毫无悬念地精神失常。万幸的是，她还有几个善良温情的亲戚接济她，所以没有走到最后一步。

我再举一个例子，从这个病例中我们可以清楚地辨别出自卑情结和优越感的异同。一个十六岁的女孩被送到我这里来，这个还是未成年人的女孩却有着几乎长达十年的盗窃史，她从六七岁时就开始偷窃，十二岁时便和男孩们厮混，常常夜不归宿。我得知她的童年早期生活是这样的——她两岁时父母离异，母亲嫌她是个累赘，把她送到姥姥家，她姥姥心疼她，对她溺爱得不得了，这就是我们常见的"隔辈儿亲"。她生来就是个不受欢迎的人，因为就在她出生时，父母的矛盾激化，她母亲本来不想要她却又偏偏生下了她，所以她母亲从来没有关注过她，她压根儿不喜欢这个女儿，因此这对有着血缘关系的母女之间毫无亲情可言，关系一直很差。

当这个女孩坐在我面前时，我用很友好的态度与她交谈，她说："说实在的，我并不喜欢偷偷摸摸，也不认为和男孩子们混在一起很好玩，我这样做是想让母亲知道，她根本管不住我。"

"那么，你是为了报复才这样做的吗？"我问她。

她说："我想是的。"

她想证明她比母亲更厉害。事实上，当她在心里建立了这个目标后，其实已经说明她感觉到了自己的弱小。她明显地感到母亲不喜欢她，所以存在自卑感。为了维护自身的优越感，她决定采取制造麻烦的手段，迫使母亲关注她。这是这一类孩子的通病，我发现童年时期的儿童有偷窃行为的，包括那些少年犯的不良行为，多半出自报复心理。

一个十五岁的女孩突然失踪了，大家束手无策，八天之后，她被带上了法庭。她在法庭上发挥了她编造故事的天赋，她说："一个男人绑架了我，他把我扔进一间屋子，我被关了整整八天。"没有一个人敢相信她说的这个故事。医生采取攻心术，私下和她聊天，企图套出真话。不料她因为医生不相信她的话而大为恼怒，并赏了医生一记耳光。当我见到她时，我问她未来的理想是什么，我说我对她的未来幸福感兴趣，并且愿意提供一切必要的帮助。我让她讲一个自己做的梦，她笑了，讲了一个这样的梦给我听："我在一个酒吧里，当我正要从酒吧里出来时，妈妈从门口进来了。过了一会儿，爸爸也来了，我请求妈妈把我藏起来，这样，爸爸就不会看见我了。"

这个病例显而易见，她害怕爸爸，并且对他心怀敌意。她因为以前经常受到爸爸的责罚，为了逃避责罚，她选择用撒谎来掩盖事实。当这种说谎的病例摆在我们面前时，我们最先需要搞清楚的是，在撒谎的背后，是不是有严厉的父母。若不是真话会带来危险，说谎没有任何意义。从另一方面，我们看到女孩和母亲之间有某种程度上的默契。后来，她终于向我承认，实际上她是受人唆使到酒吧去的，并在那里待了八天。由于对父亲心存恐惧，她不敢说出事实真相，与此同时，她又希望让父亲知道，以此来显示她胜过了父亲。平日里一直被父亲的威严所压制，她感到压抑，她这样做是为了伤害父亲，使自己有占了上风的感觉，从中获得优越感。

对于这些寻求优越感而误入歧途的人，我们要提供什么样的帮助才能把他们从那条岔道上找回来呢？假如我们每个人都存在对优越感的追求，这个问题的理解就很简单了。让我们换一个角度，设身处地换位思考，他们的一切努力是完全可以理解的，只是他们把劲使错了方向，用在了错误的目标上。

优越感也有它积极的一面，它是激励人们对社会做出贡献的源动力。人类文明正是由于人们对优越感的追求而循着这条主线——从下到上，从弱到强，从失败到成功，从匮乏到丰富前进的。然而，只有那些怀着为人类造福的理想，怀着为他人带来福祉的愿望的人，才能成功应对生活中的难题，才能胜券在握。

如果我们晓之以理，用正确的方法去引导他们，说服他们并不是一件难事。说到底，一切人类对价值和成功的判断，都有坚实的根基，那就是人与人的合作关系，这是人类最伟大的共识。我们的行为、理想、目标、活动和性格特征，唯有一个崇高的目标，那就是实现全人类的合作。任何人都不可能完全丧失社会责任感，即使那些精神疾病患者包括罪犯都心中有数，当他们被推上法庭时，都知道想方设法为自己的罪行辩解，竭力开脱，推卸责任。由此我们可以看出，他们的内心深处潜藏着真正的怯懦，精神疾病完全磨灭了他们勇气的锋芒。自卑情结不断提示他们："你无法与人合作。"于是，他们在真实的生活面前却步，转身去和虚幻的影子打架，对现实避而不见，沉迷于虚幻之中，麻痹自己并乐在其中。

人类的劳动分工不可详尽，各个行业提供的目标也不尽相同，这是由人类生存需要而产生的。然而，每个目标都并非尽善尽美，我们或多或少可以从中找出缺陷。人类文明的发展需要各种技能型的人才，人们的合作正是需要各种不同类型人才取长补短。有的孩子天生对数学感兴趣，而有的孩子却在艺术方面有天赋，或在美术方面有强烈的色彩辨识能力，或在音乐方面有特殊的听力，有的孩子则生来有一副强壮的体格。对于那些消化不良的孩子来说，营养问题值得他们关注，他们会对食物产生浓厚的兴趣，通过合理地搭配膳食，可以使他的身体状况得到改善，或许有一天，他们会成为职业厨师或营养专家。在所有特殊的目标中，我们发现，通过对自身缺陷的切实补偿，往往会产生歪打正着的效果，实现看起来似乎不大可能实现的目标。这就是为什么哲学家要避开人群集中的地方，跑到远离社会的地方才能思考与写作，由此我们就理解了，如果一个人的优越目标中融合了高度的社会责任感，即使他的目标可能会出现偏差，但不会相差太大。

第四章　早期的记忆

人格塑造

  人对优越感的追求是一个人整体人格的关键所在，因此，他的精神发展每一个关键时刻都会留下蛛丝马迹，这些痕迹可以让我们了解到他付出的努力，认识到这一点后，理解他的生活方式便有了切入点。但必须牢记两个重点，首先，我们可以从任何地方找到缺口进行研究，他的任何表现都会把我们引入同一个方向——奋斗的动机，这都围绕着其人格的建立而展开。其次，我们手中掌握的素材繁多，他的只言片语、思想感情，甚至某种感觉和姿势、体态都是可供研究的资料。也许我们会仓促地断言或评价，但这些匆忙之间犯下的错误都会从他千万次的表现中得到检验并被纠正。所以，最能避免失误的办法是将一种表现放在整体中去了解，才能得出最终结论。但不管哪一种表现都是反映事实的有力推手，将我们推向同一个答案。

  考古学家循着历史的印记，寻找陶瓷瓦片、断壁残垣、工具碎片、残缺的墓碑和纸莎草散页，追踪那些已经消失的城市的历史残迹，从残存的零碎中推断整个城市的沧海桑田。然而，我们的工作与考古学家既有相似之处也有不同之处，相似之处在于研究方法都是凭借痕迹，不同之处是我们的研究对象不是已经消失的东西,而是鲜活的个体生命身上表现出来的对人生的不同解读,与我们息息相关的生活就像万花筒一样,给我们讲述着瞬息万变的世界。

要了解一个人是非常难的,有人穷其一生也没能真正了解一个人。个体心理学堪称是最难学习和运用的学科,我们必须以最大的耐心听完一个故事,不能漏掉任何细节,而且从始至终都要抱质疑的态度,直到最终找到那副解药,破解问题。这个过程当中,耐心和敏锐的洞察力是重中之重,我们要剖析他言行中的细枝末节,他与人打招呼的语气,他走入一个房间的方式,他笑的习惯以及行走时的姿态等。也许我们在破解的过程中会出现困惑导致误判,但我们可以通过对其他方面的了解走出误区。心理治疗说穿了就是对有关合作的运用和检验,只有真正地怀有对他人的深切关怀,才能获得最好的治疗效果,我们的工作才称得上是做完美了。我们必须设身处地、感同身受地理解他人,应对病人的感觉并处理棘手的难题,而病人也一定要尽其所能配合我们对他的理解。当我们认为已经了解了他们,而他们却没有认同感的时候,这说明我们的工作还有欠缺,除非他们也了解了自己,否则就不能证明我们是对的。真理必须经得起检验,否则只能说我们对他们的理解还有差距。

也许我们还没有真正认识到这一点,心理学的其他学派为此提出了"积极转移和消极转移"的概念。但这在个体心理学中是不能容许的。纵容病人等于毁了他,那些被宠坏了的病人很喜欢这个简单而对他们有利的做法,但个体心理学的目的是治愈病人,而不能容忍换一种方式让病人高兴就行了。纵容病人会将病人教坏,更会滋长他的控制欲,只要对他稍微怠慢或忽视,他就会变本加厉地与你为敌，病人会单方面中断治疗，即使继续接受治疗，也是为了表明自己的正确，好叫医生感到难堪。采取纵容或怠慢的方法都不能对病人起到实质性的作用，唯一行得通的办法是让他看到一个人对另一个人的关心，这种真诚而客观的关心能让病人转移注意力。同时，我们还要帮他找出错误，并在过程中输入合作的理念，绝不能对这一目的掉心轻心。牢记不要期待"转移"的现象发生，千万不要跨出冒险的这一步，也不要摆出以权威自居的面孔，或者放手让他继续依赖别人，置他于不负责任的境地。

在人的精神世界中遍布记忆的碎片，记忆的碎片里藏着价值连城的真相。记忆与人如影随行，提示着人自身的环境和各种事件的意义。记忆并不是偶然存在的东西，人一生接受事物留下的印象多得不可胜数，但记忆只储存那些它认为对它有用的东西，有的记忆清晰，有的记忆模糊，这些记忆构成了一个人的生活故事，可以像电影胶带一样重复放映温馨的故事，它像一面镜子与人的情绪对应，成为一个人经常需要参照的资料，提醒自己将注意力放到目标上。不仅如此，它还可以起到经验的作用，使人从这些经验中老练起来，以更为靠得住的方式应对未来。在日常生活中，有很多关于人是如何运用记忆来平衡情绪的例子。比如，当一个人遭遇挫折感到沮丧时，他会想起以前遇到的难题。当忧郁笼罩他时，他会从记忆当中找出那些悲伤的片断。然而，当心情愉快时，他会想起以前那些令人振奋、高兴的往事，快乐的往事直接影响到他的情绪，使他产生积极的态度。同样，当他遇到困难时，也会唤醒沉睡的记忆中那些能够帮助他调整心境的记忆。

所以，记忆和梦有异曲同工的作用。很多人在需要做出决定时，举棋不定的他会梦到自己曾经在某场考试中过关斩将，这是他的一种经验，考试的梦境与他当下的心境有关，他试图通过梦境找回成功的心态。通常情况下，做梦和记忆都能调节人的情绪结构平衡，对个人生活方式中的各种情绪变化很适用。如果回忆过去那些美好时光或成功的片刻，可以使忧郁的人摆脱忧郁，相反，如果一个人常把不幸挂在嘴上，总是说"我一辈子都很不幸"，那么，在他脑海里翻腾的就都是一些不幸的事件。

早期记忆和生活方式

一个人的记忆和他的生活方式永远不会背道而驰，如果一个人在追求优越目标时，总是感到"别人总是侮辱我"，那么，在他的记忆里翻出来的尽都是被人羞辱的残片。一旦他的人生态度有了改变，他的记忆范围内会慢慢淡化那些受人羞辱的片断，一些令人振奋的记忆会浮现出来。总之，人会记住记忆中的不同故事，他还会给记忆中的故事赋予不同的色彩和解读。

人的早期记忆是一座宝库，它的特殊意义有两点，首先，记忆中的故事都是最原始的形态，这种没有任何粉饰的简单表达方式最直白地反映了人的生活方式，从一个人的早期记忆中，我们可以得出不同的判断。比如，这个孩子是曾经受到家长的溺爱还是被忽视；他的合作能力培养在哪一个层面上；他最喜欢与哪一类人合作；遇到难题时，他有什么高招解决问题。其次，一个儿童由于先天弱视，视力受到困扰的他特别渴望看清周围的事物，我们可以发现，他的早期记忆中有堆积如山的关于视觉的印象。他的回忆往往以这样的话题开始："我四下环顾……"或者，他会绘声绘色地描述色彩或图案。一个身体有缺陷的孩子则渴望着能潇洒地行走，他会对跑、跳、玩有浓厚的兴趣。童年时期那些记忆犹新的事往往和人对事物的兴趣密切相关，如果我们找到了他的主要兴趣所在，就得到了记忆提供给我们的开启他人格的钥匙，我们可以由此洞察到他的人生态度和目标，正因为如此，早期记忆可以在指导一个人的职业取向方面具有不可低估的作用。

不仅如此，我们还可以通过儿童的早期记忆厘清这个孩子与父母、兄弟姐妹之间的关系。记忆的准确程度不是关键，记忆的碎片脉络有多清晰并不是最重要的，最重要的是它们代表了个人的判断："那时我还小，就是这样的一个人了。"或者"我还是儿童的时候，就晓得这个世界是个什么样子了。"

在所有的记忆中，有两点不可或缺，一是孩子们展开他们故事的方式，二是他们对最早记忆的深刻印象。前者体现了一个人的人生观，这是一个人生命观的雏形；后者使我们得以窥探到他个人选择的发展依据，他的起点究竟始于什么记忆。如果我们对他的早期性格无从了解，也就谈不上了解他的真正性格。

如果我们去问神经官能症患者的早期记忆，多半情况下要遭到拒绝，他们自称不记得了，或者说想不起到底哪件事情在先，哪件事情在后，其实这也不打自招地说明他们是有早期记忆的。我们可以由此判断，他们不愿意与我们探讨他们的基本人生态度，他们没有与人合作的想法。但一般人却很乐意与我们谈论他们的早期记忆，他们把这看成是鸡毛蒜皮的小事儿，根本没有意识到这些最初记忆的宝贵之处。我们发现，虽然很多人都不能理解早期记忆所蕴含的意义，但大多数人却能从早期记忆中坦陈心志，表明他们的生活目的、与家人朋友的关系，并能对周围的环境采取不偏不倚的中立态度。早期记忆的宝贵之处在于它的质朴精炼，在这些质朴的记忆中浓缩了包罗万象的信息。有一个很好的方法值得尝试，我们可以要求整个班级的学生写下他们的最初记忆，如果我们对这些记忆能够做出解读，这足以成为每一个孩子重要的资料库。

解析早期记忆

为了使我的说明便于理解，我举几个最初记忆的例子试着进行解读。在这里，除了他们对我讲的早期记忆之外，我对他们一无所知，甚至他们是未成年人还是成年人我都不知道。当然，在这些早期记忆中解读出来的含义还需要与他们相关的个性进行印证，在此，我们试着通过这些早期记忆的分析，操练我们的技巧，使我们的推断能力日臻成熟，达到见微以知萌，见端以知末的境界。我们必须在原始的记忆中甄别出哪些事是真实的，并能通过对一则记忆与其他记忆的比较，从纷繁的头绪中找出那条主线，这就是他人格发展的主线。我们从中可以得知，他是乐意与人合作还是逃避合作，他是勇敢者还是懦夫，希望得到关注还是具有独立性，喜欢给予还是锱铢必较。

1."因为我的妹妹……"我们特别要留心这个在早期记忆中出现的那个人，这对我们判断问题至关重要。当他说到某个妹妹的出现时，我们基本可以认定，妹妹对他的影响很大。这个妹妹出类拔萃，相形之下，其他孩子的成长受到了阻碍，这种压力导致他和妹妹之间出现了带有敌意的竞争关系。当一个儿童把注意力集中在某一点上时,很难让他转移视线,也就是说,他不会把兴趣投放到其他的孩子身上。当然,现在下结论还为时过早,或许,他和妹妹的关系并没有我们想象得那么糟。

"因为我和妹妹是家里最小的两个孩子,在她学龄还没有达到时,我也一直上不了学。直到她可以上学了,我才进了校门。"现在,证据出现了,我们由此可以看到他和妹妹之间存在敌意的证据。他认为妹妹妨碍了他,至少在上学一事上,妹妹拖了他的后腿,"因为她小,我不得不停下来等她。"这段记忆的真正内涵是:"妹妹限制了我的成长。"我们可以由此推断,在这个孩子成长的路上,他感到最大的危险就是来自妨碍他自由成长的人。解释一下,也许写下这段记忆的是一位女孩,一般来说,男孩子到了学龄时都不会因为有小妹妹还不能上学而被滞留在家中。

"我们是同一天进入学校的。"从女孩子的教育来看,这种做法并不妥当,因为这样会使她认为:"因为我年龄大,所以必须等着后面的人。"这种必须为别人让位的印象,使她耿耿于怀,如同一个圆心,别人在圆心中央,而自己却在圆心之外,地位的主次代表着受重视或被冷落。因为妹妹的缘故,她才被忽视冷落,由此及彼,她会把这种冷落归咎于其他的人,这个受到牵连的人或许就是她的母亲。如果她确实与父亲更亲近一些,她与双亲之间的亲疏关系就没有什么可大惊小怪的了。

"直到今天,我还清楚地记得我们上学的第一天,母亲逢人便抱怨说她多么孤单。"她说,"那天整个下午我都坐立不安,不断地跑到门口去张望,希望看到姑娘们回家的身影,感觉她们似乎永远不会回来了。"这是一段关于母亲的记忆,"感觉她们似乎永远不会回来了",这一句话淋漓尽致地表达了一个慈母的心境,

"父母皆辛苦,尤以母为笃"。从屋里到门口,跑来跑去的母亲心里空落落的,她希望看到女儿的身影,却一次次地失望,并不是女儿没有按时放学回家,而是母亲思女心切,跑到了时间前面。可以想象,这个女孩的生活充满了浓浓的母爱,但她仍然感到焦虑和紧张。如果我们与这个女孩来一次沟通,一定会听到她说母亲怎样宠爱妹妹,这些故事并不让我们感到惊奇,"皇帝爱长子,百姓爱幺儿"。通常来说,家里最小的孩子总是能得到父母更多的爱。我们从这一段记忆中,可以推断这两姐妹关系并不融洽,姐姐感到自己在与妹妹的竞争中处于弱势。这是一粒只有负面作用的种子埋在了姐姐心里,在她以后的生活中,她身上会有明显的嫉妒和害怕竞争的痕迹,她还会表现出对比她年轻的女性的敌对情绪,这并不让人感到意外。有的女人很怕一个"老"字,那些嫉妒心强的女人与年轻女性相处时,总有隐而未现的自卑感。

2. "我最早的记忆是关于爷爷的葬礼的,那时我才三岁。"一个女孩写下了这段她的早期记忆,爷爷的葬礼使她对死亡的印象极其深刻。这意味什么呢?她认为生命中最可怕、最危险的事就是死亡,那是她童年亲身经历的一件事,她从这次经历中得出一个定律——爷爷会死去。由此我们可以推断,爷爷生前对她非常溺爱,这是祖父母辈和孙子辈的"隔辈儿亲"情结,对于那些祖父母辈的人来说,他们承担的教育责任少于孩子的父母亲,他们喜欢的生活是儿孙绕膝的天伦之乐,希望时时刻刻和孩子们待在一起,借此也表明他们依然是个可以赢得别人喜欢的人物。在我们的现代文化中,老年人容易有失落感,他们不大容易感到自己的价值被他人认可,所以他们总是要一点小花招,用一些最简单的办法自我肯定,比如,偶尔发发牢骚,吹吹牛皮,或者使点小脾气。从这一事例中，我们可以得出结论，这个女孩的爷爷对她疼爱有加，这种爱在她脑海里留下了深深的烙印。爷爷的去世对她打击很大，世界上最爱她的那个人走了。

"我至今还记得他躺在棺材里的样子，那么安详，脸色苍白。"我很难表达心里的某种感受，让一个三岁的孩子亲眼目睹死者躺在棺材里，死亡是冷酷的，尤其在她做好心理准备之前。很多孩子都经历过亲眼看见死人的事，他们告诉我见到某位死者的情景，那种事情给他们留下的深刻印象，一辈子也无法忘却。这个女孩也逃不脱死亡阴影的笼罩，她拼命想摆脱对死亡的恐惧，渴望自己成为一名医生，那些穿着白大褂的医生在她眼里就像天使，可以带领人逃脱死亡的威胁，她认为医生能够救死扶伤、对抗死亡，希望自己也成为有那样本事的人，有本事对抗死亡。如果有从事医生职业的人被问到最初记忆时，他们的记忆中少不了关于死亡的片断。女孩亲眼看见"躺在棺材里，那么安详，脸色苍白"。从对这个画面的深刻印象来看，这个女孩属于视觉型的，她对观察周围的环境很感兴趣。

"后来，我们来到了墓地，棺材被轻轻放到了深深的墓穴中，几根绳子从冰冷的棺材下面拉了出来。"从她再次的表述中，我之前的推测得到了印证，她是个视觉型的女孩，善于观察。"这段经历使我感到恐惧，后来只要听到有亲戚、朋友到了另一个世界的时候，恐惧就会袭上心头。"

再一次，我们看到了死亡给她留下的深刻印象。如果有机会跟她聊聊，我一定会问她："你长大后想从事什么职业？"我猜十有八九她会回答想当个医生。如果她避而不答，或答非所问，我则会采取暗示的方法："你难道不想当个医生或护士吗？"从她嘴里说出"另一个世界"的词语时,我看得出她想通过另外一种方式冲淡内心的恐惧。我们从她这段记忆中可以梳理出这样的线索,她的爷爷很疼爱她,她是个视觉型的女孩,死亡的印象不是她心中的过客,匆匆一瞥便消失了,而是牢牢地扎下了根,她对生活的最终结论是:"我们都会死去。"当然,这句话没有错,但我们关注的事不能停留在此,还有其他更多的事需要我们注意。

3. "我三岁那年,我的父亲……"请注意,这名女孩首先提及的人是父亲,可见她对父亲的关注大于母亲。通常我们认为,孩子对父亲的兴趣出现在成长的第二阶段。最初,孩子首先关注的是母亲,在孩子一两岁时,他对母亲的依赖使母子之间的关系亲密无间,他吃母乳,在母亲怀里睡觉,所有的孩子都能通过嗅觉辨别母亲身体的味道。所以孩子都离不开母亲,孩子的全部心灵活动都与母亲息息相关。如果一个孩子表现得很另类,他对父亲的依赖多于对母亲的依赖,那只有一个解释,他的母亲是不合格的,孩子对母亲感到不满意。这种情况通常出现在家庭中有更小的孩子出世,母亲转移了注意力。如果能从这名女孩的记忆中找到了一个弟弟或妹妹,那我的推测就被证实了。

"父亲给我们买了一对矮种马。"

这个指示代词"我们",表明家里不止一个小孩,我很有兴趣听听另一个孩子的故事。

"他拉着缰绳,把马牵进了屋子,我的姐姐,比我大三岁……"这有点意外,看来在这之前我的判断有误,我原以为她是姐姐,不料她是妹妹,她家里不是有比她小的,而是有比她大的。也许她姐姐更得母亲的宠爱,这就能解释女孩为什么提到父亲和两匹小马了。

"姐姐拿起一条缰绳,牵着她的小马旁若无人地走到街上。"这很形象地让我们看到姐姐那种胜利者的姿态。"我的小马紧紧跟着她的小马,可她走得太快了,根本追不上。"这是姐姐先人一步走在前面的原因。"我从马背上摔了下来,马带着我往前跑。"

我们看到了一个惨败的结局,本来是她热切的期待,却被摔了个嘴啃泥。姐姐赢了,出尽了风头。我们可以十分肯定地猜测到,在女孩的潜意识里,她想说的话是:"如果我掉以轻心,姐姐永远是赢家,我只会一直被打败。如果我要想求得安全,唯一的办法是超过姐姐。"说到这里,我明白了母亲为什么会偏爱姐姐,而妹妹倾向父亲的原因,一切不言自明了。

"虽然后来我的骑术超过了姐姐,但这丝毫不能减轻那次的伤痛。"

现在我的所有猜测都得到了证实,这个家庭里两姐妹之间存在竞争,在妹妹的心目中:"我总是失败者,这不行,我必须赶超他人。"

这种类型在我之前的案例中已经谈到过,这种现象在次子与最小的孩子身上很普遍。由于他们上有带有某种权威的哥哥或姐姐,所以他们总要为超越哥哥或姐姐而努力。这个女孩的早期记忆强化了她的人生态度,它时刻在她耳边低语:"在我前面的人对我都存在危险,我必须要争得第一。"

4. "我最初的记忆是被姐姐带去参加各种聚会或社交活动。我比姐姐小很多,她十八岁的时候我才出生。"这个女孩将自己视为社会的一分子。从她这段记忆中,我们可以清楚地看到她的合作能力的基础比一般的孩子要高得多。那个大她十八岁的姐姐就像她的母亲一样,由此可见,在家里最宠爱她的人就是姐姐,姐姐采取了一个最佳办法来开拓了她的兴趣,将她带入社会,奠定了她早期的社交能力。

"在我之前,家里只有姐姐是女孩,另外四个都是男孩,所以我成了姐姐炫耀的资本,总是带着我到处显摆。"我们应该明白一点,这种方式是很失败的,当一个孩子头上有"炫耀品"的光环时,她会将别人的目光聚焦在身上,她关心的是如何赢来更多的关注,而不是对社会做奉献。"所以,我还很小的时候就有社交经验了,因为姐姐带着我到处跑。在那些聚会上,我印象最深的是姐姐总是把我带到一些人面前,让我说'告诉这位女士你叫什么?'或者,'告诉这位男士你叫什么?'诸如此类。"这种错误的教育方式会给女孩带来伤害,我们完全可以预料到,也许这位女孩会因此患上口吃,这是因为她受到了过多的关注,使她在表达方面出现了障碍,不能轻松自如地与人交流。这造成了一个相反的效果,她受到的教导使她太过关注自我,一心只期待得到别人的称赞。

"我还记得,如果我不能说出什么的话,回到家里就会遭到斥责,后来我就讨厌出门,讨厌出去见任何人。"现在出现了一个令人意外的转折,看来,我之前的推测得全盘推倒重来了。现在,我知道了另一个底细,在这个女孩的早期记忆中隐藏着这样的含义:"姐姐把我带出去,但我并不喜欢这样。由于这些经历,我就开始讨厌与人交流了,也不喜欢与人合作。"所以,我们可以推测,她至今仍然不喜欢与人打交道,我们还可以进一步想象,她在与人交往时面临着的无形压力,那种场合令她感到局促,她不适应那种尴尬的场面。她心里认为自己比其他人都优秀,但这对她来说期望值又太高了,所以她感到与人相处是件很累的事情，慢慢地，她变得难以接近了。

5."小时候我记得最清楚的事情是，四岁那年，曾祖母来看我，这是一件大事。"我们都知道，祖母们都是很宠爱孙子、孙女的，但我们不大熟悉一位曾祖母会怎样待她的孙子辈。"她来看我们的时候，大家一起拍了一张四世同堂的照片。"看得出，这位女孩子对她的家族很在意，可见她对自己的家庭有浓厚的兴趣，那张曾祖母来访的照片一直在她的脑海中记忆犹新。由此我们可以做出这样的推断，她相当依赖自己的家庭，如果我的猜测没有弄错的话，她合作的兴趣有局限性，只局限于与自己的家庭成员之间。

"我记得很清楚，我们坐车到了另一个镇上。进了照相馆后，他们给我换上一件白色的绣花裙。"现在我们又碰到了一个视觉型的人。

"在拍全家福之前，我和弟弟先拍了一张合影。"我们进一步了解了女孩对家庭的兴趣，弟弟是家庭成员之一，接下来我们也许还会听到他和弟弟之间的故事。"他们让弟弟坐在旁边的椅子扶手上，拿了一个红色的球让他抱着。"

她对那个红色的球印象深刻："可是我手中，什么也没有。"我们看到了女孩努力的目标了，这个球让她明白，弟弟比她更受宠。我们由此可以猜测，由于弟弟的降生，她受宠的地位被弟弟取代了，因为她现在不是家里最小的孩子了，她很难接受这一点。

"他们让我们笑。"

她的真正意思是："他们想让我笑笑，可我笑得出来吗？他们把弟弟放在了一个宝座上，手里还拿着一个鲜亮的红色的球，可我什么也没有。"

"后来，在那张四世同堂的照片中，每个人都笑逐颜开，笑得像花朵一样漂亮，只有我没有笑。"她把家人放到了敌对的一面，她以不肯笑作为对家人的挑衅，她觉得家人待她不好。那种不公平的待遇使她耿耿于怀。在她的早期记忆中，传达出这样的信息："看看我的家人是怎么待我的，他们让我们笑的时候，弟弟笑得甜甜的。他太可爱了。从那以后，我一直很讨厌照相。"这段记忆让我们洞察到了她的人生态度，她要和家人作对。

类似的早期记忆为我们提供了很好的参照，让我们可以由此了解大多数人的基本生活态度。当某种印象首先进入我们的内心时，人们就喜欢依样画葫芦，用这个印象作为解释所有问题的标准。只要一个人对某件事情感到厌烦时，他就要用经历过的事实去证明他所有行为的合理性。显然，那次拍照的不愉快经历使这个女孩很讨厌拍照。这段早期记忆提供给我们两条线索，使我们看到了她的双重性格，其一，她是个视觉型的人；其二，她对家庭很依恋，这一点非常重要，她的最初记忆就发生在她的家庭圈子里，这表明她的社交能力有一定的局限性，她很可能无法如鱼得水般地适应社会生活。

6. "我最初的记忆是，大约是我三岁左右的时候，遇到一次意外事件。一个来我们家给我父母帮忙的女孩把我和堂兄带到了地窖中，她拿出苹果酒叫我们品尝。"

发现在自家的地窖中竟然藏着苹果酒，这真是一件有趣的事情，就像探险家发现了新大陆那样兴奋。现在有两种猜测摆在我面前供我选择：或许，这个女孩对新鲜事物有特别的好奇心，她对生活充满热切的期待；或许，答案恰恰相反，也许在她心目中有一道防线——当有胆大的人勾引我的时候，我就会被引入歧途。

接下来有更多的记忆帮助我做出选择。"过了一会儿,那个味道使我们欲罢不能,我们还想喝,于是就自己动手了。"这个女孩是个大胆的姑娘,她敢自己动手。我从这点可以看出她具有独立人格的端倪。

"可是不一会儿,我的腿开始发软,我打翻了苹果酒桶,整个酒窖弥漫着浓烈的苹果酒味道,地窖变得很湿滑。"此处是一个禁酒主义者的苗头。

"我不知道这件事是否跟我不喜欢苹果酒包括含有酒精的饮料有关联。"

毫无疑问,这件小事对她的人生态度影响很大,从就事论事的角度而言,似乎这件事的影响没有大到足以成为她人生态度的成因。但是,她却认为,使她从此再也不接触酒精类饮料的原因正是这件小事。也许,我可以认为她是一个善于吸取教训的人。也许她是一个非常独立的人,犯错之后懂得自行纠正。如果不出什么意外的话,这种难能可贵的品质会成为她生活中的亮点,时刻有声音在提示她:"如果我做了不好的事,只要我发现那确实是错误的,我会及时改正。"希望事情的发展能朝着我良好的愿望方向,那么这个女孩将是一个性格很好的人,她积极向上,勇于进取,总是不断地追求自我完善,她的生活会有很好的质量。

在以上的事例中,我们所做的就是训练推测能力,以期精确地、游刃有余地使用这项技能。然而,我们在还不确定自己的推测是否正确之前,最需要做足的功课是先了解这个人的性格特征,现在我们来研究以下病例,从这些病例中,我们可以看到人的性格在他的所有表达方式中的前后连贯性。

一名患有神经焦虑症三十五岁的男人来向我求助。他自述只要跨出家门就会感到说不出缘由的焦虑,但他又不能不出去工作。只要走进办公室,他就会因为焦虑而唉声叹气甚至哭泣,整天都处在坐立不安的痛苦中,直到下班回家坐在母亲面前时,这种状况才会有所缓解。我从他的早期记忆调查入手,他说:"我记得四岁的时候,我坐在家里的窗户前,大街上人流如潮,我很有兴致地看着那些过往行人忙碌的身影。"他喜欢看别人工作,而他自己则只想坐在窗户前观察他们,他对自己能否在工作中与人合作缺乏自信。他一直认为自己得靠别人来养活,这是一个难点,我们的帮助必须针对这个难点展开,那就是要帮助他改变自己不能与人共事的观点,才能改善他的病症。我们不能采取指责的方式说他是错的,这类病也不能通过药物达到治疗的效果。我注意到一点,那是他的早期记忆提供给我的线索,我们要寻找一些他感兴趣的工作,他喜欢观察,然而他又有近视的生理缺陷,由于视力不好,他不得不投入更多的注意力到观察的事物上。成年以后,他参加了工作,可他仍然对观察有浓厚的兴趣,不大想工作,其实这两者并不矛盾。他痊愈之后,终于摆脱了鱼和熊掌不可兼得的两难选择,开了一家画廊,这份工作与他的兴趣很契合,这样,他终于用自己最适合的方式承担起了社会责任,投入到社会和劳动中。

我们再来看一个病例,一个三十二岁的男人患了失语症来向我寻求帮助。他无法正常讲话,喉咙里只能发出喃喃低语似的声音,这种状况持续了两年之久。患病的原因看起来很简单,他一不小心踩在一块香蕉皮上滑倒了,撞上了出租车的玻璃窗户。这一跤摔得他接连呕吐了两天,并患上了头痛症。用医学术语来说是得了脑震荡,可他的喉咙并未因这次意外受到影响。他的脑震荡并不能解释他不能发声。事故之后,他在八周之内竟完全失语,为此他将出租车公司告上了法庭,至今这桩官司还在纠缠中难以裁决。他认为出租车司机应该为他的失语症负完全责任,所以索赔。我们可以想一想,如果他能拿出伤残的证据,那么他在法庭上也许会胜诉。我们不能说他做假欺诈,的确没有什么必要需要他大声说话,但那次事故后,他确实一度无法发声说话,而且也找不出失语的原因。

这个病人曾经求助于一位喉科专家,但专家也束手无策,因为查不出任何毛病。当我问及他的早期记忆时,他说:"我记得自己仰面躺在摇篮里,来回晃动。我亲眼看见挂在上面的钩子脱落,摇篮掉了下来,我受了重伤。"

没有人喜欢摔跤,可这个人言必提及摔跤,尤其关注其中的危险,他把受伤看得过于重要了,这是他的注意力所在。

"当我从摇篮里摔下来的时候,门开了,母亲跑了进来,她吓坏了。"摔跤使他吸引了母亲的注意力,当然,这段记忆也包含了对母亲的责备,"妈妈没有照顾好我。"所以,他认为出租车司机是责任方,而出租车公司也同样负有责任,他们没有照顾好他。由此可见,这是一个被宠坏了的孩子的生活方式,遇到事情总是竭力把责任推给别人。

在他的另一段记忆中,他讲述了一个类似的故事:"我五岁的时候,一次,我从二十英尺高的地方摔了下来,头上还压了一块很重的木板。那个时刻,足足有五分钟的时间,我说不出话来。"可见,这位病人动不动就会失语,他似乎训练有素,有很好的控制自己失语的能力,而且失语的原因都指向摔跤。我们不能将这个认为是一个理由,但他却固执己见,坚持认为摔跤会直接导致他失语。他已经习惯了这一方式,成为熟练运用的一项"技能",只要一摔倒,他就会失语。现在,我们的任务是要让他了解那个引导自己的错误判断,要让他懂得失语和摔跤毫无关联,二者风马牛不相及,尤其要让他知道没有必要在摔倒以后的两年内用耳语般的声音说话,如此,他的病才会真正痊愈。

然而,事情没有我们想象得那么简单,这段记忆似乎对他的脑子封了门一样,他走不出那个误区,无法意识到自己错在哪里。他继续说:"我母亲进来看了一眼,然后跑了出去,看得出她的情绪很激动。"他两次摔倒的经历都把他母亲吓得不轻,可见摔倒是吸引他母亲关注的有效手段,这是一个非常希望得到关注的孩子。看得出来,他是要让那些给他带来不幸的人补偿。如果这些事情发生在其他坏孩子身上,他们也同样会采取类似的举动。问题是,那些孩子不一定会选择失语作为反击的武器,这一点成了这位病人的一块牌子,这是他从个人经历中建立的人生态度。

一个二十六岁的男孩遇到了求职方面的困难,他总是找不到满意的工作,于是上门找到了我。八年前,他的父亲把他引入经纪行业,为他谋求了一份工作,可是他不喜欢那份工作,他干那个提不起兴趣,于是他辞职了。他又到处求职,总是不成功。此外,他还受着失眠的困扰,严重时甚至冒出了轻生的念头。他当初放弃经纪人的职业时,跑到另一个城市找了一份工作,可不久,家里来了一封信,信上说他母亲生病了,于是他又回到了他居住的城市。

这个故事让我们一目了然,我们轻易就可以推断出,他的母亲十分溺爱他,可是他的父亲却很严厉,处处试图左右他。我猜测,他一生都在对抗父亲的权威。当谈及在家中的排行时,他说自己是最小的孩子，而且是唯一的男孩，上面有两个姐姐，大姐习惯于对他发号施令，二姐也喜欢用命令的口气跟他说话。父亲整天唠叨。这些让他不胜其烦，他感到自己在家里处处受到限制，只有母亲和他保持着平等的关系。

他直到十四岁才开始上学，后来，父亲又把他送往一所农业学校，这样他毕业后就可以帮忙打理他父亲计划购买的农场。他在学校里表现很好，过得也愉快。他明确对父亲表明不想当农场主，于是父亲帮他找了份经纪人的工作。这份纪经人的工作也是父亲包办的，奇怪的是，他居然干了八年，对此，他的解释是，希望尽力为母亲多做点事。

小时候，他是个不爱整洁的孩子，外表很邋遢，而且羞怯，怕黑怕孤独。如果我们听到某个孩子不爱清洁时，就知道，一定有人跟在他身后帮他收拾。如果我们听到某个孩子害怕黑暗和孤独时，就可以推断，一定有人在时刻关注着他，安慰他。而关爱这个年轻人的就是他的母亲。他对社交感到无所适从，觉得交朋友是件难事，却能和陌生人友好相处。他也没有谈过恋爱，对爱情很陌生，没有兴趣，更谈不上婚姻。他认为父母的婚姻是失败的，这给我们的判断提供了一个依据，我们知道了他逃避婚姻的缘由。

他父亲曾经施展家长权威强迫他从事经纪人工作，但他说他想去广告业发展。他心里很清楚家里人不会出钱让他去学习广告专业。由此我们看到，他的行动目标总是与他父亲相悖。他在做经纪人工作时，有了一定的积蓄，但他却没有将自己的钱投到广告业中，这说明他想做广告其实是故意与父亲对着干。

他的早期记忆使我们清楚地看到一个被母亲溺爱的孩子对专制父亲的反抗。他还记得一些细节，他曾在父亲的餐馆里打工，他喜欢清洗盘子，而且喜欢把盘子从这张桌子挪到那张桌子上。父亲却不喜欢他的做法，恼怒的父亲曾经当着顾客的面打了他一记耳光。这一经历使他与父亲结下了很深的怨恨，他再也没有和父亲言和的通道，一生都与父亲为敌。如今他依然对工作没有兴趣，他只想做一件事，就是如何伤害父亲，只有父亲受到伤害他才会感到痛快。

他有过自杀的想法，这也不难理解，自杀是一种谴责的方式，有的人用自杀来反抗。他动自杀念头时，会想到"这都是父亲一手造成的"。他对工作的不满意，也会将责任归咎于父亲。父亲的任何建议他都听不进去，他只有一门心思——如何对抗父亲。可他又是一个被母亲宠坏了的孩子，他缺乏独立精神，经济上也无法自立。他只想着玩儿，在他心里有一个角落是只留给母亲的，这是他唯一可以合作的对象。现在我们还得解开一个结，他们父子之间的对抗难道是造成他失眠的原因吗？

如果头天晚上一夜无眠，第二天肯定打不起精神。父亲希望他以饱满的精神投入工作，可是他很累，无法应对工作。于是他会说："我不想工作，你强迫我也没用。"但是他顾念他的母亲，也要考虑家里的经济收入，所以他只是在嘴上说他不想工作而已，可是这样会给家人一个错觉，这个孩子不可救药了，家里会中断对他的经济援助，他必须得为自己找一个合理的借口，百般纠结中，失眠症找上了他。

开始的时候，他说自己从来不做梦，可是后来，一个经常重复的梦在他记忆中浮现，在梦中，他看见有人朝墙上扔球，那只扔到墙上的球不断地弹开。乍一看，这梦没什么特别之处。但我们却要在这个看似平常的梦境中找出线索，他的梦和他的生活方式有什么关系？

我问他："后来怎样了呢？"他说："每次那只球弹开的时候，我就醒了。"

到此为止，他那张失眠图上的全部框架已清晰地呈现在我面前。这个梦就是他的闹钟，当那只球从墙上弹开时，意味着闹铃响起，将他从梦中叫醒。在他的意识中，每个人都在他背后推着他，驱使他往前走，强迫他去做他不想做的事。在他的梦境中，只要那只被扔到墙上的球弹开时，这个时刻他就会醒来。第二天，睡眠受到干扰的他疲惫不堪，累得无法工作。而他父亲则在焦急地等待他去干活。但他很累，他干脆用累得无法干活来抗拒父亲。他的这种方式不失为一个聪明的选择，懂得利用生活细节作为抗争武器。然而，无论于己于人，他的人生态度都存在严重的错误，我们必须帮助他从歧途上回归正道。

当我把梦境的真实意义给他讲解以后，这个梦不再出现。可他仍然会在半夜时分醒来，他已知晓了这个梦的目的，没有勇气再做这个梦。但这并没有解决他的失眠问题，他每天仍然无法安静地睡觉，第二天照样疲惫不堪，无法工作。我们该怎样帮助他呢？唯一的办法是让他与父亲握手言和，如果他努力的目标仍然是设法打败父亲，除此无法释怀，那么，我们的努力也将是竹篮打水一场空，谁也帮不了他了。

开始的时候，我顺着病人的思路，以同情他的态度说："你的父亲确实做得不对，他不应该将他的权威加诸你身上，对自己的儿子发号施令是不明智的做法。他也有病需要治疗，但你能怎么办呢？你能指望他改变吗？如果天下雨了，你要做的事情是什么？撑起一把雨伞，或者搭乘出租车，不管怎么样，要想打败正在下雨的老天或者制服老天不要下雨，都是打空气的行为，毫无成效。如果你认为与风雨对抗可以显示你的强大，恰恰相反，事实上它们会更加强烈地伤害你。"

现在是该和他摊牌的时候了，我把他所有问题的潜在一致性通通亮底，他对工作的瞻前顾后，产生的自杀念头，离家出走的行为，患上失眠症的原因，归根结底，这都是他在通过惩罚自己来惩罚父亲。

我提出一条建议给他："今晚睡觉时，你就想着自己随时会醒来，这样明早醒来后，你就会疲惫不堪，你的工作就提不起精神，这样就会惹恼你父亲。"我的目的是要让他了解事实真相，看清他的行为是有意想激怒他父亲，达到伤害他的目的。如果我们不能有效地让他停止这种对抗，任何治疗都不可能见成效。因为我们知道，这是一个被宠坏了的孩子。

这种情况与俄狄浦斯情结非常类似，这个年轻人极力要伤害父亲，这是他全力以赴要达到的目标，但对母亲却十分依赖。当然，这个年轻人的事例与性无关，他依赖母亲是因为母亲溺爱他，而父亲却对他冷淡，他从来没有感受到父爱，也没有接受到正确的教导和培养，不良教育影响到了他的人生态度，他在生活中的定位由于人生态度的错误而扭曲。这也和遗传毫无关联，他的行为和原始部落杀死酋长的野人本能不可相提并论。他的行为来自他的亲身经历，跟经历中所受的逼迫有关。这些经历放在任何一个孩子身上，只要他有一个宠爱他的母亲和一个严厉的父亲，都会导致跟这个年轻人相同的行为。如果一个孩子在父亲的权威下奋起反抗，而自己又没有独立解决自身问题的能力，我们就不难理解，他采用这样的生活方式是必然的了。

第五章　梦

对梦的传统解析

梦是精神创造性活动的结果，世界上找不出从来不做梦的人，从科学的角度来解释，做梦是人的正常生理活动。但是对梦的理解却有许多的不同，对梦的解释虽然缺乏科学依据，却在某些领域有借鉴作用。尤其在人类社会的早期，人们常常通过对梦境的解析，预测生活中即将发生的事。有人对梦境怀有狂热的兴趣，希望通过梦境得到某种启示，人们相信梦富有深意，包罗万象而且深不可测，尤其那些怀有某种强烈期待的人，非常在乎梦中看到的场景、听到的声音，因为觉得梦总是和未来有特殊的联系。人们相信，当遇到困难时，逝去的先人会通过"托梦"的方式，帮他指出解决的办法，有时候，死去的长辈也会在梦里将自己的某种需求表达出来，"上天知我忆其人，使向人间梦中见"。梦成了生者和死者沟通的桥梁。

在人类社会早期，有关解梦的方式多种多样，古代人预测未来最普遍的方式是占卜，其中有一项重要活动就是占梦。在古埃及、古希腊与古罗马都设有"释梦堂"，在占梦之前，梦者和占梦者都必须沐浴斋戒，占梦仪式隆重而神圣。在古代人眼中，梦是神与人沟通的方式，但神谕一般不会直白地告诉你，只能给人暗喻或启示，因此古代人特别重视异梦。人们每天早上起来的第一件事，便是通过梦境寻求神的旨意，在印度尼西亚的塞诺伊部落，人们早晨起来的第一件事就是释梦，家庭成员围坐在一起，每人分别将昨晚的梦境讲述出来，然后共同分析梦的意思，决定他们应该做些什么，利用梦境带给他们的启示"尊梦而行"。为了找到预测的依据，人们甚至刻意追求梦的发生，美洲的印第安人常常利用斋戒、沐浴、涤罪等方法引出自己的梦。

《圣经·旧约》中对梦最早的记载是约瑟的解梦，在迦南地出生的以色列人约瑟，在埃及寄居时，贵为宰相。一次，埃及法老前后有两个梦，他先是梦见七头肥硕美壮的母牛，又来了七头丑陋而瘦弱的母牛，后者吃掉了前者。后来又梦到一棵麦子长了七根苗壮而饱满的穗子，随后又长了七根枯萎又干瘪的穗子，后者吞噬了前者。法老不解其意，饱受困扰。约瑟为其解梦，指出天下将先有七个丰年，后有七个荒年，且饥荒甚大。为了应付荒年，约瑟在饥荒未来之前，深挖洞，广积粮，成功地度过了七年的饥荒。整个《圣经》当中，记载了许多预示即将发生的事的梦。

有人坚称他在梦中看到的事都在现实中得到了应验，所以他们相信梦的预言能力，站在科学的角度，这似乎有无稽之谈之嫌。当第一次尝试研究梦的问题时，我就对一个事实感兴趣，那就是人在清醒的时候，他的预测能力远远大于他在梦中的预测能力。人在睡梦中时，他的思维能力相比清醒时要混沌得多，人醒着的时候，思维是清楚的，可以敏锐地洞察事物，睡梦中却显得混乱，难以理解。然而，不可忽视传统的认知和存在，"桃花气暖眼自醉，春渚日落梦相牵。"传统的认知和存在必然有它的事实基础，或许，从中可以挖掘出有价值的东西来。就现阶段来说，我们需要做的事是解开梦之玄机所在，从中获取我们所需要的线索。

最常见的情况是，人们对梦的迷恋之处在于，当遇到困难时，他可以在梦中得到解决方案，在梦中看到的场景或听到的声音都可以是某种提示，美洲印第安人为了从梦中得到神谕，通过斋戒和汗屋仪式，冥思苦想地引梦。显然，人做梦的目的在于通过梦境探究未来祸福，并寻求解决办法，但这并不意味着梦有未卜先知的功能，很多时候因梦而循得出的结果与事实大相径庭，我们还是得根据自身的处境想出办法来解决。显然，只有我们在清醒的时候通过深思熟虑以后得出的方法才是解决问题的一把利刃。

（1）弗洛伊德学派对梦的观点

我个人认为，在所有众说纷纭的释梦论点中，只有两种理论或许站得住脚，那就是弗洛伊德的精神分析学派和个体心理学学派，而两者之间，就研究方法的普遍意义而言，个体心理学学派或许占上风。在弗洛伊德精神分析学派来看，梦的科学性不容置疑，可以将梦通过科学方法进行解释。但是弗洛伊德对梦的阐释却脱离了科学的范畴。比如，他首先有一道门槛，大脑在白天和晚上的活动是不同的，这是他释梦的前提条件，"意识"和"无意识"相互对立，夜晚的梦境与白天的思维相互矛盾，这种矛盾与"科学"二字相距甚远。

古代哲学家和原始部落人遇到处理思想概念的问题时，总是认为它们是针锋相对的两个极端，这种简单对立或二元思维，在精神疾病患者身上有明显的反映。人们常常认为左与右、男与女、冷与热、轻与重、强壮与孱弱，统统都是相互矛盾的。但是科学是辩证的，矛盾可以相互转化，并非楚河汉界非白即黑。它们就像尺子上的刻度，按照虚构的理想点的关系排列在相对的位置上，好与坏、正常与不正常也不是真正的对立。所以，把睡眠与清醒、梦中思维和白天的思维对立起来的考量，从根本上来看，是缺乏科学性的。

　　弗洛伊德学派的另一观点认为，应该将梦放在单一的性的背景下进行研究。这一观点同样把人的日常活动与梦境分离开来。如果这个观点成立，那么梦就不是整个性格的表达了，而只是代表了个性的一部分。这一观点在弗洛伊德学派中也有分歧，有人认为以单纯的性来解释梦欠妥当，但弗洛伊德本人认为，在梦中甚至可以寻找到对死无意识渴望的表达。也许这种观点在某种意义上是正确的。然而，我们注意到，做梦的动机是为了给当下遇到的困难找一个解决的出口，这也说明做梦者本人对自身能力的不自信。弗洛伊德学派的术语过于隐晦，那条通过梦境反映人的整体性格的途径完全隐藏在隐喻中，梦与现实生活完全脱节。然而，弗洛伊德的观点也有一些有价值的东西值得借鉴。比如，梦的内容并不重要，重要的是梦境背后掩藏着的思想，这一点的确非常有趣而实用。在个体心理学中，我们也承认类似的观点。但弗洛伊德最大的错误在于，忽视了科学心理学的先决条件——认识性格之中具有的关联性，以及个体思想的思想、言行的统一性。

　　从弗洛伊德学派对梦境的解析中，我们可以从几个重要的解答中找出缺陷，比如，"人为什么会做梦？做梦的目的是什么？"弗洛伊德学派回答："是为了满足没有得到的欲望。"但这个观点的解释有很大的局限性，比如，我们没有做梦，我们醒来后把梦忘记了，或者我们做了一个无法解释的梦，在这种情形下，如何谈得上满足没有得到的欲望呢？每个人都会做梦，然而却没有人能明白自己所做的梦意味着什么。既然如此，梦给我们带来了什么乐趣呢？如果梦中的生活与日常生活毫无关联，做梦人只能在梦中得到愿望的满足，我们也许稍微可以理解梦境的意义了。可是，假设这种观点站得住脚，梦和人的性格就没有联系了。梦对醒着的人来说，还有什么意义呢？

从科学的角度来讲，人在做梦的时候和清醒的时候是同一个个体，因此，做梦的目的也和此人的性格具备一贯性。在特定的情况下，我们无法将他力求在梦中获得愿望满足的努力与他现实的性格相一致，这一类人就是那些被宠坏了的孩子。他们总是发出这样的质问："我要怎样努力才能得到我想要的？生活让我得到了什么？"这样的人满足愿望的方式之一，就是在梦中寻求满足。如果我们观察得更深入更仔细，会发现弗洛伊德的观点只适用于被惯坏了的孩子，他们觉得自己的本性天经地义，而对其他人的存在表示质疑，他们常常这样询问："我为什么要爱我的邻舍，他们爱我吗？"

精神分析学派的研究对象是以被溺爱的孩子为基础的，在这一前提下，他们的周详阐述可谓费尽心机，这种孩子对于满足感的追求只不过是所有追求的千万分之一，所以这种观点并不能使我们信服，这并不是他们性格的全貌。而如果我们对梦的意义有真正的了解，我们就会弄清令人费解的梦或被遗忘的梦境之意义所在。

（2）个体心理学对梦的研究方式

约在二十五年前，我刚刚开始研究梦的意义时，发现这是摆在我面前的最头疼的难题。我认为，梦境与人在清醒时的生活并不对立，梦境与生活中的一切活动并没有背道而驰。如果白天我们因为某一目标努力钻研，在夜晚的梦境中会重现对这些问题的思索，日有所思，夜有所梦，"夜阑卧听风吹雨，铁马冰河入梦来"，无论在梦中还是清醒时，人追求的目标和现实生活都有统一的潜在性，人白天心里想着什么，做梦也会朝着这个目标努力，魂牵梦萦，因此，梦是人生态度的产物，并与其生活方式息息相关。

强化生活方式

我们可以用一种考察的眼光来帮助我们了解梦的意义。有时候，我们发现清晨一觉醒来后将晚上做的梦忘得一干二净，雁过无痕，叶落无声。事实真是如此吗？真的就寻不着一点儿踪迹了吗？其实不然，我们虽记不清梦的内容，但梦的感觉却还在。想不起梦境的画面，也谈不上对梦的理解，但那种感觉却保留着，萦绕于心，挥之不去。其实这就是梦的目的，梦就是引发感觉的工具与方式；梦，就是为了留下这些感觉。

一个人的感觉必定和他的人生态度相互吻合。梦中的思想和清醒时的思想之间不存在绝对的差异，二者之间没有严格的界线。如果要用一句话来概括的话，那就是，在梦中的现实感比起清醒时较远，但它也并没有与现实完全脱离。如果白天有某件事使我们受到困扰，夜晚的梦中就会再现这种困扰，这就是说，梦与现实是有联系的。有一个简单证据可以说明问题，夜里即使我们在梦中，也不会自己从床上滚下来，父母可以在喧哗的大街上沉沉睡去，但只要孩子一个轻微的动作，他们就会惊醒。这说明，即使在梦中，我们仍然保持着与外界的联系。当然，不管怎么说，感官虽然还有知觉，但敏锐度却明显减弱了，所以我们和外界的联系变得弱化而松散了。做梦的时候我们是独处的，没有社会要求施加给我们的压力，我们对身边的形势和周围环境的反应已经迟钝了。

只有我们没有紧张感的压迫，并且找到了解决问题的办法之后，我们的睡眠才会真正放松。梦是对我们的睡眠质量的一种干扰，所以，我们可以就此断定，当我们心中有事放不下时，当我们的问题没有得到解决之前，现实压力就会潜入我们的睡眠，我们就会做梦，梦一直在那里再现我们所面临的困难，提醒我们必须解决问题。

现在，另一个问题摆上了桌面，我们来探讨一下如何在睡梦中面对问题。梦中的一切都是虚幻的，没有现实问题的紧迫要求，我们也不必急于应付出现的情形，这样一来，问题就比较简单了，解决方案也相对没有那么复杂，针对目的调整的可能性也很小。梦的目的就是支持和巩固做梦者的生活方式，引出他最能适应这一生活方式的感觉。那么，有一个问题需要回答，为什么我们的生活方式需要支持？它遭遇到什么样的威胁？答案是，只有现实和常识可以攻击它。所以，做梦的目的就在于保护个人的生活方式，使它能够对抗常理的压力。这就引出了一个有趣的见解，如果我们正面临一个他不愿意利用常识来解决的问题时，那么他就会借助于梦激发出他的感觉去坚定他的态度。

乍一看，这似乎与我们清醒时的生活是矛盾的，其实则不然，事实上并无冲突。人在清醒的时候，我们能够以完全相同的方式引出这些感觉。如果一个人遇到了困难，他又不想利用常识解决困难，他不愿意旧有的生活方式遭到破坏，于是他会想出各种各样的理由为自己违背常理辩护，以此来证明自己的生活方式的正确性。比如，一个人想一夜暴富，他的目标是赚到很多钱但又不付出辛勤劳动，也不想为社会做出贡献，他怎么富得起来呢？这时他的头脑中会产生赌一把的念头，他也明明知道很多人因为赌博输得倾家荡产，可是他那一夜暴富的欲望不可遏止，他想潇洒走一回，活得自在，如何才能一夜暴富，腰缠万贯？他日夜为自己勾画的蓝图激动不已，豪华住宅，私家轿车，银行里有巨额存款，财富排行榜上有名。这些幻想在他脑海里发酵，那些想象的画面激起了他采取行动的感觉，最终，他偏离了正常人的生活轨道，成了赌徒。

此事并非只有想发横财的人才有，类似的事情在我们的日常生活也屡见不鲜。比如，当我们正专注地工作时，有人跑来告诉我们有一部戏剧很精彩，我们就会马上转移注意力，此时虽然人在工作岗位上，但心神早已飞到了剧院。如果有人坠入了情网，他就会日夜想象着两人的未来生活。如果他真的投入了全部真感情，那么他会把未来想象得很幸福美满。如果他对对方心灰意冷，那他的想象就会蒙上悲观色彩。不管怎样，无论好坏他都能唤起自身的感觉，如果仔细观察那些自身感觉被激发的人，就可以通过这种感觉判断他属于哪种类型的人。

如果一个人晚上梦境连连，可是梦醒之后，除了感觉之外，什么也没留下，那么它对常识会有什么影响呢？我们首先应该明白，梦是常识的死敌，二者不共戴天。我们不妨多加注意，观察一下那些严格按照科学方式行事的人，我们会发现，他们很少甚至几乎不做梦。还有一类人是不想按照正常有益的方式去解决问题，不愿采纳符合常识的办法。遵循常识做事是合作的一个侧面，没有受到正规训练的人往往对常识采取抵触的态度，这类人会时常做梦，因为他害怕自己的生活方式受到批判，因而时刻准备着为自己辩护，他希望逃避现实生活中的挑战。因此我们可以断言，梦是在个人生活方式与现实之间建立联系的尝试，因为它可以逃避对个人生活方式进行调整的必要。梦与现实是台前与幕后的关系，我们的生活方式决定我们上演什么样的戏，所以说人生态度就是梦的创造者，它们可以按照我们的心愿唤起个人所需要的感觉。我们发现，梦中没有无缘无故发生的行为，一个人的性格和生活方式会以一种隐晦的方式在梦中出现，不管你做梦不做梦，我们处理问题的方式是不变的，只是梦为我们的生活方式提供了支持和辩护。

如果这种观点靠谱，那就是我们在对梦的解读中有了一个重大发现，这是极其重要的一步，即我们在梦中自欺欺人，每一个梦都是一次自我陶醉，是一次自我催眠，它的目的是为了制造一种心境，这种心境会支持我们为某种情形做好充分准备。我们应该知道，梦中所体现的性格与日常生活并没有什么不同，可是在人类心灵的工厂里，我们需要将这种个性加工成清醒时需要的各种感受。如果我们的断言是对的，我们甚至可以在梦的构筑和它所采纳的意义中找出自我欺骗的成分。

我们发现了什么？首先，我们发现了梦中的画面、事件和故事插曲等，这是我们前面已经提到过的某种选择。当一个人在回忆往事时，他通常会对回忆的事件和景象加以筛选，进行编辑后组合成系列的画面或故事。我们都知道，人的选择是有倾向性的，他会在诸多的记忆中选择那些对我们的生活态度提供支持的事件或片断，所以可以这样说，个人生活的优越目标决定他的回忆。同样道理，在梦中，我们同样可以选择组织那些与我们生活方式相一致的东西，并且在梦中我们可以得到遇到困难时，我们的生活态度对我们会有怎样的要求。所以，这种选择就是一种隐喻，表明我们个人生活方式与当前困难之间的联系。在梦中，我们可以按照个人行为我行我素，而要现实地直面困难时，我们则需要运用常识，但生活方式却往往与常识抗衡，不肯让步。

象征和隐喻

梦的素材是从哪里汲取的？究竟是什么构成了梦？从远古时代到今天，人们已经总结出梦是由象征和隐喻构成的，弗洛伊德学派尤其强调这一点。一位心理学家形象地说："在梦里，我们都是诗人。"这真是个很有趣的现象，为什么梦不能用简洁的语言来表达，而是用诗意和充满隐喻的语言来叙述呢？答案并不复杂，如果梦以直白的方式来讲述，我们就无法摆脱常识的束缚，隐喻和象征有时会是荒诞的，它们的组合会变幻成不同意义的事物，可以同一时间表达两种观点，其中一个甚至可能是完全虚幻的，它的结论也许十分荒谬。隐喻和象征的结果可能违背常识，而我们在日常生活中少不了要用到它。比如，当我们试图纠正某人的错误时，可能会说："别像小孩子一样。"或者对一个大男人说："哭什么？难道你也像女人一样吗？"而当我们使用隐喻来表达自己的感受时，隐喻会悄悄溜进来，使我们的语言变得很形象化，比如，一个身材魁梧的人对一个瘦小的人发怒时会说："你简直就像一只虫子，应该被一脚踩死。"他运用了一个隐喻来表达了他的愤怒。在古代中东,有很多类似的隐喻,而且更有诗意,比如有人看不起对方,他说:"黎巴嫩的蒺藜差遣使者去见黎巴嫩的香柏树,说:'将你的女儿许给我儿子为妻。后来黎巴嫩有一只野兽经过,把蒺藜践踏了。'"这话一看就是以物喻人,把对方贬得一钱不值。或者,有人轻视比自己资历浅的人,说:"才顶盔贯甲,休要向摘盔卸甲的夸口。"意思不难理解,你才刚刚穿上军装,休要来向久经沙场的我夸口。

所以说,隐喻是绝妙的表达方式,这种很美妙的表达方式兼具了诗意和此事不惑而彼事惑的调侃,我们可以用它来自欺欺人。荷马是运用隐喻手法很成功的大师,当初他用驰骋沙场的雄狮形容希腊军队横扫战场的场景,夸张地呈现出一副壮观的画面。他不会把笔触放在那些浑身尘土、满身污垢的士兵身上,他不能那样做,他要用笔触描绘他想象出来的威武之师,描绘那些战士像雄狮一样勇猛,当然,他们并不是真的狮子。但是如果荷马真实地描写战士们气喘吁吁、汗流浃背的情景;描写他们如何振奋士气,避开危险;描写他们那经过鏖战而残破的盔甲,以及无数的细节,那样会引起读者的感动吗?隐喻的美妙之处在于可以营造辉煌的想象画面和奇妙的幻想。但特别要注意一点,如果隐喻用在一个有错误生活方式的人身上,他做出来的隐喻和象征将是非常危险的。

一次考试,对于一个在校的学生来说,是再平常不过的事了,他只需要像平常一样冷静地走进考场,运用知识来面对即可。但是,如果他的生活方式植入了逃避因子,他总想逃避考试,那他会梦到身处战场,或者梦到即将奔赴前线,他将"害怕"二字隐喻化了,为自己的逃避提供了充足的理由。或许他会梦到自己站在一处深渊的边缘，眼看着就要坠落，他必须往回跑才能避免掉下深渊。因此，他不得不制造一种感觉来逃避考试，将考试比喻为深渊，以此完成自我欺骗。同时，在梦中还会出现的另一种情形，将问题化繁为简，不断地删枝去蔓，将问题精简压缩到只剩核心部分，然后再用隐喻将留下来的精华内容表达出来，将它当作原本的问题加以解决。

如果有一名学生不但学习成绩优秀，而且很有远见，他希望完成任务，通过考试。但他同样需要获得支持，好让自己更加自信。所以，在临近考试时，他会梦到自己站在一座高山之巅。他周围的背景都淡化了，只有他站在山巅的画面，这个画面很简约，只显现了他生活中最小的那个部分。考试虽然是件大事，但通过削掉那些枝枝蔓蔓的细节，他所有注意力都集中在那个成功的部分，不顾及其他方面，他激发了能够唤起他足够信心的感觉。第二天起床后，他会感到前所未有的舒畅，头脑清醒，信心十足。他将存在的困难减弱到最低程度，但除了自我安慰以外，他其实也是在自欺欺人。他并未借助任何常规方法面对全部问题，只是处在了满怀信心的状态。

刻意地营造一种感觉的行为并不少见。比如，一个人想越过一条小溪时，起跳前先要数一二三，难道数到三真的那么重要吗？起跳跟数数有必然联系吗？其实二者之间什么关系也没有，但是，他数到三，只是为他起跳做充分的心理准备，使他把全部力量聚集起来。如果我们头脑中有一切必需的精神资源，就可以构筑起适合我们的生活方式，并不断地使之巩固、强化。而在所有重要资源之中，有一项便是如何唤醒我们个人能力的感觉，我们每天都在为此努力，但它们在梦中或许体现得更清晰。

我通过一个自身经历过的梦来说明我们是如何欺骗自己的。"一战"时期，我担任一所医院的院长，这是一所专门治疗战场恐惧症的医院。那些患上了战争疲惫症的士兵来到医院后，我们的任务是设法使他们减轻对战争的恐惧，重返战场。我会安排他们做一些简单的任务，找一些轻松的工作来帮助他们，这一招很管用，在很大程度上减轻了他们的压力。一天，我接待了一名士兵，他身材魁梧，是来过我这里的最强壮的人，但他的精神非常沮丧。在给他做检查时，看他那副失落的样子，我不知怎样才能帮助他。从我内心来讲，我很希望将这些患病的士兵送回他们的家乡，但我的每一份诊断书都必须通过上一级部门审核批准，我的仁慈之心受到了约束，不可能照顾所有从战场上下来的士兵。这个士兵的情况很棘手，我不确定他的病症程度如何，我只能以客观的态度告诉他："你患了战场恐惧症，但你的身体很健康，很强壮。我给你安排一些简单的工作，这样你不用上前线了。"

这个士兵听了我的话后，得知返乡无望，他心中的失望可想而知，他说："我只是一个穷教师，靠微薄的收入养活我和父母。如果我不能继续教书，他们只能挨饿。如果我帮不了他们，他们就得死。"

我希望他能回家，谋求一份办公室的工作，可我又有些胆怯，这样直白地写在诊断建议上，肯定会招致上司的愤怒，反而会害得他立刻被送回前线。最后，我决定在不违背我良知的前提下尽我所能帮助他，于是，我出示了一份他只适合做警卫工作的证明。回到家后，当晚我做了一个噩梦，梦中的我成了一名谋杀犯，亡命地奔跑在一条黑暗、狭长的街道上，我一边仓皇奔逃，一边极力回想到底杀了谁，可记忆的闸门似乎被封锁了一样，我始终回忆不起我杀的那个人是谁,只有一个强烈的感觉,"我是杀人犯,我完了,这辈子的生活彻底毁了,我的生命也完结了,一切都结束了。"

醒来后,我首先想搞清楚的是"我到底杀了谁",忽然,我猛然想起,"如果我不给这个年轻士兵谋求一份室内的工作,他将被送往前线,而我杀的那个人就是他。"听到这里,大家应该明白了,我就是这样唤起感受来欺骗自己的。事实上,我没有杀任何人,即使我想到的最坏结果不幸发生了,我也不是过错方。但是我的人生态度不允许我铤而走险,去做冒险的事。我是医生,救死扶伤是我的天职,我应该尽力挽救生命,而不是将生命置于险象环生的环境当中。我提醒自己,如果我提出给他一份办公室的工作,很大的可能是他反而会被送上战场,这样倒把事情搞糟了。如果要想帮他,我唯一的办法是为他提供一份有利于他的证明,于是我出具了一份他只适合担任警卫工作的诊断,这样做既合乎常理又不违背我的人生态度。

后来,事实证明按照常理规则办事是最佳选择。我的上司看到我提供的那份诊断后,提起笔来划去了我的诊断,我心里想:"这下糟了,他肯定会被送上前线,早知如此,应该直截了当写上让他去办公室工作。"不料,上司却在诊断书上批文:"军事机关服务六个月。"后来,我才知道事实真相,原来我的上司在处理这名士兵的事上收受了贿赂,因而对他从轻处置,他早就打算给他一份清闲的工作。那位年轻士兵根本没有教过书,他对我说的全是谎言,他编造故事的目的是为了找一份清闲的工作,那个接受了贿赂的上司也就方便行事,审批了我的建议。这件事情以后,我想今后我还是不要以梦境为行动参照了。

梦是带有欺骗性的，我们经常被它愚弄，这个事实解释了为什么梦那么难以理解。如果我们对梦的隐喻有无所不能的破解能力，那么梦就不再具有唤起我们的感觉，以及调动我们情绪的力量了，我们不再受梦境的欺骗，可以将梦搁置一旁不予理睬，而是倾向于按照常规办事，不会再受梦的怂恿。那会是什么结果呢，结果是如果我们都可以解释梦境的意义，那么梦就没有存在的必要了。

梦是我们睡眠时和清醒时的一座桥梁，它与现实生活中我们的人生态度密切相连。事实上，我们的人生态度应该直接与现实衔接，不需要任何加固。梦的形式多种多样，不管哪一种形式的梦境背后都有某种个人生活方式的薄弱点，每一种梦境都在提示我们需要强化人生态度的哪一个环节。所以，梦的解释对每一个人都是独一无二的，关于梦的解释绝对不能套用象征和隐喻公式化进行解读，它是有特定的针对性的解读。如果要我具体说出梦境的各种类型，我一时难以回答，我可以在这里举出几个具有代表性的梦，当然这并不是为了提供一份解梦的公式化指南文本，而是希望让大家对梦的意义有普遍的了解。

常见梦境分析

说起飞翔的梦，许多人都不陌生，相信很多人都做过飞翔的梦，这和其他的梦一样，目的都是为了唤起人的某种感觉。这种梦境的关键是留下了轻松愉快的感觉，这种愉快的感觉会逐渐高涨，带领人的情绪由沉郁走向明朗，变得激昂，有一种无往不胜的气概。它会使人把眼前的困难看得无足轻重，令人认为克服困难和追求优越感都是轻而易举的事。它们让人想象自己雄伟高大的形象，勇敢无畏，高瞻远瞩，即使在睡梦中也念念不忘自己的远大志向。这样的梦给人一个暗示："我该继续向前还是停下来？"答案是："前面锦绣如画，脚下一马平川。"

还有一种梦境值得注意——跌倒。这也是很多人都做过的梦，这样的梦境体现的是一种自我保护心态，说明在人的头脑里，对困难的恐惧远远大于克服困难的忧虑，比起勇往直前，他更害怕失败。可以设想，如果我们平时经常提醒孩子进行自我保护，就不难理解这种梦境的含义了。比如，孩子们总被大人提醒："不要爬到椅子上去！""不要动剪刀！""不要靠近火！"孩子经常受到这种虚幻的危险的包围，这些尚未发生的危险像一道无形的障碍把他们搞得寸步难移。实话说，家长的这种行为只能培养出懦夫，以致孩子长大后根本无法应对真正的危险。

如果我们梦到自己不能动弹，或是赶不上火车，其内在的含义是："如果不用费力气事情就可以解决的话，那才叫爽！所以我最好绕道行，故意迟到，故意让火车开走，免得再遇到这样的麻烦了。"

考试也是人们常常梦到的事情之一，这很有趣，人们常常惊讶自己这么大岁数还要进考场，或者梦到重复考一门很久以前已经通过的科目。对某些人来说，这是一种暗示："你还没有准备好应对即将临近的问题。"而对另一些人来说，却是另外的含义："那些难关你以前成功地通过了，但你必须接受临近眼前的难关。"一个梦境的暗示对不同的人是有差异的。所以，我们对于梦的隐喻，值得注意的问题是它留给我们的感受，以及梦境与我们的生活方式的联系。

案例分析

一天，一位三十二岁的女患者走进了我的诊所，她是一个神经官能症患者。这位女士在家中排行老二，和大部分排行老二的孩子一样，胸怀大志，野心勃勃。她也是个事事都不肯服输的人，总想争第一，总想使事情有圆满的结果。她来找我时，精神几近崩溃。她陷入了跟一个年长的已婚男人的婚外情，她一门心思想嫁给他，但那个男人却离不了婚，而且事业也失败了。接下来她做了一个梦，梦见她在乡下居住期间，将公寓租给了一个男人，那个男人搬进公寓后很快就结婚了。但这人却没钱付房租，她发现他既不诚实，也不努力工作，看他这样糟糕，她不得不将他请出了公寓。这个梦所喻示的情景我们一眼就可以看出来，梦境和她的现实处境存在很大的联系。她在要不要和那个事业失败的男人结婚的问题上举棋不定，这个男人穷困潦倒，身无分文，根本没有能力养活她。有一次，她和那个男人一起出去吃饭，他居然连饭钱都付不起。这个梦的隐喻实际上是唤起她不能和他结婚的感觉，她很容易把这个男人和梦中的男人联系起来，像她这样一个满怀野心的女人是不能嫁给穷光蛋的。于是她使用了一个假设："如果他就是那个租我公寓的人，当他拿不出钱来付房租时，我该怎么办？"回答是："让他滚出去！"

当然，现实中这个男人不是她梦境中的那个房客，这样的假设不能成立，二者不能相提并论，一个养不起家的男人和付不起房租的房客是两码事。要解决她的问题，必须遵循她的生活态度的发展，结论很容易就能得出："我绝对不能嫁给这样的人。"所以，她回避了依照常理解决问题的方式，她只关注了事情的冰山一角，选出整个事件中的一小部分加以处理，同时，她将爱情和婚姻的问题压缩到最小化，这个问题就简单到一个隐喻就囊括了："一个男人租了我的公寓，如果他不付房租，就必须滚蛋！"在她眼里，似乎她的假设足以将全部问题说得一清二楚了。

个体心理学在治疗方面的积极贡献在于努力提升个人应对生活的勇气，由于治疗的干预，在治疗过程中，梦境会因患者病情的变化而发生改变，逐渐向积极方向发展，患者会出现自信的态度。一名忧郁症患者在即将出院之前，做了这样一个梦："我独自坐在沙滩上，暴风雨突然来临。真是幸运，因为急着要回家找我丈夫，我躲开了暴风雨的袭击，跑回了家中。后来，我通过媒介的招聘专栏，帮我丈夫找了一份合适的工作。"这位病人成了自己的解梦大师，她完全明白了梦的含义，梦境非常明白地告诉她，她要和丈夫和好如初。最初的时候，她对丈夫充满怨恨，抱怨他的无能，抱怨他养不起家。而从她的梦中我们看懂了一层含义，她从此懂了一个道理，"和丈夫共同对付困难比独自面对困难要好得多。"从表面看，我们也赞同病人的结论，但在她为了维系这段婚姻而想和丈夫和解的背后，我们也看到了她内心深处仍然存在的抱怨，隐约可以感觉到她的家人在操纵她的影子，她将自己的困难放大了，其实她还没有做好与丈夫重归于好并建立起与人合作的准备。

一个十岁的小男孩被带到了我面前。老师对他深恶痛绝，说他表现恶劣，心眼儿坏，因为有一肚子的坏主意，同学们都不敢和他接近。他在学校偷东西，而且把偷来的东西悄悄拿去放在别人的课桌里，诬陷别人。当然，这种行为是有心理成因的，只有当一个孩子觉得有必要把对方羞辱一番时才会这样做，比如，当有人低估了他的能力时，他就会采取这种方式让对方瞧瞧自己的厉害。如果他的确是这样想的，我们很容易就会估测，这是他的家庭环境导致的，在他家里，一定有某个人是他觉得应该让他感到内疚的。有一次，这个十岁的男孩向一名孕妇扔石头，惹来不小的麻烦。在他十岁这个年龄，如果有人给灌输了某种思想，他应该明白怀孕是怎么回事。我们怀疑他对怀孕的事很反感，还有一个问题，他是不是还有弟弟、妹妹，或许家里有新成员降生使他感到不舒服。在老师的眼中，他就是"害群之马"，他常常惹事生非，给别的孩子乱起绰号，在背后诋毁别人，还追打女孩子。我想，他家里很可能有一个妹妹，而他并不喜欢这个妹妹。

后来我们得知，他是家中的长子，还有一个四岁的妹妹。他母亲说他很爱妹妹，一直对妹妹很好，这一点大大出乎我们的意料——难道像他这样的男孩会对妹妹很好？我们的判断是否正确还有待考察。下面的谈话更出乎我们的意料，他母亲说她和丈夫关系很融洽，这个孩子的确是他们家的一个痛点，他们感到非常遗憾。显然，他所犯的错误并非父母的责任，他们把问题归咎于宿命，他邪恶的本质源于家族遗传基因，或许可以上溯到他的某个祖先。

这样的病例我们并不是第一次遇到——完美的婚姻，优秀的父母，糟糕的孩子。这些带有悲剧色彩的事情早已被教师、心理医生、律师和法官所见证。事实上，拨开所谓"幸福婚姻"的面纱，可以清楚地看到他们带给孩子的严重影响。孩子可能看到母亲对父亲的过分关注而心生怨恨，他想把母亲的爱悉数夺回，归于他自己身上，他讨厌看到母亲对其他人的关注。这是一个令人忧心的问题，如果美满的婚姻对孩子的成长不利，那么不幸的婚姻更是雪上加霜了。不管如何，我们需要认真面对的是，究竟应该怎么办。如果要解决这个问题，唯一的出路是培养孩子的合作精神，不要让他把注意力放在个人身上。这个孩子其实也是个被宠坏了的孩子，他捣乱的目的是为了夺回母亲的爱，如果感到没有得到足够的爱，他就会故意制造麻烦来引起别人的关注。

我们的猜测很快被证实。他的母亲从来没有对他进行体罚，惩罚孩子的事都由父亲去执行，孩子的母亲或许觉得自己太软弱了，实行惩罚那种强悍之举只有男人才能做。她或许很想与儿子保持亲密的关系，让儿子离她更近一些，她生怕会失去儿子。可是无论怎么讲，她的做法客观上都转移了孩子对父亲的兴趣，这样的后果就是使父子之间丧失了合作的机会，结果是，儿子与父亲之间的摩擦越来越多。我们还了解到，这个父亲是个爱妻儿的好男人，但是因为这个儿子，他甚至害怕下班后回家。他常常会严厉地处罚孩子。可是有人却说男孩并不怨恨他的父亲，恐怕这一说难以成立——这个男孩不是没有知觉的，他只是表面装出不恨父亲，他其实是很聪明的，他懂得如何将内心的真实想法隐藏起来。

他爱他的妹妹，可又不能和她好好在一起玩，经常踢打妹妹，扇她的耳光。晚上，妹妹在父母的房间里睡在儿童床上，而他则只能躺在餐厅的沙发床上。让我们换一个角度，站在男孩的立场想一想，父母房间里的那张小床简直就是一根导火索，会惹得他怒火中烧。我们将心来比心，从男孩的方面来理解、来感受一番，他也极力想得到母亲的关注，可是晚上妹妹却比他更亲近母亲。所以，他想方设法要离母亲更近些。这个男孩是顺产，身体很棒，吃了七个月的母乳。但是他的胃不太好，当第一次改用奶瓶时，他吐奶了，这种情况一直持续到三岁以后。现在，虽然他营养充沛，饮食正常，但是他的肠胃不是很好，所以他知道这是他的一个弱势。我们现在应该明白他为什么要向孕妇扔石头了。他有挑食的毛病,如果他不喜欢吃家里的膳食,父母就给他钱,让他自己出去买喜欢吃的东西。不料他却跑到外面去闲逛,对邻居诉说父母常常让他挨饿。说谎的把戏被他玩得轻车熟路,他的一切所作所为无非为了一个目的,想用诋毁别人或者给别人制造麻烦的方法,取得自身的优越感。

现在,通过对他的了解,我们不难理解他到我的诊所里讲的一个梦。他说:"我是一个西部牛仔,我将被他们送到墨西哥湾,到了那里后,我将靠自己杀出一条血路回到美国。有一个墨西哥人试图阻挡我,我狠狠一脚踹到他的胃部。"这个梦传达给我们的感觉是:"我深陷重围,四面受敌,我必须杀开一条血路逃生。"在美国,西部牛仔是英雄的象征,在这名男孩的眼中,将追打女孩或者狠狠一脚踹到别人的胃部看作是一种英雄行为。前面我们已经了解到,他也许有肠胃方面的毛病,所以,"胃"在他生活中是一个非常重要的部位,他也常听父亲抱怨自己有神经性胃炎,而且一直没有治愈。在这个家庭中,胃上升到牵一发而动全身的重要地位,成了男孩攻击别人的要害部位。这就是男孩的目的,专门找别人的弱点作为攻击对象。

从他的梦和行动上,我们窥探到和他性格一致的生活方式。如果我们不设法将他从梦幻中唤醒,他将沉湎于这种错误的生活方式不能自拔,直到有一天将他彻底毁灭。他不但与他父亲、妹妹,以及比自己弱小的孩子作对,还和那些试图挽救他的医生对着干。他的梦将激励他奋战下去,去当一个英雄,他要成为一个征服者。除非让他认识到自己是何等的自我愚弄,否则,任何治疗都是无济于事。

我在诊所里向他解释了他的梦：梦中他深陷重围的地方是一个充满敌意的国家，那些和他战斗的墨西哥人都是他的敌人，想要把他留在他们的地盘上惩罚他。当他再一次来到我的诊所时，我问他："我们上次见面以后，你发生了什么改变？"

"以前我是一个坏孩子。"

"你以前都做了什么错事？"

"我追打比我小的女孩儿。"

很遗憾，这并不是认错的表现，而是一种对自己潜在能力的炫耀。这里是诊所，是治病的地方，所有人都希望他能变好，可他仍然坚持做一个坏孩子。他甚至说："你们别想我会改变，我同样会一脚踹到你的胃上。"我该拿什么拯救他？他仍然执迷不悟地生活在自己的梦里，仍然扮演着一个英雄的角色，我需要做的就是尽最大努力将他从梦中拉回正常的生活轨道，而唯一办法就是消除他从扮演的角色中取得的满足感。

"难道一个英雄会去追打一个弱小的女孩吗？"我这样问他，"这算什么英雄？如果你想当英雄，就应该去和那些强壮的女孩斗争。不然，你还是放弃的好。"这是治疗方面的一个技巧，我想要让他明白，不要在现在的生活方式中执迷不悟。德国有一句谚语："往他汤里吐口水。"意思是弄脏他的汤水，今后他就不再喜欢喝汤了。我的目的就是要让他放弃那碗"汤"，也就是放弃他现在的生活方式。还有另一个治疗目的，要为他注入与人合作的勇气，以有益于社会的方式寻找自己的重要性，找到自己的人生意义。一个对社会有责任感的人是不会违背社会道德的，是不会选择反社会的行为方式的。

我们再来看一个案例，一个二十四岁的女孩是个单身白领，她从事一份文秘工作。她对自己的老板颇多抱怨，说她老板傲慢无礼、欺善怕恶，令她难以忍受。此外，她相信自己不会有真正的朋友，这使我们看到她在社交和维系友谊上缺乏自信。我有一条经验，如果一个人无法获得友谊，多半情况是因为他有太强的支配欲望。由于他们总想以自我为中心，借此炫耀自己的优越感，这位女士和她的老板很可能就是此类人。他们想要控制某人，当两个人碰在一起时，必然会出现问题。这位女士家有兄弟姐妹七个，她是家中最小的孩子，是全家的宠儿。她有个让我们听起来有点意外的小名——汤姆，可见她很希望自己是个男孩子。这使我对她的人生目标产生了怀疑，她为自己定下的优越目标是否就是操纵他人？也许在她的意识中，认为只有做个男人才会成为主宰者，才会控制他人，而不被他人所控制。

她还有一点资本，天生丽质，她认为别人喜欢她是因为她长得漂亮，所以她很害怕变丑。她对现今的社会有一些了解，知道有魅力的女人大都因为容貌美丽而给人留下深刻印象，也更容易支配他人。但是，她又很想成为男人，想用男性的方式掌控一切，所以在她心目中，她更重视男性化，其次才是对容貌的重视。

在她的童年时期，她曾有这样的经历——被一个男人所惊吓。直到现在她仍然心有余悸，害怕成为那些盗贼或袭击者的攻击目标。她既有男性倾向，却又害怕盗贼，这令我感到有些奇怪，但仔细想想，又觉得是在情理之中。正是由于她的恐惧才使她确立了男性化的目标，她希望能置身于一个她可以完全掌控的环境中，而对其他环境则统统排斥。实际上，她根本控制不了那些盗贼或袭击者之类的人，所以她想把他们全部灭掉，她渴望做个男人，即使失败了，也可以把责任推给环境。这种对女性角色不满的现象被称为

"男性钦羡",这种现角的出现都伴随着这样的感慨——"我虽身为女人,却是一个时刻在为女性的种种不利而抗争的人。"

接下来让我们分析一下她的梦境,看她能否在梦境中找到与现实相同的感觉。她常常在梦境中看到自己孤身一人。她是一个备受宠爱的孩子,这些梦表达出来的含义是:"我必须得到照顾,把我一个人留下来很不安全,别人会来袭击我,控制我。"还有一个梦常常出现,她在那个梦里总是丢了钱包,那是对她的一种提示:"小心!你可能会丢东西。"她害怕失去任何东西,尤其害怕失去对别人的控制权。丢钱包是她生活中的一个小插曲,而她却将这视为丢失所有的代表。现在,我们有了一个证据,证明梦是如何通过梦中的感觉强化人生态度的。实际上,她并没有丢过钱包,可是她的梦却反复地再现这样的事,给她留下了强烈的感受。

她有另一个较长的梦能够帮助我们更清楚地了解她的生活。她说:"我到一个游泳馆去游泳,游泳池的人很多,有人注意我站到了别人的头顶上,所以尖声叫了起来。我当时感觉到由于别人大声嚷嚷,我差点掉了下来。"这个梦有很强的画面感,我想如果我是雕塑家,我可以大致还原她梦中的情景——她站在别人的头顶上,把别人当作脚下的底座。其实这也反映出了她的生活态度,她极力想唤起这种感觉,可是她又感到自己的位置很危险。她以为别人都应该注意到她内心的焦虑,并对她施以援手,由于有大家对她的照顾,她才可以继续站在别人的头顶上,她不认为在水里游泳有安全感。这就是她生活故事的表达。她的心理目标野心十足:"虽然我生为女流,但我还是要当男人。"这也是其他家庭中排行最小的孩子的普遍心态,心怀大志,而她想要的是"一种出色的感觉",要让别人承认她的优越地位,却又想逃避在优越地位上应该承担的责任，她一直无法摆脱焦虑和恐惧。如果我们想真正帮助到她，必须采取一种与之适应的方式，要让她甘愿沉浸于自身的女性角色中，并要她不再对男性怀有崇拜和恐惧的心理，帮助她感受他人的友善，以平等的态度与周围的人友好相处。

另一位女孩故事是：她在十三岁那年，家里发生了一件令她终身难忘的事，她的弟弟在一次意外事故中死去了。她说到了她的早期记忆："那时弟弟还是个小宝宝，刚刚开始蹒跚学步的时候，有一次，他抓住了一把椅子，想往上爬，可是椅子倒了，砸在了他身上。"这是另外一次意外事故，可她对此耿耿于怀，无法忘却那个惊险的场面。由此我们看出她对世上的危险怀有深深的恐惧。她说："常有一个奇怪的梦境出现，我在一条大街上走着，街上有一个坑，可我没发现，走着走着，一下就掉到坑里了。坑里充满了水，我碰到水马上就醒了，胸口狂跳不已。"

其实这是一个很平常的梦，并没有什么奇怪之处，可是她却被这个梦吓得不轻，如果她总是拿这个梦来吓自己，那她一定认为这个梦有神秘莫测之处。这个梦向她表示："小心！生活中到处都埋伏着危险。"这个梦透露给我们的实际意义其实远大于此。如果她不是一个显赫的人，她就不会跌落下来；如果她有跌落的危险，那就意味着她有出人头地的愿望。所以，这个梦在提醒她："我的地位超越了他人，所以要时时警惕，别让自己跌下来。"

在另一个案例中，我们会看到，同样的人生态度如何对早期记忆和梦境起着支配作用。一个女孩这样回忆她的早期记忆："我记得那时很喜欢看别人盖房子。"以此我们可以推测，她是一个富有合作精神的人，因为一个小女孩是不可能参与修建房屋的，但是她的兴趣透露了这样的信息——她乐意与人共同完成工作。"那时我的个头很小,常常站在一扇很高的窗户前,我现在还记得那些玻璃窗格的样式,就像是昨天的事一样。"如果她能够说得出玻璃窗户很高,那么在她的脑海里一定具备了高大与矮小的概念,她能在这一组高与矮之间进行对比,其实她的意思是:"窗户很高大,而我很矮小。"她说自己很矮小,这不是重点,重点在于吸引她兴趣的是高大与矮小的对比,至于她说至今能记忆犹新,显然是在炫耀自己。

我们再来看她的另一个梦:"我和好几个人一起坐在汽车里。"这与我的推测一致,她是一个乐意与人共事的人,擅长合作。"我们把车开进一片树林前面才停下来,大家跳下车,一窝蜂地跑进了树林。他们都是大个子,几乎都比我高。"看到了吗?这又是她对高矮大小的对比反应,她再次关注到个头的差异,"我努力地追赶他们,追上了他们,我们一起上了一个电梯,电梯向下开进了一个约十英尺深的矿井。我们认为,要是我们出不去了,肯定会瓦斯中毒的。"现在她描述了一个充满危险的场景,对于大多数人而言,并不是人人都是勇敢无畏的,很多人对危险都心存恐惧。且慢,她的故事还没有完:"结果,我们安全地走出了电梯,大家都安然无恙。"这里,我们看到了她的乐观精神,如果她是一个对合作充满热情的人,那她一定是勇敢而乐观的。"我们在那里待了一分钟,然后又坐电梯回到地面,跑回了汽车里。"到此,我确信这个女孩是一个富于合作精神的人,但有一点不足,她总感到自己不够高大,她想使自己更强大起来,这是我从她身上搜寻到的某种紧张情绪,就好像她总是要踮起脚尖走路一样。好在她乐意与人交往,喜欢与人分享成就,这些积极的兴趣会使她的某种紧张情绪得到释放。

第六章　家庭的影响

母亲角色的作用

婴儿一旦脱离母体来到这个世上,或者说他还在母体内的时候,他所有行为都与母亲息息相关,他在母亲体内通过脐带与母亲生命联络,他出生后第一件事就是在母亲胸口上寻找奶头,这一切都是为了和母亲建立联系的表现。在婴儿出生的最初几个月中,母亲的角色在他生命中无人能替代,婴儿完全依赖于母亲。我们发现,这是一个人开始展现合作能力的最初环境。母亲是与孩子最先发生联系的"其他人",这个时期,婴儿除了自身之外,发现还有一个他最感兴趣的"别人",这是他幼小的眼界内的一个惊奇,母亲是将孩子与社会相连接的第一条纽带。一个孩子如果失去了和母亲的联系,即使有人替代母亲的角色,他的生命之花也会枯萎,他的成长将会受到致命的影响,有这种生活经历的孩子,心理问题特别突出。

我们常把母子关系描绘成世间最伟大的关系,这种关系不仅亲密,而且意义深远,哪怕在以后的若干年中,我们也无法区分出哪些是性格因素,哪些是遗传因素。可能他原来的遗传性格在母亲的影响下得以改变了。母亲作为孩子的第一个教育者,她会对孩子的每一种来自遗传的倾向进行修正、调整、训练和改造。

一般来说,母亲的技能或者说她缺乏的技能都会直接影响到孩子的潜能,所谓母亲的技能,其实就是指她与孩子合作的能力,以及说服孩子与自己合作的能力。这种能力是独一无二的,不能照着一套固定的模式来传授。每天的情况都在发生新的变化,在孩子方面,他有不尽相同的需求,其中最需要的是来自母亲对他的理解,母亲的技巧就是在这些方面将自己的观察力和理解力传给孩子,以满足他们的需要。这个工作需要母爱来支持完成,只有母亲真正关爱自己的孩子并能赢得孩子的爱,还有保障孩子利益的责任心,这种技巧才会得以充分发挥。

我们可以观察一个母亲的一言一行,从她所有的活动中看出她的态度。母亲有着先天的优势,那就是她有各种和孩子亲密接触的机会,当她抱起孩子轻轻走动时,当她贴着孩子的脸蛋与孩子低声呢喃时,当她给孩子洗澡或喂食时,都是母亲和孩子亲密接触的舍她其谁的良机。如果她对自己的职责不熟悉或者没有兴趣,就会显得笨手笨脚,孩子也会对她感到陌生,不会对她产生兴趣。如果一个母亲从不给孩子洗澡,孩子就会讨厌洗澡,他会觉得洗澡是件令人不愉快的事。这样,母子之间的和谐存在便毁了,与孩子对母亲的依恋相反,孩子还会尽力逃离母亲,躲得远远的。所以,母亲哄孩子入睡的方式、她的一举一动、她制造出的任何声响,都应该有熟练的技巧。母亲不仅要懂得照顾孩子,还必须教会孩子学会独处,她必须周详地考虑孩子所处的整体环境——新鲜空气、室温、营养、睡眠、生理健康和卫生清洁等方面的因素。每时每刻,她都要给孩子提供与她互动的机会,可能让孩子喜欢她或者讨厌她、亲近她或是排斥她。

其实,做一个好母亲并没有什么特别的诀窍可言,为母之道的一切技巧都来自兴趣与练习。一个女孩在她的生命早期就开始了做母亲的准备。比如，我们观察一名小女孩对待比她更小的弟弟、妹妹的态度，就可以看出她喜欢小婴儿的兴趣，或者从她关注母亲照顾孩子的行为中可以发现她对未来要担负的使命怀有浓厚的兴趣。男孩和女孩不光只是性别的简单区别，因此我们不建议对待女孩和对待男孩的教育方式完全一致，因为他们未来要从事的事业是不一样的。如果想让一个女孩以后成为技巧熟练的母亲，那么从小就要培养她的母性，让她主动接受扮演母亲的角色，并让她感受到做母亲的乐趣和意义，让她对母亲的角色充满期待，而不是当那一天到来时临阵慌了手脚，叹息一切都还没有准备好，由于无所适从，由于无法承担起母亲的责任，失望而满心沮丧。

不幸得很，在西方国家，对为母之道的培养完全没得到足够的重视。如果人们不改变重男轻女的观念，男孩子在家里天生就有优势地位，而女孩子自然会失宠，受到冷落。如此一来，没有哪个女孩会接受做母亲的角色，因为谁都不想居于从属地位，谁都不愿主动认可居于人下的现状。当她们结婚后，她们会对怀孕生子产生抗拒感。她们不想成为生孩子的工具，对作为母亲的创造性行为采取排斥的态度，于是她们找出种种理由来对抗，因为她们压根儿没有对养育孩子产生兴趣，她们没有期待也并不觉得做母亲是一件伟大且有创造性的事。

这或许是社会中最严重的问题，但却很少有人直面这个事实，很少有人去思索这样的问题将导致的严重后果，很少有人去研究解决的办法。然而，人类社会都维系在女性的为母之道这一角色所抱有的态度上。如今，在全世界任何一个地方，都有男尊女卑的观念存在，女性的社会地位乃至家庭地位都遭到贬低。我们可以从一个很简单的例子来说明，男孩子们在他们的童年时期就把家务活看成仆人才做的事，甚至连有时候搭把手都觉得丢人。他们根本没有意识到，其实操持家务、照顾家庭是女性的一大贡献，而不是身份卑微或理当承担的苦役。

如果一个女人对家务活儿和持家兴趣浓厚，她会将其演化为一门艺术，并且通过她的劳动给自己和家人带来轻松和快乐，所以说，家务活儿和持家应被视为与世界上的其他工作一样重要的工作。反之，如果家务活儿与持家遭到蔑视，如果女人干家务活儿是身份低贱的一种表现，她们就会对这种工作采取排斥的态度，为了努力证明自己与男人的平等地位，她们会为自己寻找种种说词，证明她们应该有和男人一样发挥自己潜能的机会，并力争得到相应的待遇。但是，不能否认的一点是，潜能是通过社会责任感得到发挥的，责任感会促使女性发现自己的奋斗方向，而正确的方向会使女性在发展的道路上不受限制或约束地发挥自己的潜能。

如果女性的价值遭到贬低，那么婚姻生活的融洽和谐也就动摇了根基，遭到彻底的破坏。如果女人把养育孩子看成是很低贱的事，那么她绝对不会全身心地投入到关心、照顾孩子上，她的一切母性的先天性技能会因为她对孩子的淡漠而消失，她根本不懂或者不情愿与孩子沟通交流。一个孩子生命之初阶段最重要的是有个好的开端，这一点非常重要。那些对母亲角色不满意的女性也有自己的目标，她们的目标与甘愿担当母亲的女性不同，孩子和家庭在她们看来是一种束缚和累赘，碍手碍脚，妨碍了她的发展，她们只想做一些超越别人、证明自身实力的"大事"。很多失败的案例都有这些因素，我们发现，如果母亲失职，没有尽到自己的责任和义务,没有给她们孩子的人生之初创造一个良好的开始,这个母亲就是失败的。如果所有的母亲都不履行自己的职责,对自己的孩子缺乏兴趣,那么她们都不是一个称职的母亲,人类将会因为缺失了这一环而陷入危机,这绝不是耸人听闻。

同时,我们应该谅解母亲的某些行为,如果某位母亲在养育孩子上出现了失误,不要急于把她当成罪魁祸首,多数情况下,是因为这位母亲本身就缺乏正规训练;或许她正为夫妻之间的嫌隙郁郁寡欢,心情压抑;或许她正在为家庭经济拮据而忧虑,由于缺钱,孩子无法得到正常的食物供应,全家人衣食住行都受到诸多约束;或者,她正生病,她想和孩子沟通合作,但心有余而力不足,她的主观愿望受到限制;或者周围的环境缺乏安全感,她为此事满怀忧虑甚至因为无助而绝望。

此外,孩子的经历并不能成为他的行为指导,只有那些从经历中得出的经验才具有指导作用。当我们研究那些问题儿童的背景时,常常发现他们与母亲相处时的诸多困难,当然这并不是只有问题儿童才有的现象,那些正常孩子的身上也会有这样的困难出现,只是他们在处理的方法上拿捏得当。现在,让我们回到心理学的基本观点上来:性格的发展并不是由固定原因决定的,但孩子可以通过个人经验去实现某一目标,而正是这些经历让他们形成了特定的人生观。我们不能随便断言说心理有问题的孩子一定会成为罪犯,我们还要看他世界观的成因是什么,他从自己的经历中获得了什么。

但无论如何,有一点不容否定,如果一位女性对身为母亲的角色持抗拒的态度,她没有兴趣做好一个母亲,毫无疑问,她和孩子面临的压力和困难难以想象,他们生活中的麻烦将会把他们困扰得筋疲力尽。一位母亲的本能是我们无法估量的，很多研究都表明，母亲保护自己孩子的本能超过任何动力，即使是动物——老鼠和猿类中也是如此，母亲的强大本能可以战胜性或饥饿的驱动力，当需要她们在上述几种驱动力中取舍时，母性的本能压倒一切。

母性的本能基础与性无关，而是来源于"合作"的目标。母亲常常视孩子为自己生命的一部分，这就是骨肉之情的奇妙之处，因为有了孩子，女人才会与生活的整体联系起来，这时候的女人才会有主宰生命的感觉。几乎所有的母亲身上都有这种感觉，无论她是一个什么样的人，无论她是善良的人还是恶妇，这一点作为人之本性是改变不了的，她会由衷地欣赏自己创造的生命。通过养育孩子，她会感到自己的伟大，从事了像造物主那样的劳动。亲眼看着一个个新生命由于自己的创造而降生，母性的渴望其实也是人类追求优越感的一个侧面，这个有力的例证足以表明，优越目标是如何为人类利益服务的，而通过社会责任感，我们应该如何按照人类最深的社会情感去服务于社会和人类。

任何做母亲的人都会把孩子视为自己生命的一部分，而且将这一感觉放大，孩子就是母亲的未来，孩子可以作为完成她未竟使命的家庭成员。她会逼迫孩子为她个人的优越目标服务，她会想方设法让孩子依赖她，从而控制孩子，这样，孩子就真正和她绑在了一起，永远无法分开。我举一个例子：有一位七十五岁的村妇，她的儿子在五十五岁的时候仍和母亲生活在一起。后来，母子二人同时患上了肺炎，送医之后，母亲康复了，儿子却死在了医院。当儿子死去的噩耗传到母亲耳中时，她说："我一直都知道，自己很难将这个孩子养好。"在这位母亲的心里，她为儿子的死很自责，认为自己应该为孩子的整个人生负责，但她从未尝试过让他独立生活，她将儿子攥在手里不放，她不让儿子融入社会，成为一个真正的社会人。我们可以想象，如果一个母亲不能将她与孩子之间的联系扩展延伸，除她以外，不给孩子与他人合作的机会，将会导致多么可悲的结局。

母亲和别人的关系亦不是一个单纯的关系，如果她过分地注重和孩子之间的关系而弱化孩子与其他人的关系，将会是一场灾难。即使是自己的亲生子女，母亲也要有意识地引导孩子平等地和身边的环境与人建立联系。如果我们过分强调一个问题，而忽视其他的问题，会是什么结果呢？结果就是，连这个被赋予了太多重要性的问题都无法有效地处理。母亲的角色不是一个孤立的个体，她还必须与丈夫、孩子、社会之间发生联系，这几者的联系缺一不可，都需要我们冷静面对，善用常识。如果母亲只注重和孩子之间的关系，就会对孩子溺爱纵容，以至于惯坏他，这样，就像温室里的花朵经不起风雨一样，孩子会失去与他人合作的能力，变得脆弱不堪。一个母亲应该清醒地认识到，当她和孩子的关系变得良好稳定的时候，她要有意识地让孩子将这种关系延伸到父亲身上。可是，如果这位母亲和孩子的父亲关系淡漠，夫妻间寡然无味，没有兴趣可言，那么，母亲的感觉会波及孩子，孩子与父亲的友好和谐就很难建立。之后，孩子的社交关系还要扩大到周围的环境中，扩大到别的孩子、亲戚和朋友中。孩子如果在与父亲的关系建立方面遇到了阻碍的话，他今后的所有社交关系的建立都会有障碍。所以，母亲的责任是双重的：首先，她要给孩子一个信赖他人的初次经历，然后要将这种信任延伸到整个社会。

如果母亲从一己私利出发，只让孩子的目光聚焦在自己身上，那等于给孩子的眼界圈定了一个有限的范围，今后孩子很难越过那个范围，他的心目中只有母亲一人是他可信赖的，他将很难接受他人甚至反感与他人接触。由于他对母亲的百般依赖，一旦遇到家里的兄弟姐妹想从母亲那里得到关爱，他都无法容忍，必将与那人为敌，不管这人是自己的兄弟姐妹还是自己的父亲。这个孩子的观念已经形成："妈妈是属于我自己的，你们无权分享她的爱。"

然而，现代心理学却在很大程度上对此事有所误解。在弗洛伊德的理论中，俄狄浦斯情结是典型的恋母情结，由于教育方式的错误，有的男孩会有强烈的恋母情结，他们有爱上母亲的倾向，想和自己的母亲结婚，痛恨自己的父亲，甚至想杀死这个"情敌"。如果我们洞悉了孩子的成长过程，就会有正确的教育方式，就可以有效地避免孩子的恋母情结发生。出现俄狄浦斯情结的孩子就是那些想寻求母亲关注而排斥他人的孩子，但是这与性扯不上干系，他们只想占据母亲的爱，只想驾驭母亲服侍自己，完全掌控母亲，不想让任何人与之分享母爱。我们发现，这种现象只发生在那些被母亲宠坏的孩子身上，他们只承认母亲，他们从未有与其他任何人有过建立良好关系的经历，没有体会过与人合作的兴趣和利益。我们在一些孤独症的病例中，发现这些男孩只和母亲保持着良好关系，遇到恋爱或是婚姻的问题时，他们自然而然地把目光转向他们的母亲身上。这种态度反映了一个事实，在他们心中，除了母亲，没有任何人能得到他的信赖，能对他言听计从，没有任何人与他能很好地合作，这是一个致命的限制。所以，俄狄浦斯情结是错误的养育方式滋生的怪胎。这是人祸，不是天灾，不能归咎于遗传因素，也不能在性欲方面寻找根源。

当一个孩子被紧紧绑在了母亲身上，一旦他脱离了母亲，置身于失去保护伞的环境中时，就会出现很多问题。比如，他去上学或者在公园里与其他孩子打闹时，他的注意力会一直紧紧跟随着母亲。如果有一会儿发现母亲不在他身边，他顿时就会很失落，开始哭哭啼啼。他会耍各种把戏，迫使母亲对他亦步亦趋，让母亲全力以赴地关注他。比如，他会充当弱者的角色，装出一副柔弱无助的样子，用撒娇来博得母亲的呵护；当母亲不能满足他心愿的时候，他就会大哭大闹或者装病，他的意图很明显，表示他仍是一个需要母亲照顾的孩子；或者他会跟母亲闹别扭，还可能大发脾气，与母亲争吵，目的仍是博得关注。这是我们在问题儿童中看到的各种病例，这些孩子无一不是被母亲惯坏的，他们一方面拼命地施展手段赢得母亲的关注，另一方面又拼命地拒绝任何与外界的联系，在这种孤立的空间里长大的孩子，他的心理疾病会反映在今后生活的方方面面。

有人提出一个建议，将孩子带离母亲身边，交给保育员或收容所培养他们，认为这是补救母亲失误的良方，实则不然，这其实是可笑至极的下策。假设，如果有某种情况发生，需要找可以替代母亲角色的第二人选，首先应该筛选一个有母亲秉性的人，她有对孩子充满热忱。事实是，作为孤儿院这样的慈善机构，不可能代替母爱的功能，也不可能为孩子搭建人与人沟通的桥梁，那里面长大的孩子最缺失的就是爱，他们的感情领域空白处很大，他们普遍比较冷漠，对他人没有任何兴趣，与人沟通是他们的弱项。与其如此，还不如对母亲进行训练来得容易。

曾经有人进行过一次研究，研究对象都是在收容所里的孩子，结果他们的教育情况不容乐观。如果让保育员或修女单独负责照顾一个孩子，或将他们放在某个家庭里寄养，让他们和养母的孩子们共同生活，如果他们的养母能视他们为己出，对他们的养育倾情投入，他们的成长情况就会大为改观。此类孩子多是孤儿、非婚生子、弃儿，或是单亲家庭，他们一旦离开父母，除非能找到可以替代他们亲生父母的人选抚养他们，特别是母亲，否则他们的处境就会雪上加霜，问题儿童基本都出自这一群体。由此，我们看到一个事实，母亲和孩子的关系以及母爱是何等重要。

继母的处境常常进退维谷，丈夫前妻的孩子天生有视继母为敌的行为。当然，这并非解不开的死结，这类问题的解决方式很多，有很多继母做得非常不错。孩子在失去母亲之后，他的那种对爱的渴望就会转向父亲，希望从父亲那里获得像母亲一样的关爱；但是有一天，一个继母来到了家中，孩子的感觉就像有人横刀夺爱一样，继母将父亲的爱抢走了，对孩子来说，这是个从天而降的敌人，所以他们就会痛恨继母，并与她为敌。问题是，很多继母并不能站在孩子的立场考虑这个问题发生的背景。面对孩子的的敌意，继母会以她的方式来反击，但这往往不能收到效果，这反而会激起孩子更强烈的反抗，这种激烈反抗有时会达到白热化的程度。一般来说，在与孩子的对抗中，继母永远不会胜利，孩子们在反抗中无论是胜是败，都仍然拒绝与她合作。所以在这种争斗中，笑到最后的往往是弱小的一方。孩子们不想给予，你却偏要索取，这样你什么都不会得到。如果我们能够看到产生问题的根源，能够懂得爱与合作是解决问题的关键手段，这个世界的紧张压力和徒劳无功的努力就会大大减少。

父亲角色的作用

在一般的常识中，一个家庭中的顶梁柱是谁，回答通常是父亲。而公正的答案应该是——父亲和母亲在家庭中有着同等重要的地位。在孩子出生以后的早期阶段，孩子与父亲的关系总是逊于母亲，这是因为孩子在哺乳期时刻离不开母亲，但随着孩子一天天长大，父亲的影响力逐渐凸现，生活中这种关系也会发生变化。前面我们已经说过，如果母亲不能成功地把与孩子的关系延伸至父亲，那将是很危险的。在以后的生活中，这样的孩子的兴趣发展常常出现很多阻碍。更让孩子的成长危机四伏的情况是那些婚姻不幸福的家庭，这样的家庭对孩子来说是一个很危险的环境。母亲只想将孩子据为己有，她根本不愿意让父亲融入到她与孩子中间。更有甚者，父母双方都把孩子作为打击对方的武器，都想让孩子与自己更亲密，都想让孩子成为自己的盟友，孩子就像父母战争棋盘上双方争夺的一颗卒子，楚河汉界，孩子要么属于母亲，要么属于父亲。

夫妻双方的关系如果出现裂痕，孩子会很敏感地察觉到父母双方的对峙情绪，有矛盾的夫妻开战的第一次回合就是对孩子的争夺，看谁能把孩子争取过来，看谁可以更好地控制孩子。这种分歧一旦被孩子洞悉，孩子会巧妙地利用父母双方的矛盾为自己谋利。当父母开始"掰腕子"时，那些小机灵鬼们就知道他们的机会来了，为了实现他们的某种利益，他们可以挑起父母争斗。这样的家庭环境对孩子的成长也是有致命的伤害，因为在这种环境中长大的孩子是不可能有合作精神的。孩子的合作精神最初都是从父母那里得到的，如果父母之间的合作不堪一击，孩子的合作精神也就无从谈起了。此外，孩子对婚姻的初次印象也是从父母那里得到的，在婚姻不幸福的家庭中长大的孩子会对婚姻持悲观的态度，如果以后他们对婚姻的最初印象没有得到纠正，他们会对婚姻不信任，以至于他们自己也成为婚姻的失败者。他们成年后，会处处逃避与异性相处，甚至先入为主地认为对异性的追求不会成功。所以，如果父母的婚姻生活不和谐，注定会对孩子造成很大的影响，导致他今后的成长出现严重的障碍。婚姻应该由夫妻双方亲密无间地合作经营，目的是谋取家庭成员的共同幸福，为孩子提供一个良好的家庭氛围，不管其中哪一方面失败了，就全都毁了。

婚姻是平等的合作关系，没有地位上的高低贵贱之分。家庭生活中不应有一方凌驾于另一方的状况，如果某个成员的权威远远高于他人，将是这个家庭的不幸。如果父亲是一个脾气火暴的人，试图成为掌控其他家庭成员的主宰者，那么他的这种错误观念将潜移默化地传递给自己的儿子。女孩子在这种家庭氛围中是受伤最严重的，她们对今后的婚姻生活会有很大的偏见，会将男人视为家中的暴君，她们的婚姻观念就是受人役使、主宰，所以有这样经历的女孩成年后都有对抗男性的倾向，为了不受异性的伤害，她们转而对同性发生兴趣，变成同性恋者。

如果这个家庭中的母亲专横跋扈，说话刻薄，整天唠叨不停，那么情况就会反转过来。这种家庭中的女儿就会像妈妈一样尖刻、挑剔。我不是说笑话，有一条社会经验，有的男士相亲时，不看女方本人怎么样，而是首先看未来的岳母怎么样，因为有其母必有其女。而这样家庭的男孩则时时处于防御状态，警惕着母亲对他的控制，害怕遭到家里任何人的责骂，因为不仅母亲厉害，有时就连姐妹和阿姨也会参与进来管教他，对他群起而攻之。这样，男孩会感到家庭氛围的压抑，性格变得内向、畏首畏尾，不想接触社会。他开始对异性采取排斥的态度，因为他害怕所有的女人都是尖刻而蛮横的人。谁都不想受人辖制，他干脆对所有异性避而远之，如果一个人的生活兴趣就是对人生的逃避，那么他的生活将障碍重重。每当他遇到事情需要做出判断时，他都会这样问："我是征服者，还是被征服者？"在他们人际关系的天平上，没有平等可言，只能是你强我弱、你胜我负的关系。

作为一家之长的父亲，他的职责可以这样概括——妻子的好丈夫，孩子的好父亲，社会的好公民。他必须妥善地处理好人生的三大问题——事业、友谊、爱情，他是家庭的守护者而非统治者，在家庭问题上，他应该与妻子很好地默契配合。他应该充分重视妻子在家庭中的重要地位，而不是贬抑妻子，他应该懂得在照顾家庭和保护家庭的同时，还要平等地与妻子合作。有一点是我们必须强调的重点：父亲是家庭中的主要经济支柱，由于收入主要来自父亲，父亲很容易把自己看成挣钱的大佬，以此为资本，以施予者自居，把其他家庭成员看作接受者。但是，管理家庭是夫妻共同承担的责任，一个和谐美满的婚姻真相是，父亲挣钱只是家庭成员中的分工结果。但很多父亲不能理性地认识这一点，他认为自己挣钱供别人花，他的经济地位应该让他成为家中的主宰者，这是错误的想法，在一个家庭中，应该避免发生任何不平等的事情。

所有父亲都要弄清一个事实，我们今天的文化过度强调了男性的强势地位,由此带来的结果是,在结婚之后,妻子怀有某种程度的担忧,害怕自己受到支配或控制而处于劣势。男性应该看到妻子在家庭中的作用,她虽然不能像他那样挣钱来养家,但妻子在家庭中有另外的分工,并不逊色于他。不论妻子对家庭的经济收入是否有贡献,只有平等的合作关系才是家庭生活的基础,至于谁挣了钱,钞票究竟属于谁之类的问题没有讨论的价值。

父亲给予孩子的影响至关重要,很多孩子的一生中,父亲在他们的心理上的影响都很有分量,有的父亲被孩子视为楷模,有的父亲被孩子视为死敌。父亲作为男人,拳头硬,惩罚孩子的事儿通常都是由父亲出面完成,体罚的痛苦给孩子造成的伤害远远不止皮肉之痛,还有心理上的伤痛。所有凶暴的教育方式永远不会修成正果。不幸的是,在家庭教育的惩罚方面,往往由父亲来充当施暴的角色,这样就给孩子传达了一个错误的结论:母亲根本不能教育好孩子,因为她是软弱的,要想让孩子"改邪归正",非要父亲的力量助一臂之力。我们常听到母亲对孩子这样讲:"你等着吧!看你爸爸回来之后收拾你。"母亲的这种言论无疑让孩子有了一个错误的判断——男人才是家里的统治者,才是生活中的主宰者。这等于无意中引导孩子崇尚男权,征服才是硬道理,因为生活的终极权威就是拳头硬的男人。同时,孩子和父亲的关系也会发生微妙的变化,慢慢变得不友好,孩子因为害怕父亲而逃避与父亲交流合作。也许有的母亲出于某种私心,唯恐自己惩罚了孩子会使孩子和自己的关系疏远,所以将矛盾转嫁到父亲身上,其实这也并非问题的解决之道,如果孩子知道了是母亲支使父亲干的,孩子会因为母亲"召集救兵"的行为愤怒,母亲想要保住与孩子的关系也保不住了。还有的母亲在孩子调皮时常用"我会告诉你爸爸"的话来企图起到威慑作用,其实,这句话的副作用很明显,可以想象,孩子在心目中会对男性在生活中的权威做出怎样的判断呢?

如果父亲能够卓有成效地处理好人生的三大问题,他将成为家中的主心骨,在家里他会很称职地扮演好两个角色——好丈夫和好父亲。在社会上他也会与人为善,左右逢源,且朋友众多,"有朋自远方来,不亦乐乎"!因为交往范围广,无形之中他将家庭融入到了更大的生活圈子中。他不会固步自封,也不会把自己限制在传统观念之中墨守成规。这样,家庭之外的影响通过他融入了家庭,他也将孩子引导到如何与人合作、如何关注他人的社交层面。

但是,有一点必须注意,丈夫和妻子应该有共同的朋友圈,不要各自为政只注重培养自己的交友范围,否则会形成危险的局面。当然,我这里并不是强调他们必须如影随形,"公不离婆,秤不离砣",绝不能有私人空间,而是要他们在共同的社会群体中和谐相处。打个比方,如果一个丈夫不想把妻子介绍给他的朋友认识,这当中一定产生了问题,此时丈夫的关注重点已经转移到家庭之外了。这会使孩子的成长偏离最初的良好愿望,父母应该让孩子懂得家庭是社会的一部分,这样的教育不是靠说教,而是靠力行,家长应该用一种和谐大家庭的概念影响孩子,让孩子知道在家庭之外,还有很多值得信赖的人可以作为朋友交往。

如果父亲与他自己的父母、兄弟姐妹关系融洽,这就说明他有良好的合作能力。但他也必须得走出家庭独立生活,当然,他脱离自己的父母兄弟过自己的生活并不意味着他不爱自己的至亲,或者与他们决裂今后老死不再往来。有的时候,会出现早婚的情况，两个人在尚未具备独立生存能力就结了婚，这个时期他们之间的关联会扩展到两个家庭。当他们说到"家"这个词时，指的是他们父母的家，如果两个人婚后仍将各自的父母看成家庭的中心，并依赖父母生活，那么他们的家只能是父母的家，而不是自己建立起来的爱巢，这是一个考核与相关人合作能力都有关的问题。

有时，丈夫的父母心生妒意，他们很想掌握自己儿子生活中的家庭琐事，任何细枝末节他们都要打探一番，什么事都想从中插一杠子，这种惹是生非的行为常常会给儿子的新家庭惹出很多麻烦。妻子会怀疑公婆对自己不满意，并且也不能接受公婆干涉自己生活的行为，这种干预会激起妻子的愤怒，当矛盾终于爆发后，很难收拾局面。尤其是那种不顾家人反对而独自做主的男人，在婚姻中遇到这类事的概率很高。清官难断家务事，我们很难判定说父母就是过错方，如果父母对这门婚姻持反对意见，他们的工作应该做在儿子结婚之前，在儿子结婚之前表明态度，并晓之以理，说服儿子同意他们的意见。可是既然儿子已经结婚，他们就只有一条路可选——使儿子的婚姻幸福美满，捣乱无济于事，只会给儿子的婚姻添乱。大千世界，芸芸众生，人与人之间的矛盾无法避免，丈夫应该理解，无须为此烦恼。他最高明的做法是拿出有力的事实来证明父母对他的婚姻持反对意见是错误的，以此来证明自己当初的选择是正确的。夫妻二人没有必要委曲求全去顺从父母的意见，维系自己小家的幸福是首要选择，当然我们提倡大家和谐相处，如果公婆做任何事多为儿媳和他们的家庭着想，很多不必要的麻烦都会避免。

父亲在一个家庭中最高的期望值是有一份好工作，担起养家的责任，成为家中的主心骨。在这些方面，他的妻子或许可以给他提供帮助，或者孩子长大后能成为他的帮手，但是在西方文化中，经济重任的主角仍是男人。所以，他必须在职业方面训练有素，精通自己的专业，积极工作，勇敢面对一切困难，并且对自身的优势与劣势有充分的了解，善于与人合作。此外，他不光要在家庭中赢得尊重，而且在社会上也要赢得尊重。

实际上，工作的意义远不止于此，父亲还要通过自己的工作态度，为孩子树立一个好榜样，让他们能像父亲一样勇敢面对困难。所以，这就要求他通过实践探索，有成功处理问题的方法和一份对人类有益、他也乐在其中的工作。不管他对自己的工作如何评价，衡量成败的标准是他的工作可以为人类做贡献。我们也无须把目光集中在他的自我说法上，因为人多多少少是有虚荣心的，如果遇到一个总是夸夸其谈、自高自大的父亲，我们会感到很失望，但是如果他的工作的确对大众利益有贡献，他说出来的事实并非子虚乌有，那他自我夸耀几句也无伤大雅。

现在，我们来谈谈爱和婚姻，这是一个怎样创造和谐幸福的家庭的问题。丈夫首先要做关爱自己妻子的模范，这是建立和谐家庭的重要基础，如果一个丈夫对妻子的冷暖漠不关心，他的薄情寡义很容易让妻子绝望，他们的婚姻必将走向崩溃。如果一个丈夫是个心思缜密的男人，他就会对妻子所关注的事加以关注，当然这首先得建立在爱的基础之上，因为他对妻子有爱，爱屋及乌，他会喜欢妻子喜欢的东西，刻意培养与妻子的共同兴趣，总之，他会把自己应该给她提供幸福作为追求的目标。当然，并不是说将注意力集中在某人身上就是爱的唯一表达方式，和谐相处也是对爱的表达。丈夫取悦妻子的方式是多种多样的，他不仅是她的丈夫，也是她的朋友；他不仅跟她有夫妻之爱，而且有朋友情谊。只有夫妻双方都将二人的共同幸福置于个人幸福之上时，才会有真正意义上的合作，只有双方对对方的兴趣高于自身的兴趣，才是真正的爱情。

有一点丈夫一定要谨记，对妻子的爱不可在孩子面前有出格的表现。夫妻之间的爱和他们对孩子的爱是完全不同的两码事，二者不能相提并论，但二者之间也没有任何冲突。如果父母当着孩子的面卿卿我我，那种亲昵的场面会使孩子心生嫉妒，孩子会感到他的幸福受到了威胁，担心父母专注于两人世界的爱，会降低对自己的关爱。这样，孩子为了阻止父母之间的爱，会在父母之间挑拨离间，搞些鬼把戏。

从古到今，性的问题都不容忽视。夫妻之间的性关系对维系家庭和谐起举足轻重的作用。同等重要的是当孩子遇到性问题的困惑时，对父母的解答能力是一个考验。一般来说，男孩的困惑由父亲向男孩解释，女孩的困惑由母亲向女孩解释。父母一定要把握好分寸，只解答孩子提出的问题或他们在所处年龄阶段应该知道的问题，点到为止，不要想当然地认为要让孩子知其然还要知其所以然，问题说深了反倒弄巧成拙不好收场，切记不能主动去讲那些他们没有提问的问题。现在有一种不恰当的倾向，父母告诉孩子这方面的事情远远超出了孩子们所能理解的，这反而是为他们在这方面的好奇心添了一把火，使得孩子要打破砂锅问到底，可是以后，当他们还没有准备好应对的兴趣感受时，他们已没有"性"趣了，性对他们来说已是一件毫无圣洁之感的事。如果随便给孩子谈性经验，或者不向孩子解释任何性知识而含糊了事，都是没有益处的。最好的方法是找到孩子的好奇点，就事论事地做出解答。我们一定要珍惜和孩子建立起的信任感,要让孩子感到我们的真诚,这有益于与他们的合作延续下去。我们真正应该关心的是帮助他们寻找问题的解决之道。如果父母的方法明智,就不会产生大的偏差。

"钱不是万能的,但没有钱是万万不能的。"这句话道出了经济在家庭中的地位,但夫妻之间切记不可常常围绕钱的问题来说事儿。对于一个自己不能赚钱的女人,她对钱的敏感程度会甚于男性,如果她受到奢侈浪费的指责,她会感到内心深受伤害,甚至远不止钱的问题,可能还会延伸到个人尊严方面。经济问题也应该是家庭问题中的一部分,这个问题的解决仍然需要以合作的方式。妻子和孩子都应该明白家里的经济可承受的范围,没有理由对父亲施加压力,要求丈夫支付能力以外的开支。从一开始起,金钱问题就应该有透明度地摆上桌面,夫妻之间对家庭的收支都要做到量力而行,双方如果能达成一致意见,就不会有施舍或被剥夺的争端。

身为一家之长的父亲,他很清楚只靠金钱是不能保证孩子的未来的,凭他的社会经验他应该看到过很多这方面的例子。有一个美国人写了一本很有意思的书,我饶有兴趣地读了这本书。书中的故事主角是个穷苦人家出身的人,后来这个穷人转变了自己的身份,成了一位富翁。他当然对过去的贫穷心有余悸,所以他想让自己的后辈永远富贵,他去咨询一位律师,希望律师给他出个主意。律师问他想要确保富裕几代人,他回答说希望富裕十代。律师说:"这没问题,你能做到的,但不知道你想清楚没有,你的十代子孙中,每一个人都有五百个以上的先辈跟你存在血缘关系,这些人都会坚称是你的后代。你能承认这些子孙吗?"

这个故事说明，即使我们创造财富是为了荫及子孙，事实上，我们的付出却是为整个社会做贡献，无论为后代留下什么，其实都是在为整个社会服务。

一个和谐的家庭，不能有统治者存在，和谐的家庭需要夫妻的通力合作，这关系到在子女教育问题上的成败，在教育子女的问题上，父母应该协调配合，保持一致。父母一定要记住一点，无论是父亲或是母亲，都不要在对待孩子的问题上偏心眼，如果父母对某个孩子表示出过分的宠爱，由此带来的不良后果常常是我们无法预料的。我们发现，童年时期的孩子如果出现心情压抑的表现，根源就在于他亲眼看见父母怎样宠爱他的兄弟姐妹，而他却被忽视，这种不平等的待遇对儿童时期的孩子来说，危害很大。也许你会说这样的结论没有依据，那我们可以举出一个事实来证明，那些在家里受到父母平等对待的孩子，他们心情开朗，没有人会表现出沮丧。如果父母重男轻女，女孩就会产生自卑心理。孩子幼小的心灵是非常敏感的，这种敏感会捕捉到生活中的细枝末节，如果他发现父母对他的宠爱不如对其他的孩子，他的心里会蒙上一层阴影，而且性格很容易发生叛逆，甚至走向极端，生活中有很多失败的例子可以说明，导致一个人走上错误道路的罪魁就是他的父母对他的忽视。

不可否认的是，一个家庭中的父母总是有意无意地对家中优秀卓越的孩子更加偏爱。这种来自内心的欣赏本身并没有错，错在表达的方式上，如果我们利用一些技巧和办法，将这种偏爱巧妙地隐藏起来，这对维系兄弟姐妹的关系大有益处。否则，这个优秀的孩子会让别的孩子相形见绌，差一点的孩子会感到自卑和沮丧，丧失自信。这个优秀的孩子反而会因为他的出色而陷入困境，其他孩子会嫉妒他，拒绝与他合作。父母嘴上声称自己对待孩子是公平的，这远远不够，他们还需要仔细观察，看孩子们心中有没有萌生被父母偏待的疑虑。

对孩子的关注与忽视

孩子们为了赢得父母的喜爱，他们会开动脑筋想出一套方法来赢得父母的关注，老实说，很多孩子都精通此道。比如，被过分宠爱的孩子往往害怕独自待在黑暗中，其实并非黑暗本身让他们害怕，而是想利用害怕黑暗的恐惧心理来赢得母亲的呵护。有一个被溺爱的孩子，只要一到黑暗的地方就会大哭。有天晚上，母亲在另外的房间听到了他的哭声，母亲进来问道："你为什么哭？"他说："我怕黑。"但这位母亲很了解自己的孩子，明白他大哭的意图，所以说："我过来以后，是不是就不那么黑了？"可见，黑暗并不是他真正惧怕的东西，他害怕黑暗只是不想和母亲分开。他所有的情感、力量和心智都专注于营造一种境景，他要创造一种能和母亲在一起的情景，迫使他母亲不得不到他身边来，此外，他还有别的手段，比如哭闹、喊叫和不愿睡觉等方式，总之，他要制造麻烦来吸引母亲，让母亲守护在他身边。

在教育学家和心理学家研究的课题中，有一样感觉对研究者们很有吸引力，那就是"恐惧"。然而，在个体心理学中，恐惧的原因并不是关注的重点，重点是探究恐惧的目的。几乎所有被溺爱的孩子都有恐惧症，恐惧成了他们赢得别人的关注的理由，这个理由被他们顺理成章地植入了自己的生活方式，成为自己人生态度的一部分。他们可以利用恐惧成功地将母亲控制在身边。胆小的孩子都是在父母的溺爱中长大的，娇生惯养，他们的愿望就是永远被别人宠爱。

经常做噩梦是被溺爱的孩子的一个显著特点，他们常在梦中大哭大叫，醒来后还被噩梦中的情景纠缠，要父母哄好一阵子才行。对这种病症我们并不陌生，如果将睡眠视为清醒时的相反状态，就始终会被梦魇困扰。事实上，睡眠和清醒并非对立状态，二者其实是同一事物的不同状态罢了。孩子在梦中和在白天的行为方式如出一辙。当他一心想要改变现状以谋求更加有利于自身的目标时，经过练习和经验积累之后，他会对实现目标驾轻就熟，找到那条有效的路径，比如，各种适用的观念、场景和记忆等要素，在睡梦中，这些都活跃在他的大脑中。有过几次经验后，一个被溺爱的孩子会发现这是一条获得关注的捷径，由噩梦衍生的荒诞情绪可以将母亲随时带到自己身边。有些被宠爱的孩子即使在长大成年之后，仍然会继续做着各种焦虑的噩梦，梦中的恐惧是一个不露痕迹的好办法，可以不动声色地赢得别人的关注，对他们来说，久而久之，这也就习惯成自然了。

烦躁和恐惧一样，都是孩子惯用的手段，没有哪个被溺爱的孩子在睡觉之前不给父母找点麻烦，要让他安静地入睡对父母来说真是奢望。孩子们想要吸引父母关注的方法实在数不胜数，他们一会儿说自己的被褥不舒服，一会儿说口渴想喝水，一会儿又说自己害怕妖魔鬼怪，还有的怕有贼。只要床边没有父母守着，孩子入睡就非常困难，有的孩子还会梦游，糊里糊涂到处走，或者从床上掉下来，有的甚至还会尿床。我曾治疗过一位患者，是个小女孩，这也是个掉在蜜糖罐里的孩子。但是很奇怪，这个被溺爱的孩子晚上睡觉从不给父母找麻烦，总是自己安静地入睡，夜里既不做噩梦，也不会半夜醒来一会儿要这个一会儿要那个，她的问题出在白天，白天总是麻烦不断。我感到非常奇怪，百思不得其解，莫非那些为了赢得母亲目光的小把戏对她来说竟毫无用处？这个女孩没有使用任何一种手段。最后，我终于找到了原因。

我问她母亲："她睡在哪里？"

母亲回答："在我床上。"

对于被宠坏了的孩子来说，生病也是一个不错的选择，所以他们很愿意生病，因为只有生病父母才会更加疼爱他们，如果想要父母比平时更纵容自己的话，生病就可以了。有一种情形很常见，孩子生病之后，诸多问题就会冒头。乍一看，似乎这些问题应该归咎于生病，是由于疾病导致了这些问题的出现。然而事实并非如此，实际情况是在他病愈之后，他还缠绵在生病期间父母对他的无微不至的关怀当中，他如果不脱离生病的环境，父母就会再像生病的时候那样对他们百依百顺。当他们康复之后，父母不再那般溺爱他们的时候，作为报复，他们就会运用问题儿童的手段。有时，当一个孩子看到另一个孩子因为生病而被父母围着团团转时，他便有强烈地让自己得病的愿望，为了达到目的，他们甚至会去亲吻拥抱得病的孩子，让自己也感染上病毒。

有一个在医院里住了四年的女孩，这四年当中，她让医生和护士宠坏了。出院之初，回到家中父母依然宠着她，几周之后，父母对她的关注渐渐冷淡下来。所以，一旦别人不能满足她的愿望时，她就会把手指含在嘴里强调说："我住过医院呀！"她想不断地提醒别人，自己曾经生病住院，努力想营造一个可以像在医院时那样的优越感。同样的行为在成年人身上也有表现，他们时常对人提及自己曾经得过病或曾经做过的手术。然而，还有另一种与之相反的情况，有的孩子平时曾让父母头疼不已，不料一场大病后却变得独立自主了，不再惹父母心烦了。就我们了解的情况，身体缺陷对于孩子来说是一个额外负担，但我们同样发现，这些缺陷不足以解释孩子身上的坏毛病。因此我们怀疑，身体康复与性格改变是否存在内在关联，促成了这种转变。

一名男孩在家中排行第二，简直就像个天生的坏儿童，他身上的问题搞得他父母不胜其忧——成天到处招惹麻烦，比如撒谎、偷窃、逃学、为人蛮横、桀骜不驯等。老师对他完全丧失了信心，认为只有把他送进教养所才是唯一的办法。就在此时，这个男孩生病了，患了髋部结核，打上石膏在床上躺了足足六个月。不料病愈后，他竟成为孩子中最老实的一个。这个现象令我们感到很意外，我们难以相信是疾病对他产生的影响，很快事实真相浮现出来：此前他总有一个错误的认识，总觉得家里的其他兄弟受到了父母偏爱，而自己则像被抛弃了一样。但在生病期间，他发现自己成了家人关注的中心，每个人都在照顾他、关爱他。这个聪明的男孩终于明白了自己以前认识上犯的错误，那个自己被冷落的想法被他抛在了一边，从而促成了他的改变。

家庭中的手足平等

现在，我们来探讨另一个重要部分，关于孩子之间的合作。如果要让孩子们有良好的合作关系，有一个前提，必须要让家里所有孩子认识到他们之间的平等地位，只有平等，才会发展出良好的社会情感，他们才会积极参与到社会中。同时，如果男孩和女孩之间由于性别的差异无法被平等看待，两性之间的关系就会持续下滑，成为一个突出的问题。有人会问："为什么在同一个家庭成长的孩子，差别竟会如此之大？"这个问题曾经有过答案，是基因构成差异。这种倾向于遗传基因作用的解释不能说服我们，在我们看来，这是极为荒唐可笑的迷信而已。我们不妨用树苗的成长来解释孩子的成长。几棵树木生长在同一个地方，但每棵树木的小环境又各有差异。其中一棵树因为得天独厚的位置，使它汲取到了更多阳光和土壤养分，这棵树的成长优势明显，由于快速生长，它必然侵占了其他树木的生长资源，它枝繁叶茂遮挡了阳光雨露，其他树被覆盖其下。它的根系四处蔓延、抢夺土地养分。如此一来，其他树木因为营养不良无法正常生长，显得矮小和枯萎。一个家庭的情况与此相似，其中一个孩子鹤立鸡群，其他孩子则必定相形见绌。

我在前面的章节里说过，父母中的任何一方都不应以家庭统治者自居。但是我们却经常看到一个事实，如果父亲天赋很高或很成功，孩子就会自惭形秽，他们会在还没努力之前就败下阵来，认为自己永远无法赶上父亲的成就，他们的性格由此就变得怯懦，心生沮丧，丧失对生活的兴趣。这种现象尤其表现在很多名门子弟身上，他们不战自溃的表现使有成就的父母和社会大失所望，孩子一方面有父母成就斐然的光环，一方面生活在成功父母的阴影下，这很容易导致后辈自暴自弃。所以，如果父母在各自的领域中事业有成，不妨在孩子面前降低姿态，与家人低调相处，否则，孩子的成长势必受到抑制。

同理，在孩子之间同样会存在这种情况。假如一个孩子特别出色，他自然会获得众多的赞许，得到很多关注和喜爱，这虽然对他本人来说是件乐事，但由此会引起其他孩子的嫉妒，嫉妒对心理的影响是很坏的，由嫉妒产生的不平心理会引发一系列不良后果。任何人都不可能甘居人下，毫无怨言地默默忍受被轻视的待遇。一个优秀的孩子会损害到其他孩子，被损害的孩子由于心灵成长缺乏滋养，使他们在成长过程中失去内在的精神动力。当然，即使如此，其他孩子对追求优越地位的努力也不会停歇，并且会永无止境地奋斗下去，但他们的目标有可能向偏离主流，或是向缺乏社会意义的方向上发展，进而伤及社会。

家庭中的排行

孩子的出生顺序是个很有趣的问题，这是一个有诸多利弊及相互关联的问题，个体心理学在这方面取了很大的突破，在这片广阔的研究领域中，我们从最简单的形式出发做一个假设，假设父母关系和谐，并尽心尽力抚养子女。即使在这样的前提下，仍不是风平浪静，每个孩子在家庭中的地位仍能对其产生巨大影响，每个孩子的成长环境也因此会有很大的不同。我们在此重申，在同一家庭中长大的两个孩子，成长环境也是有差异的，而每个孩子成长的环境决定他们的人生态度，所谓适者生存，为了与自己的成长环境相适应，孩子的生活方式也会随着改变。

（1）长子女

当一个家庭中的第一个孩子降生时，这个排行老大的长子都是当前的"独生子",但好景不长,过了一段时间,他下面的弟弟或者妹妹陆续出生,这个老大必须适应环境的改变而调整自己,强迫自己接受新的环境。第一个孩子出生时,他凝聚了全家人的目光,所有的关爱都聚集在他身上,这种被宠爱的角色使他逐渐习惯于成为家庭的中心。但是,第二个孩子降生后,在他毫无任何准备的情况下,他的独子地位被打破了,他猝不及防地被拉下了宝座,他不再是独子了,曾经集万千宠爱于一身的他发现,另有一人夺走了他享受万千宠爱的特权。现在,他必须学习一门以前不曾学过的功课,学会与别人共同分享父母的爱。这样的改变会对他们产生巨大的冲击,很多问题儿童、精神疾病患者、罪犯、自杀者、酗酒者和性变态者的扭曲心理基本上都肇端于此。家中最大的孩子,对其他孩子的到来有深刻印象,而他独一无二的地位一夜之间被人抢占,这种地位被剥夺的感觉会牢牢地印刻于他一生的生活方式中。

　　排行老二的孩子也很难幸免这种经历,如果还有更小的孩子出生,他同样会有被剥夺宠爱的经历,一夜之间失去自己的特殊地位,但有一点区别,他没有老大那么强烈的感受。因为从他一出生就已经有人与他共同分享双亲,他从未独自霸占过任何关爱,并开始了与其他孩子合作的经验。然而对于家中长子女来说,这却是翻天覆地的变化。如果他们的确是因为其他孩子的出生而受到了忽略,要他很服气地接受这样变化的现实是很难的,所以,当他因此愤怒怨恨,我们也不要对他们横加责备。当然,维系这个局面全在于父母的教导艺术,如果父母有足够的信心让孩子在成长中感受到他们的爱,知道他们的地位无人可以取代,尤其重要的是要引导他们和父母一起迎接要降生的弟弟或妹妹,并且教导他们一起学会看护新生儿，那么他们心里的怨恨就会因为关爱而转移，不会由于新生儿的降生而受到如此大的负面影响。然而，事实往往不能尽如人意，他们还没有做好接受弟弟妹妹的准备，父母也的确因为其他孩子的降生而分散了对他们的注意力。所以，遭到忽视的他们就开始千方百计要寻求母亲的关注，重新找回父母的爱和青睐。有时，我们会看到两个孩子为了争宠，同时向母亲争夺关爱，谁都想左右母亲，夹在当中的母亲为了一碗水端平而在两个孩子中间疲于奔命，就像陀螺一样在当中被抽得团团转。

　　作为家里的头生子，老大都有体力上的优势，在体力优势的支持下，他总能想出更多的点子、运用更多的手段。我们完全可以想象得出，他在这样的环境下会采取什么样的行动。如果我们和他处于同样的位置，与他所追求的优越目标相同，那么也一定会采取和他同样的做法。我们会跟母亲处处过不去，制造各种麻烦，与她对抗，采取各种行为使得母亲不敢忽视我们。长子女的行为就是这样，他们会使出各种伎俩整得母亲很头痛，这种对抗的后果是，最后母亲的耐性终于到了尽头，长子女可以调动的一切资源也耗尽了，当他们已经无计可施的时候，母亲也反感至极，对他们不断制造的麻烦厌倦了。这时他们才真正尝到了没有人关注的滋味。为了争夺父母的爱，他们极力去抗争，结果落得聪明反被聪明误，他们真正体会到了什么是彻底失去了爱。他们感觉被人冷落了，实际上，他们因为他们的行为也真的被人冷落了。他们为自己的失败辩护："都是他们的错，我早知道会这样！我自己是正确的。"这就像一头野兽掉进了陷阱，挣扎得越厉害陷得越深。他们的处境变得如此糟糕，无论什么时候，他们看到自己的处境时,都会确定他们没有错,他们坚信自己的想法是正确的,寻找各种理由为之辩护,既然直觉如此支持他们的想法,那他们有什么理由放弃抗争呢?

我们面对任何这类型的争斗案例,都必须详细研究其主体的生活环境。如果母亲拿出与孩子相同的姿态,与他针尖对麦芒,孩子就会变得暴躁、难以控制、刁钻古怪和桀骜不驯。当孩子对抗母亲时,父亲会在母子冲突时给孩子提供他重新受宠的机会,他会因此掉转头去亲近父亲,努力赢得父亲的关注和宠爱,所以家中的长子女通常更加倾向和依赖父亲。我们可以肯定,一旦孩子开始对父亲发生兴趣,这意味着他们的成长进入了人生第二个阶段。孩子早期必然是依恋母亲的,但现在母亲开始失去孩子们的依恋了,他们的兴趣转向了父亲,并以此作为对母亲的报复。如果一个孩子偏爱父亲,我们很容易就会做出判断,他一定曾经遭遇过挫折,或一度被人忽略或拒绝。这些事在他们的记忆中挥之不去,这段经历的阴影会对他们的人生态度产生影响,他们的整个生活方式的建立都将围绕被拒绝这个中心。

这种争斗不是一时之争,通常将长期存在,有时候甚至终其一生。既然这个孩子已经训练了如何斗争反抗,因此他在任何环境中都倾向于斗争,随时准备战斗。他心目中没有值得他牵挂的人,也没有志同道合的朋友,他丧失了与其他人交往的信心,认为从此无法赢得别人的喜欢,脾气越来越坏,变得内向保守。他会坚持让自己适应孤独,不但沉默寡言,而且易暴易怒和特立独行。这种孩子的所作所为都指向过去,他们的一切表达都与过去发生联系,只想沉浸在过去那些消逝的时光之中。

所以,老大的身上总有一种眷恋时隐时现,那是他们对过去的兴趣。他们喜欢重提当年旧勇,却对未来缺乏信心。身为一个家庭中的长子,他们有那种小王国中曾经的统治权和掌控权,因此他们总能更深地体会到力量和权威的重要性。当他们成年之后,他们会热衷玩弄权术,并过分夸大规则和制度的作用。他们认为任何事都必须遵循规则,不容规则被更改。权力应该掌握在那些被赋予权力的人手中。这时,我们就能理解童年时期的经历对他之后的思想产生了何等重要的的影响。如果这种人一旦得到了令人瞩目的地位,他整天就会疑心重重,时时怀疑别人会在背后算计他,有图谋不轨之心,想取代他的职位。

家庭中的"老大现象"给个体心理学出了一道特殊的题目,我们在研究中发现,虽然长子女们会引发很多令人担忧的问题,但如果善加利用,坏事可以变成好事。比如,如果家庭中有小弟弟或小妹妹出生之前,父母就教导他们学会合作,教他们懂得爱,懂得将爱分享给他人,这样,伤害就不会发生了。我们发现有些老大身上有很多值得欣赏的品质,他们很乐于为他人提供保护和帮助,并将为他人带来幸福视为己任。他们经常学习与父母配合照料弟弟妹妹,有时候,他们在弟妹面前部分地承担起父母的角色,他们做弟弟妹妹的长兄和师长。因此,他们也会锻炼出很好的组织才能,当然,这都是从积极方面来考量的。然而,也有极端化的负面作用,他们提供的保护会让弟弟妹妹滋生依赖心理,不知不觉滋长了他们统治别人或控制别人的欲望。

以我个人在欧洲和美国的经验,我发现问题儿童比例最大的是长子女,其次就是最小的孩子。这真有趣,他们是家庭构成的首尾两个极端,然而,极端的位置带来的却是最大的问题,就我们目前的教育方式,还没有找到成功击中发生在长子女身上那些问题的潜在靶心的方法。

(2) 次子女

在家中排行老二的位置很不一般,这个位置之所以非同寻常,原因就在他从一出生起就开始与别的孩子分享父母的爱,就这一点来看,确实是其他孩子无法相比的。比起长子女们来说,次子女天生更容易与人合作。如果老二头上的老大不以老大自居而打压他,他处在那个位置是很安逸的。排行老二的孩子有一个特殊之处,他的前面始终有一个先行者,自始至终,总有一个孩子比他成长得更快,所以他的生活中有一个极为重要却不可改变的事实存在——他的生活中始终有一个与之竞争的对象。这个事实无形中对老二是一个激励,他必须奋起直追,才能确保自己不会落伍。在老二身上表现出来的特征就使他的生活就像参加一场竞赛,有一个领跑者永远在他前面一步之遥,为这一步之遥,他必须拼命追赶。这就是次子女在家庭中的特殊之处,他们一直都在鼓励自己不能松懈,他们需要追上甚至超越哥哥或姐姐。

《圣经》中有许多精彩篇章让我们看到难以想象的心理学见解,在《旧约·创世记》中,最令人瞩目的老二就是雅各。雅各的哥哥名叫以扫,这两兄弟是一对双生子,哥哥出来的时候,浑身通红而且有毛,如同披了一件皮衣,所以给他起名叫"以扫"(以扫就是有毛的意思,以扫又叫"以东",以东就是红的意思)。紧随其后的弟弟用手抓住哥哥的脚后跟出生,因此给他起名叫"雅各"(雅各就是抓住的意思)。这个用手抓住哥哥脚后跟出生的细节,是个不可思议的现象,生动地解释了身为次子的人一生的生活目标。雅各终于抓住一个机会,用一碗红豆汤使以扫让位于他，雅各不仅夺走了以扫的长子名分，后来还征服了以扫，成为以色列十二支派之父。由于老二总是不甘心居于人后，他一直在努力超越老大。所以，老二常常能获得成功。次子女往往显示出他们比老大更具有才华，关于这一点，我们还无法从遗传原因方面做出合理的解释，我们只能说如果次子女更占有先天的优势，是由于他们的不断努力，促使他们进步得很快。以至于成年之后，在离开家庭独立生活以后，他们仍然会挑选一个优秀于自己的目标，作为自己超越的对象。

这些特征并不是在我们清醒的时候才呈现的，而是有一条痕迹体现在他们所有的性格表达中，最突出的是更容易发生在睡梦中。比如，老大常常梦到从高处跌落，这样的梦境与他们处于顶端的位置有关，因为他们虽然所处的位置在人前，但却不能保证这种优势的稳固性。老二则常常做与人比赛的梦，他们在睡梦中的场景都是在激烈的比赛场上参加赛跑，或者奔跑着追赶火车，或者与人比赛骑自行车，等等。这些匆忙紧张的梦常常包含着明确的暗示，我们通过这些梦很容易猜到，这个人在家中一定排行老二。

但是我们不得一概主观判定世间万物一成不变，言行举止老成持重的人就一定是家中的老大，事实并非如此，环境才是决定性格的因素，而不是出身顺序。在一个大家庭中，较小的孩子有时会有和老大一模一样的生活环境。早些时候，也许先出生的前两个年龄差距很小，尔后的孩子老三隔了很久才出生，然而在老三之后又有其他孩子出生，这样，我们就可以发现老三跟老大一模一样的行为特征。而在老四和老五之后的某个孩子身上，我们又会发现典型的次子女的性格特征。无论如何，如果年龄相近的两个孩子与其他孩子拉开了较大的年龄差距，那么，长子女和"次子女"的特征就会在这两个年龄阶段的孩子身上出现。

处在老大的位置是赢或输，二者必居其一，这是所有老大的选择。如果在与弟弟妹妹的竞争中老大失败了，我们就会发现在他身上开始出现问题，这些问题很可能导致他走上错误的人生道路。但是如果老大地位稳固，他就会成为弟弟妹妹的领导者，甚至是独裁者，压制弟弟妹妹，那么问题就会在老二身上凸显，成为很多麻烦的始作俑者。尤其当老大是男孩而老二是女孩时，老大的处境会非常艰难。他时时处在被女孩打败的风口浪尖，如果他连自己的妹妹都搞不赢的话，他会颜面丢尽，这意味着今后他在社会上不能维持自己的尊严。所以男孩和女孩之间的竞争比同性之间的竞争更激烈。

女孩在这场比拼中天生就占有优势。十六岁之前，女孩无论在生理还是心理方面，都比男孩成熟得早。所以，一般情况下都是哥哥主动放弃竞争，变得懒散消极，一蹶不振。这样的例子并不鲜见，比如，他用吹牛撒谎等拙劣手段来掩盖他已经败于妹妹的真相。看到这种情况的出现，我们就可以由此断定，胜者一定非女孩莫属。我们看到男孩开始向歧路滑去，江河日下，而女孩则轻装前进，一路势如破竹，老大自动为妹妹撤去了障碍。如果一个家庭的父母对危机有所预见，并采取行动防患于未然；如果一个家庭中的每个家庭成员都能够平等合作，并且有十足凝聚力的氛围，这些不良后果是完全可以避免的。一个和谐的大家庭不能有对立存在的空间，也不应由于某个孩子受到威胁而把时间耗费在勾心斗角上。

(3) 幼子女

幼子女是家庭中最小的孩子,他们与其他孩子的不同之处在于他们没有弟弟或妹妹,所以,其他孩子的地位几乎都会受到威胁,但幼子女的地位却无人取代。他没有紧随其后的弟弟妹妹,却有很多竞争者。他永远是家里的宠儿。几乎所有因为娇生惯养而出现的问题都有可能出现在他身上,但是由于他的竞争对象很多,由于受到刺激而产生的鼓励也最大,所以反倒是家中发展最好、进步最快的孩子,幼子女的地位是一成不变的,这一点已被历史经验所证明。幼子女往往是奔跑在最前面的孩子,古代的很多事例为我们讲述了家中最小的孩子如何超越他的哥哥姐姐。

在《圣经》里,最小的孩子往往都是征服者。约瑟是雅各的第十一个儿子,他下面的弟弟便雅悯是在约瑟出生多年后生的,在这之前,约瑟一直被当作家中最小的孩子抚养,所以便雅悯的出生并未对约瑟的成长造成丝毫影响。约瑟是雅各年老时生的,因此雅各爱他超过其他孩子,特地给他做了一件彩衣让他穿上。作为家里幼子待遇的约瑟,典型地反映了幼子生活模式的特征,即使在梦中也是征服者。约瑟曾经做过两个梦,一次梦见他和哥哥们在田里捆禾稼,他捆的禾稼站立在田间,而他哥哥们捆的禾稼却围着他的禾稼下拜。后来,他又做了第二个梦,梦见太阳、月亮和十一颗星向他下拜。这两个梦使约瑟的哥哥们心生恐惧和嫉妒,于是合谋要除掉他,哥哥们借在外放羊之机,把约瑟卖给米甸的商人,被以实玛利人带到了埃及。约瑟在埃及寄居的时候昌盛发达,被埃及法老委以宰相职位,治理埃及。多年以后,饥荒肆虐中东,约瑟的哥哥们从迦南下到埃及,"脸伏于地,向他下拜",跪在约瑟面前乞求梟粮以渡饥荒。约瑟在家中反末为首，后来者居上。

最小的孩子常常成为家庭支柱这一现象绝非偶然。人们对此有很多切身感受，常常可以听到他们讲述幼子女的故事，盛赞老幺有本事。显而易见，幼子女在家中的处境非常优越，哥哥姐姐都会帮助他们，他们得到很多激励雄心壮志的机会让他们奋力拼搏，而且没人在背后追击他们或分散他们的注意力。

前面我谈过，问题儿童都比较集中地体现在长子女和幼子女身上，幼子女在问题儿童中排名第二位，溯其根由，主要原因是整个家庭对他们的溺爱。一个被纵容的孩子总是不能够自强自立，他们缺失自立拼搏与追逐成功的勇气。幼子们的志向总是远大的，但在他们野心勃勃的面纱之下，则是性情懒惰的真相。而懒惰往往是野心与勇气不足的混合体，好高骛远的志向都是空中楼阁的幻想，不太现实。有的时候，幼子女不承认自己有远大抱负，当然这并不是他的真实心理，他是希望自己在任何方面都出类拔萃，希望不受任何约束，独占鳌头。幼子女还有一个明显的特征，他们常常受到自卑感的困扰，因为他们身边的人都比他年长，比他强大，比他阅历丰富。

（4）独生子女

独生子女也存在特有的问题。即使他是独生子女，他同样绕不开竞争和挑战，但他的竞争对手不是兄弟姐妹，而是指向父亲，这听起来有点匪夷所思，其实一点儿也不奇怪。独生子女都会生活在母亲的羽翼底下，母亲生怕失去他，撑起一把保护伞把他庇在荫下，这种时时刻刻在母亲保护之下的独生子，渐渐会产生"恋母情结"，他们就像母亲的影子一样，整日牵着母亲的衣角亦步亦趋,甚至排斥他们的父亲,不让父亲和母亲接近。这种情况需要父母精诚团结,让孩子同时对双亲都产生兴趣,把孩子的关注力分散在父母两个人身上,这种排斥父亲的情况才会避免。但是,一般而言,由于男主外、女主内,父亲对家庭内务的付出总会少于母亲,这就给独生子和母亲相处创造了机会。独生子女的表现有时跟长子女很相似:他们都希望超越父亲,而且喜欢与年长者共事。

假如有人对一个独生子女说"你该有个小弟弟或小妹妹",这话会让他惊恐不安,这是独生子女的通病,他们都唯恐由于弟弟妹妹出生而使自己的优越地位被更小的孩子占领。独生子女都希望自己永远处于焦点位置,在他们心目中,这是他们天经地义的特权,一旦地位遭到威胁,那他们简直无法接受。在他们后来的生活中,当他们已不再是关注的焦点,各种考验便接踵而来。谨小慎微,患得患失的家庭环境,是另一种妨碍独生子女成长的危险因素。如果父母因为身体条件失去生育能力,那他们所面对的就是尽其所能解决好独生子女的所有问题。但在具有生育能力的家庭,父母却不敢拥有更多的孩子,这些父母胆小悲观,没有勇气承担更多子女的教养问题,家庭氛围压抑而紧张,孩子也难逃瞻前顾后的困境。

如果几个孩子的年龄差距较大,那么他们每个人都有独生子女的特征,这是一个不容乐观的情况。我们常听到这样的提问:"一个家庭要养育子女,其年龄间隔几岁最好?究竟年龄连着生好,还是多隔几年好?"依我个人的经验,我认为间隔三年左右最理想。因为三岁的孩子已经具备了合作能力,当家庭中有弟弟或妹妹出生,他都坦然接受,因为他已懂得一些合作精神,同时也能理解一个家庭可以拥有不止一个孩子。如果孩子才一两岁,他很难听懂这个道理，他对某些观点还不具备理解能力，这个时候我们要引导他接受这个事情的难度很大。

如果家里只有一个男孩，其他都是女孩，那么这个男孩的日子会很难过。假如白天父亲在外上班或者因为工作原因长年不在家，他只能一头扎在女性的包围圈中。他眼前晃来晃去的都是女性——母亲、姐妹，或许也有女仆，他现在是如此地与众不同，与她们格格不入，即便有一大家子人，他的内心也是孤独的。特别是遇到某种情况发生，家中女性联合起来"教育"他，要他明白他没有什么了不起的，或者，她们认为应该在他成长过程中帮助他。不管出于哪种动机，这种情况一旦发生，势必发生大量冲突。如果这个男孩的排行处于中间位置，那对他的处境更是雪上加霜。如果他位居长子，妹妹们会紧随其后，随时可能把他拉下马来。如果他是家中幼子，那他就会毫无悬念地被宠坏。

在女性集中的环境中长大的男孩通常不被别人接受，如果让他们学着积极参与社会生活，在与其他孩子的相处中懂得与他人合作，这种问题就会迎刃而解。由于长期处在女孩的包围之中，这样的男孩言谈举止都会倾向女性化，对他成年之后男性的阳刚之美多少有点影响。

纯女性的环境与男女混合的环境是有差异的。我们以家居环境为例，在没有统一管理的公寓楼中，女孩的房间干净整洁，物品摆放规规矩矩，甚至色彩搭配相得益彰，所有细节看似信手拈来，实则用心良苦。再到一群男孩的住处看看，简直叫人大跌眼镜，房间里脏乱不堪，破损的家具胡乱地重叠在不恰当的位置，物品摆放也杂乱无章，甚至在床上扔满了衣服。但是，在女性环境中长大的唯一男孩就会培养出一些女性品味，他们做起事来往往有女孩的视觉和习惯。

另一种情况是，这种环境会激起他的反抗，拒绝接受这种氛围，特别要展现自己的男子汉气概。他把自己的个性和优越地位看得神圣不可侵犯，同时内心也有担忧，处处设防，防备被女性操控。所以，他总有一种挥之不去的紧张感，长此以往，他的性格发展会走向两个极端，不是强大无比，就是软弱无能。反之，假如一个女孩生活在一群男孩中间也会如此，她不是极端的女性化，就是充满男性气息，在她一生中，无助和缺乏安全感无时不在地困扰着她。这种情况很值得我们研究和探讨。再者，这种事情的发生不是时时都有，所以在尚未深入研究更多的案例之前，我们切莫妄下定论。

我探究过一些成年人的案例，几乎无一例外都会从中发现他们童年时期的烙印，他们对童年发生的事情包括细枝末节都终生不忘。家庭出生顺序的排位在他们的生活方式上留下的印记，也是他们永远无法忘记的。所有成长中的困难都是因为家庭关系的僵化、内部竞争以及缺乏合作精神所引起的。我们不妨观察一下周围的环境，审视一下我们平时常常看到的敌对情绪和竞争现象，我们会发现，竞争和对立是其中最引人注目的部分，溯其根源，乃是人们对成为征服者的渴望，乃是处处想超越他人。这是一个人童年时期形成的优越目标形成的结果，是由于当初在家庭中遭遇到不公平待遇的孩子努力竞争的结果，对此，我们只有一条路可走——培养孩子的合作精神和合作能力，这样才能从根本上改掉孩子身上的坏习惯，才能避免束手无策的恶果。

第七章　学校的影响

变革中的教育

　　学校作为家庭教育的延伸，对孩子的教育不足有弥补的作用。如果父母对于孩子的教育可以独包独揽，也有能力培养孩子掌握解决生活中各种难题的能力，并且能教育孩子形成正确的人生观、价值观，那么，学校就没有存在的意义了。在古代，孩子的教育工作基本上由家庭来承担，工匠要教育儿子学习手艺，将他的技能传授给下一代，并且教他们如何从父辈或者祖辈那里学到技术，并在实践中悟出诀窍，总结出个人的经验。随着社会的发展，人类的个体经验已跟不上时代的要求，当今文化对我们提出了更复杂的要求，孩子接受父母教授的知识显得很有限，还需要学习父母身上一些没有的东西，这一部分教育就需要学校来完成，继续开启父母未竟的教育，这样，不但可以延续父母所传授的技术，还能学习更多的人生哲理，促进社会的快速发展。

　　欧洲的学校教育经历过多种发展阶段，对人生的各个阶段贯穿始终，但是传统教育也有欠缺，权威主义传统的残余影响在欧洲教育史上有不可磨灭的印记。最初在欧洲，只有皇室成员或王公贵族才有接受学校教育的资格，他们也由此跻身上流社会，成为尊贵的人。而不够资格接受教育的人只能安分守已，不敢有所期待。

后来，对社会有益的人范围越来越大，宗教机构成了教育事业的主体，人们可以在神学院得到关于神学、艺术、科学和其他专业的培养。

如今，随着科学的进步，陈旧的的教育方式和时代的需求已不相适应。所以，扩大教育范围势在必行。以前，在一些乡村或城镇，由当地的鞋匠或裁缝出身的人兼任教师，他们上课时手持戒尺，常常体罚学生，教学效果差强人意。那时在学校里只能教授宗教、技术和科学方面的知识，甚至国王也是白丁，不会看书写字。后来，工业革命的兴起，对教育事业的改革起到了推波助澜的作用，社会对人类的要求有了新的要求和标准，即便是工人也需要识字，会阅读、计算、画图。由此，出现了公立学校的雏形。

但是，这些学校都是应政府的要求而设立的，政府建立这些学校的初衷是培养为上层阶级利益服务的人员，说白了就是要培养既有文化又听话的工具，并且还要能文能武，一旦开战，可以拿起武器作战，所以，学校的科目也是应这些要求而设立的。我至今还有印象，在奥地利一度还保留着这些科目，主要用于对最底层的民众进行培训，使他们成为听话的良民，服从政府管束，安分守己地工作。但是，随着时间的推移，这种教育模式的弊端暴露出来。工人阶级逐渐壮大，自由思想之花遍地盛开，诉求的呼声也越来越高。为了顺应时代要求，公立学校逐步形成了现代的教育模式：儿童应该学会独立思考，应该多多接触了解文学、科学和艺术方面的知识，长大以后有能力为人类的文明谋求福祉，并分享人类文化。我们让孩子接受教育的目的，并不仅仅是让他们求得谋生的手段，不仅仅是让他们有能力完成没有技术含量的劳动，而是要他们成为为人类的发展争取共同利益的伙伴。

教师的角色

"古之学者必有师,师者,所以传道授业解惑也",这句话高度概括了教师的角色。事实上,所有倡导教育革新的人都是想寻找一种让人类合作程度更加紧密的方法,只是我们还不知道个中底细而已。比如,要求性格的培养就是如此,如果我们对这一点有了理解,性格培养的合理性就显而易见了。但是,从总体而言,性格教育的目的和技巧尚未为我们所熟知。这就对我们的教师提出了要求,教师的职能不仅要教会孩子们谋生的本领,还要培养孩子的品德,培养他们为社会做贡献的思想。所以,教师必须首先具备引导孩子们的资格,必须要对这一项非常重要的任务铭刻于心,并努力践行。

性格教育的重要性

如今,性格训练的方法还在探索阶段,摸着石头过河,那条可行的路在何方?目前还没法准确掌握,所以,要很彻底地纠正人性格方面的缺陷,还有待时日。即使是学校这样的教育系统,性格方面的培养试验成效依然不大。孩子们在进校前已在家庭教育中受挫,他们的性格缺陷即使上学后受到了训练和教导,也很难匡正,常常旧病复发,一再犯同样的错误。所以,我们只好把目光转向他们的教导者,寄希望于提高教师的素质,使他们尽量帮助孩子在学校里健康成长。此外，暂时还没有第二法。

为此，我也曾在很多学校走访过，通过大量的工作，最终得出调查结论——维也纳的学校在这方面的成就领先于世界。在世界其他地方，同样有心理医生参与诊治儿童并提供指导意见的做法，但有一点不能忽略，如果教师与他们的观点不能达成一致，心理医生的指导意见不能被教师所接受，进而有效地付诸实施，这种做法有什么意义？心理医生每周会到学校出诊，他们与孩子会时常见面，甚至每天见一次，可是他们对孩子这些毛病的真正成因并没有了解，是源自家庭环境的影响，还是源自学校环境的影响？他们并没有摸到底细，所以，无的放矢的治疗是收不到效果的。心理医生在处方上开出方子，写明这名学生要加强营养，或者接受甲状腺的治疗；也许还会传递给老师一个暗示，暗示对这个孩子给予个别指导，教师并不知晓心理医生暗示的原因何在，也找不到如何才能避免犯错的办法。这时，只有教师对孩子的性格了如指掌，否则根本无从下手给予他们帮助。所以，我们需要心理医生和教师的密切配合。教师只有清楚地了解心理医生的目的，并对孩子的病情有深入的了解，在与心理医生就孩子的问题共同讨论后，才会得到一个最佳的治疗方案。万一有什么始料不及的事情出现，即使心理医生不在场，老师也能沉着应对。要想达到这样的效果，最实用的就是参照维也纳那样的做法，建立各种顾问咨询中心。具体的实施方法我将在后面的章节详细论述。

一个到了学龄的儿童刚刚踏入校门，他遇到的第一件难事就是面临全新的生活考验。这时候，本次考验会毫不留情地将他成长过程中的种种缺点暴露无遗。在他的眼界内，在这个较之以前更为广阔的环境中，他要与人展开合作。如果他是个在家中被宠坏了的孩子，那么，让他离开家人的呵护，融入其他孩子当中去享受平等的地位，这对他来说简直如脱胎换骨那么难。所以，有这样经历的孩子第一次跨进校门，我们就可以发现他受到限制的社会情感。他很可能会大哭大闹，哭喊着想回到父母身边。他对功课没有兴趣，对老师也没有兴趣，他自始至终想到的都是家。他无视老师的教导，因为他只想以自我为中心。他是否一直维持这种唯我独尊的状态，我们只看一个方面就很容易判断，他的学习成绩总是落后于其他孩子。我常常听到一些父母抱怨说自己的孩子在家里是很乖的，可是一进学校毛病就多起来了，变得很调皮很难缠。我想，这个孩子在家里一定是娇生惯养的，家庭和学校不一样，没有什么约束和考核，所以他的问题基本上体现不出来；进入学校后，他失去了在家中被宠爱的地位，所以他就会感到很失落，觉得自己成了失败者，于是各种问题纷至沓来。

我举一个案例来说说，有个孩子跨进学校的第一天，他身上的坏毛病就很突出，他对学习没有任何兴趣，但对老师说的话感兴趣，只是他的兴趣是负面的，老师每说一句话都要遭到他的嘲笑。被他搞得下不了台的老师很头疼，感觉他是一个问题儿童，而且是脑子有毛病的那种。我见到他时，问他："你为什么总是嘲笑老师所说的话呢？"

他说："父母把孩子送到学校是他们有病，学校会搞低我们的智商。"

后来我得知，他在家中常常遭受别人的愚弄，当换了一个新环境后，以为这个环境针对他的仍然是捉弄他的翻版。我认为他对个人的自尊看得太重，他在学校的一切行为都是为了保护自尊。我告诉他没有人整天想捉弄他。后来，在我的指导下，他的兴趣开始转向了学习，功课也慢慢好了起来。

师 生 关 系

教师的职责不仅仅是教授知识给孩子，还要明察秋毫，敏感地发现孩子的问题，并且要协助孩子的家长纠正错误。有的孩子在家里时已经学会了关注他人，这为他接受更为广阔的社会打下了基础，所以进入学校这种环境对他们来说如鱼得水。还有一些孩子没有做好任何准备，他们在被迫接受的新环境面前，手忙脚乱，遇到问题时会表现出迟疑畏缩的状态。适应新环境缓慢的孩子绝非智力有问题，他们踟蹰不前的原因是还不知道如何去适应社会，不知道如何与人交往。这时，有一个最适合帮助他们融入新环境的人选，这个人就是老师。

老师首先要将自己的角色转换成一个母亲，与孩子建立起亲密相处的纽带，吸引孩子的关注。孩子能够对与他亲近的人表现出多大的兴趣，是决定他今后能在多大程度上改善的关键。要调整一个孩子的兴趣，训斥和惩罚是最糟糕的手段，只能适得其反。如果一个孩子本身就对学校的环境持抵触态度，用训斥和惩罚来强制他融入学校环境，会进一步加深孩子的错觉："我猜得没错，学校果然是令人讨厌的地方。"我得说，换了是我在学校常常受到老师的批评和责骂，肯定想离老师越远越好，我会想方设法脱身，逃脱学校的束缚。

可以这样说，那些逃课、顽劣、成绩差、难以管教的孩子讨厌学校的原因多数是人为造成的。这些孩子并非天生低智商，从他们编造逃学的理由或者模仿家长笔迹、伪造信件，都可以看出他们天资聪颖，然而在学校却受到贬低，几乎没有人发现他们的优点。然而，当他们走出校园，和那些逃学的"老大哥"混在一起的时候，他们在这里获得的赏识比在学校获得的多。所以，他们很愿意成为这个圈子的一分子，为了体验那种在学校不曾有过的成就感，认为这个群体才是体现自己价值的地方。就此我们就了解了，那些在班里被视为另类的孩子，为什么很容易被问题少年组织吸引，从而被犯罪分子诱骗上犯罪道路。

学习兴趣

老师如果想吸引孩子的注意力，必须要先了解这个孩子以前的兴趣是什么，并且要鼓励他相信自己，既然在以前感兴趣的方面有成就，其他方面一样会取得成就。尤其当孩子在某一件事上建立了信心之后，转移他对其他事物的信心相对比较容易。所以，我们从一开始起就要了解这个孩子认知世界的方式，是什么激发了他的兴趣，以及他的特别之处。发现他用得最多的感官是哪一种，有的孩子喜欢观察，有的喜欢聆听，有的则极为好动。视觉型的孩子对需要使用眼睛的科目感兴趣，比如地理或绘画。但是如果老师只讲课，他们就会觉得索然无味，因为他们对听课没有兴趣，他们的兴趣在于能有机会在视觉方面发挥作用。这样的孩子需要用眼睛来接受学习的东西，否则他们的学习进展会很慢。比如，他们听老师讲课时总是心不在焉，这时，他们就会受很大的误解，有可能被认为是缺乏天分或者家族遗传因素导致的智力驽钝。

当一个孩子的优势被忽略,这是教育的失败,家长和老师有不可推卸的责任,因为他们没有用正确的方式激发孩子的长项。在此,我声明一下,我并不提倡对所有孩子进行早期的特殊教育,我的见解是,我们可以从他们的兴趣着手,诱导他们由一种兴趣到对其他方面的兴趣。现在,有一些学校开始采用视听结合的授课方式,比如,在传统教学中融入绘画和使用模型,用这种教学方法实在是一个很好的发展趋势,值得大力推广。其实,我们的课程应该放在社会大背景下融会贯通,这是最佳的教学方式,因为孩子可以直接感受到课程的实用价值和学习的目的。我常常听到这样的提问:"到底是我们让孩子接受知识重要,还是培养他们独立思考的能力重要?"其实,这两者是有机结合的整体,缺一不可。比如,教授数学的时候植入盖房子的事例,可以让孩子计算用木材的数量、可以住多少人等,这样对教育孩子是非常生动有益的。

许多教师都有将教学和生活的各个方面相结合进行分析的经验,教学相长,这是很有益的。比如,老师在和孩子散步时,一路上看到的植物、农作物、景物,都是很好的教学题材,老师可以教孩子们认识各种植物的名称、辨识它们的结构、用处、习性,以及在什么样的气候条件下它们的长势如何,还有景观的地形地貌特征,人类农耕史等,观察学生对什么最感兴趣。当然,前提条件是老师必须真正对自己教的孩子有兴趣,否则教育的目的性将无从谈起。

课堂里的合作与竞争

在现行的教育模式下,我们发现孩子在刚刚跨入校园时,心理上都有充足的竞争准备,他们更适应竞争而不是合作。而在他们求学的全过程中都会存在强烈的竞争意识,这对孩子们来说是一种不幸,不管他们在竞争中占了优势或是落后于人,都是一场灾难。那些占有优势的孩子其实和那些成绩不佳的孩子一样痛苦。这都是因为他们的自私心理作祟,始终把目光聚焦在自己身上。他们的生活目标不是合作与贡献,而是最大限度地获得自己的利益。比如,家庭是一个整体,其中的每一个成员都是平等的,同样,在学校的班级中也应该如此,平等关系的环境下培养出来的孩子才会真正关注别人,才有可能对别人感兴趣并享受合作。

我曾见过很多"难弄"的儿童,当他们认识到同学之间的平等关系后,他们的兴趣转向了与同学的合作,因而改写了自己的人生态度。在此,我举一个特殊的例子:有一个孩子在家中不被重视,他觉得家里的人都在与他为敌,后来他进入了学校,脑子里依然有这种想法,认为所有人都对他心怀敌意。他的学习功课很差,回到家里常常受到父母的训斥,这本来是很常见的事。他在学校考试拿低分,老师责骂他;回家后,又会招来父母的斥责。其实,只一次责骂他就很难受了,再来一次,他会怎样想呢?于是,孩子泄气了,自暴自弃,专门在班里捣蛋,惹是生非,学习成绩一落千丈。直到他遇到了一位老师才出现了转机。这位老师非常理解他的处境,老师向班里的同学们解释了这名孩子为何认为所有同学都与他为敌的原因,并要求同学们帮助他,拿出诚意来让他相信大家的善意。于是,同学们主动向他靠近,他感受到了大家的友好和温暖。后来,老师的引导使这个孩子在成绩上和行为上都取得了出人意料的进步。

  有人怀疑,难道孩子们能真正理解并帮助他人?其实这正说明我们对孩子还没有真正了解,以我的经验看,孩子们比长辈更能理解同龄人的心。有一次,一位母亲带着两个孩子来到我家,一个三岁的男孩和一个两岁的女孩。女孩爬上了台子,妈妈顿时吓着了,颤抖着声音说:"下来!快点下来!"可是,女孩却充耳不闻,没有任何反应。不料,小男孩上前发话:"站在那里,不要乱动!"女孩一听,乖乖地主动爬了下来。这名男孩比他母亲更了解妹妹,知道在这种情况下应该如何应对。孩子们通常都理解自己需要的是什么,这种心理活动是长辈们无法预知的。

  我认为,让学生自行管理班级不失为一个培养合作精神的好方法,我们也常听到这种建议,但必须要在老师的监督和指导下进行自治,我们必须小心谨慎,以确保孩子们已经做好了充分准备,不然,孩子们有可能并不能认真实行自治,反而误解其义,把这看作是一种游戏,行事过于随意,或者执行时比老师更严厉苛刻,或者争强好胜,利用职权攻击别人,为自己争取高人一等的优越地位。因此,老师从一开始起就要给以足够的劝告和观察,否则会适得其反。

评估儿童的发展

在对孩子的培养过程中，我们难免要采取各种测验来测定孩子的智商、性格和社会发展能力。我们必须承认，智力测试的办法有时确实可能会给一个孩子的命运带来转机。比如，一个男孩的学习成绩很糟糕，老师考虑让他留级，通过测试，结果发现他的智力完全可以升级，因为他应付更高年级的课程不在话下，所以他得到了继续升级的机会。但有一点我们必须认识到，我们可以测试孩子的智力，但无法预测孩子的潜力大小，也就是说，我们无法预知这个孩子今后的发展极限。智商只能探明这个孩子的问题所在，以便找出办法来解决。以我的经验来看，只要这个孩子的测试结果不是智力特别低下，我们只需运用正确的方法，这些孩子就会发生改变。我发现，凡是参加智力测验的孩子，都会从测验类的试题中摸到其中规律，他们会积累做题经验，很轻易地攻破难题，这样，他们的测试结果当然是高智商。因此，智商的测试和孩子未来的潜力并没有必然联系，不应该把智商看成遗传天分而自我归结于命运，这对孩子的未来发展会产生限制。

智商测试只是教育中的一种辅助手段，测试的结果只能在一定范围内有知情权，孩子或其父母都不能告知，否则他们会先入为主地设定极限。他们对测试的最终目的并不了解，会误将这一结果看成是最终判决。教育的最大问题不在于孩子行为上的限制，而在于他们思想上的自我设限。如果孩子知道了自己智商测试的分数很低，就会丧失自信，一蹶不振，他们会自我裁决认为自己与成功无缘。在教育过程中的亮点就是，增强孩子对自己的兴趣和自信，并破除他们给自己能力加上的束缚。

有时候，成绩单也是一个导火索。比如，老师给了一个学生低分，老师的本意是想以此来激励这个孩子。可是，遇到那些父母严苛的家庭，差生对成绩单畏之如虎，他们拿到成绩单根本不敢回家，或者妄加涂改企图蒙混家长，甚至会冒出极端的念头，比如自杀。所以，老师应该充分考虑到差生成绩单带来的严重后果，老师虽然不能对学生的家庭生活和影响负责，但必须将可能由此带来的后果纳入考虑的范围。

对于那些望子成龙的家长来说，一张差评的成绩单很可能引发一场家庭地震，家长很可能对带回差评成绩单的孩子实施家庭暴力。老师如果宽容一点，评分的时候宽松一点，也许就是对孩子最大的鼓舞，他会努力进取并取得不错的成绩。一个总是拿着一张糟糕的成绩单的孩子，会被公认为班里的差生，他自己也会逐步接受班里最差的评价，认为自己就是扶不起的阿斗。但事实上，即使最差的孩子也能进步，很多卓越的人才并非从始至终学习优秀，我们可以从杰出的伟人中找出许多范例来证明这一点：即使是学校中的差生，只要能恢复自信和学习兴趣，同样可以取得伟大成就。

有一个现象很有意思，孩子们不借助成绩单，就可以准确地对各自的能力进行测定。他们对谁的特长是算术，谁的特长是绘画，谁的特长是体育等方面了如指掌，并且知道他们的能力高下次序。但是，他们常常错误地认为这种测定是固定不变的，遇到那些优秀的孩子，他们就觉得自己永远不能望其项背。如果这种思想在孩子的脑海里根深蒂固，那么他就注定一生都会受到禁锢，难以有所作为。即使成年后，他总是喜欢估算与他人的差距，并心甘情愿地落后于人。

在学校里还有一种现象，优等生、中等生和差生的成绩水平几乎都在自己的范围内徘徊不变。我们要杜绝一个并不科学的假说，认为这就是天生遗传的因素所致，这个事实绝对不能成为天分高低的判断，实际上这是因为孩子们的自我设定限制束缚了自己的积极性和活跃领域，他们以为自己天生就是这块料，上，上不去；下，也下不来。有一种情况也很常见，那些班级里原来的差生会在一段时间内发生巨大转变，成绩突飞猛进。所以，教师和学生都应该明白，自我设限所犯的错误就是自己的思想束缚了自己的发展，应该破除"遗传决定一个人的智力和能力"的迷信。

天分与培育

在教育所犯的错误中，危害最大的当数"遗传决定成长"的迷信观点，这也常常是父母或老师用来开脱自己责任的借口，借此逃避他们应该负有的责任，把一切失败归咎于遗传因素。这是我们要极力反对的不负责任的行为，如果一个教育者认为遗传因素是决定人的智力和能力的决定因素，说句实话，我实在不指望持这种观点的人能在他从事的领域里有任何成就，是不是差生注定以后就不能有所作为，答案是——不！事实确实并非如此。所以，老师或父母都应该知道自己的态度和工作在孩子的成长过程中所起的巨大作用，不能逃避责任。

我在此处指的遗传并非生理遗传，生理缺陷的遗传基因没有争议。但个体心理学所研究的遗传问题专指人在心智上发展的独特作用，身体有缺陷的孩子注定在行动上会受到一些限制，所以他们会依附自己的生理功能给自己的发展设限。其实，并非身体的缺陷影响智力的发展，而是他们对生理缺陷和未来发展的看法和态度。所以，当面对一个生理有缺陷的孩子时，我们一定要让他知道身体残疾并不会影响其智力和能力的发展，这一点非常重要。在前面的章节我已经提到，生理缺陷可能会成为激发他潜能的巨大动力，也可能成为他后续发展的最大障碍。

我首次将这一观点公诸于世的时候，顿时遭到群起而攻之，他们批评我的学说没有科学依据，纯属一己之见，是将个人信念凌驾于客观事实之上。然而，我的结论来自于我的亲身体验，现在，已有很多证据为这一结论提供了支持。很多精神病专家和心理学专家也摒弃了延续几千年的遗传学观点，转而赞成我的结论，承认性格中的遗传因素这一说有迷信成分，那只是人们为了开脱责任时用宿命论来解释人类的行为。但是存在几千年的迷信，仍有它的市场，一旦有人想要逃避责任时，遗传论的观点便会跳出来为之辩护，他们武断地判定孩子的善恶在出生的那一刻就已定性，其实这纯属谬论，它只是那些拼命想逃避责任的人熟练运用的借口而已。

事实上，"善"与"恶"与其他性格一样，都是特定环境下的产物。它们是在社会环境下人类在特定的环境中相互作用产生的结果，它们的意义在于对一个人的行为作出的判断：是"有利于他人"，还是"损害他人"。一个婴儿刚刚出生的时候，脑子里绝对没有这方面的意识。出生以后，他的潜能发展方向有无限可能，在他以后成长的过程中，自身所处环境和身体接受了不同的印象和感受，这对他选择发展方向会起到很大的作用，而教育在其中具有举足轻重的影响。

目前，智力的遗传证据还不够确凿。就我们知道的而言，兴趣在智力发展中扮演了重要角色，然而，影响兴趣的因素并非遗传，灰心和恐惧才是阻碍兴趣发展的拦路虎。毫无疑问，大脑的结构是由遗传而来的，可是它只是心智的工具，而非思维产生的源头，而且大脑的损伤还没有糟糕到就我们目前所掌握的技能无法克服的程度，完全可以通过适当的训练得到弥补。在那些出类拔萃的人身上，我们看到的并非超常的基因，而是持久的兴趣和训练。

历史上有的家族世代为社会输送了杰出的人才，即使这个家族拥有众多天才人物的产生，仍不能将其归结于遗传，这是因为家庭中的成功人士对其他成员的影响和互相激励。总的来说，家庭传统和期待可以使孩子具有继承前人业绩的思想，他们可以在实践中培养自己的能力。例如，伟大的化学家李比希的父亲曾是药店的老板，但我们不能就此说李比希的化学天分就是他父亲遗传的。当我们深入了解后，发现他的生活环境允许他追逐自己的兴趣，他对周围环境产生浓厚兴趣之时，与他同龄的孩子还对化学常识一无所知，正是这先人一步的提前起飞，使他成为世界闻名的"有机化学之父"。

莫扎特的父母是音乐发烧友，异常喜欢音乐，但莫扎特的音乐成就也不能归结于遗传所致，而是他的父母对他的期待，希望他取得音乐方面的成就。在父母的鼓励下，莫扎特的幼年生活充满了浓厚的音乐氛围，环境是他取得成就的基础。在众多杰出人物身上，几乎都有"起步较早"的现象，所谓"早起的鸟儿有虫吃",他们在四五岁时就开始弹钢琴,在很小年纪的时候,就会就将家中的人和事写成有趣的故事。他们的兴趣一直持久不衰,接受的训练也自动而广泛,而且从不对自己感兴趣的事情持怀疑态度,而是信心十足且异常坚定。

孩子们都喜欢给自己设限,他们认为自己只有某一方面的能力,如果老师也认同孩子们的做法,他们就不会对孩子的发展有帮助。比如,老师说:"你没有数学天赋",这句再简单不过的话就可能彻底打垮孩子的信心。我自己就有感同身受的经历:在学校里的很多年里,我一直是一名数学差生,最后,我灰心失望了,确定自己在数学方面没有任何天赋。然而,就在我打算放弃这个科目时,有一天,我竟解出了一道连老师都被难倒了的习题,突如其来的成功让我彻底颠覆了之前的态度。我开始对数学产生兴趣,并且抓住一切机会提高数学成绩,后来,我的数学成绩直线上升,在学校里名列前茅。从一个数学低能儿到数学尖子生,我的亲身经历让我看到了特殊天才论和先天能力论的谬误。

性格类型的发展

对一个在专业方面接受过训练的人来说,辨别孩子的不同个性和对待人生的态度简直就是小菜一碟那么轻松的事儿。他可以从一个孩子的言行、姿势、观察方式、聆听方式、与其他孩子的距离、交友的难易、注意力和专注力的强弱等方面,对这个孩子的合作能力作出准确的判断。如果一个孩子常常忘记完成作业或是把课本乱扔乱放,这个孩子必定对学习没有兴趣,下一步的问题是，我们要找出他不爱学习的原因。一个不喜欢加入同学之间游戏的孩子，说明他内心一定是孤独的而且有专注自我的倾向。如果一个孩子做作业时总要寻求帮助，毫无疑问，这个孩子缺乏独立性，他总是渴望能得到别人的支持和帮助。

有些孩子只有在赞美和表扬下才乐意完成作业。很多被家人过分宠爱的孩子只要得到老师的关注，他就会在学业上有出色表现；如果老师忽略了他，他的毛病马上就冒出来。他们的表现好像那些热衷于观众捧场的演员，一旦没人注视他们，他们一下子就泄气了。这样的孩子在数学科目方面很差劲，他们能轻松地记住公式和规则，但不能学以致用，一旦到了解题关头，就一筹莫展了。

这些毛病乍一看似乎没有什么大碍，但恰恰这种总是乞求旁人帮助和支持的孩子，却是对他人利益危害最大的人。如果他们的这种行为不能得到纠正，等成年后，他们仍然会一直乞求他人的帮助和支持。一旦遇到人生的难题，他们首先会把目光投向他人帮忙解决。这样的人终其一生都不能造福于社会，只能成为社会和他人的累赘。

还有一种喜欢张扬的孩子，他们时时想要成为关注的焦点，一旦被人忽略，他们就会以恶作剧、调皮捣蛋来引起别人的关注，或者扰乱课堂秩序，或者带领其他孩子逃学，成天惹是生非。训斥和惩罚对这样的孩子来说效果等于零，根本起不到任何作用，还会适得其反，使他们更加得意。他们宁愿被惩罚，也不愿被忽略。他们的破坏行为只有一个目的，换来别人的关注。很多孩子视惩罚为挑战，很乐意接受这种挑战并且故意与你对峙，看谁能坚持得更久，最后，往往他们是赢家，因为他们占据着有利的主动权。这样的孩子在接受父母或老师的训斥时，根本不会掉一滴眼泪，反而会幸灾乐祸。

懒惰的孩子几乎都有野心勃勃同时也很害怕失败的特点，除非他们利用懒惰作为武器对抗自己的老师或父母，否则他们一定是有雄心壮志却又害怕遭遇挫折的孩子。"成功"一词在每个人的眼里有不同的解释，而有些孩子对"失败"的定义的确会让我们大吃一惊。比如，如果不能在所有事情上独占鳌头，就等于失败了。其实懒惰的孩子根本没有尝到过失败的滋味，他们根本不懂什么是真正的失败，因为他们还没有阅历，还没有接受过任何真正的考验。他们总是躲躲闪闪，逃避困难，总在作出决定时举棋不定，不知道该不该与人决一胜负。这不禁让人感到遗憾，假如他们不那么懒惰的话，他们会攻无不克。而这恰恰给了他们一个躲避问题的理由，于是他们会说："如果我想去做，没有什么事做不成。"但当失败临头，他们又会拿出新的说辞："我只是因为懒，并不是没有能力。"以此来赢得自尊。

有时，老师会对那些懒惰的学生说："其实你很聪明，只要努力一些，你就会成为班里最优秀的学生。"老师的妥协带来的直接后果是，懒惰的孩子不费吹灰之力就赢得了肯定，然后他会在同学们关注和羡慕的目光中得意洋洋。那么，既然不努力也可以赢得肯定的评价，那又何苦还要冒险去努力？也许有一天，当他变得不再懒惰的时候，人们终于看到他并不是什么"身怀绝技"之人。这时，别人终于看穿了他的西洋镜，不再相信他只是出于懒惰不想发挥而已，而是把目光放在事实上，根据他的成绩评判他。懒惰的孩子还有一点优势，只要他稍做努力，就会得到别人的称赞。所有的人都认为对他的赞扬开始生效，至少这个孩子开始发力了，为了激励他，便不住地给予他夸奖。可是，勤奋的孩子取得了好成绩,却根本没有人会在意。如此一来,懒惰的孩子就这样在别人的期待中生活,这是他从摇篮时期就形成的不劳而获的习惯。

还有一种类型的孩子必须引起我们的注意,那就是在孩子中间充当"孩子王"的人。人类无论何时都不能缺少领袖,但只有那种真正能够最大限度地服务于民众的领袖才符合实际的需求,而这样的人物却少之又少。喜欢在同伴中当头儿的孩子感兴趣的是如何驾驭别人,只有他处在统治和支配别人的情况下,他才会参与到伙伴们的群体中去。这类孩子未来的前景不免令人堪忧,他们在以后的生活中发展相当艰难。如果两个这样的人冤家路窄走到了一起,不管是婚姻,或是经商,或是交友,要么以悲剧结束,要么以闹剧收场。因为他们都想寻求控制对方,获得自己优势地位的机会。有时,家长看到一个备受宠爱的孩子对其他孩子发号施令盛气凌人的行为会觉得很好玩,还怂恿孩子们继续。但我们很快就会发现这是很失败的做法,这种做法严重地阻碍了孩子与他人平等合作的性格发展,对他们将来融入社会不利。

孩子们的性格五花八门,各不相同,教育的目标并不是将他们都打造成一种类型或者塞进一个模子里。我们要做的是尽力纠正那些明显会导致他们走向失败或困境的毛病继续发展下去,这些毛病在童年时期相对比较容易纠正,就像一棵树,当它是一棵幼苗的时候,扶正树干比较容易,而一旦长成大树再来扳正就难了。有这些毛病的孩子纠正得越早越好,不然,等孩子长大成年后,后果将会很严重甚至具有破坏性。童年时期的毛病和成年之后的失败有着不可忽视的联系,我们从那些极端案例中可以看到,精神疾病患者、酗酒者、罪犯或自杀者,大都是在童年时期就没有培养起合作精神的孩子。

童年时期的焦虑性神经官能症会使孩子害怕黑暗、陌生人和新环境。忧郁症的病人在儿时总是哭闹不休。在现实环境中，我们无法做到与每一位父母接触，为他们纠正错误提供帮助，况且那些最需要得到建议的父母，却从不接受咨询和帮助。但我们还有一样指望，可以走近老师，通过老师我们得以接触到孩子，可以尽量纠正孩子们已经出现的错误，同时，还可以培养他们独立自主的精神，以及富有激情、乐于合作的品德。这就是谋求人类福祉的最大保障。

教学工作观察

如果一个班级人数很多，这很有利于我们了解孩子们之间的个性差异。但是，也有其不利之处，一些孩子将问题隐藏起来，使老师无法找到症结所在，所以拿不出对症下药的解决方法。这就要求我们的老师要深入了解每一名学生，不熟知他们的性格就无法投其所好吸引他们的兴趣，也就无从谈起培养他们的合作互助精神。我个人认为，如果一个老师能带领一批学生三至四年，这对孩子是极为有利的，因为这有助于发现并补救孩子们性格方面出现的错误。有些学校每一个学期就要更换一次老师，这样就使得老师根本没有机会真正融入孩子中间，不能跟进孩子的发展，不能发现孩子身上的问题，更无从谈起纠正错误了，这样对孩子的成长极为不利。

一般来说，跳级并不见得是一件好事，这样会让孩子肩负更多超出现实的期望。如果一个班里某位同学年龄偏大,而且比其他孩子进步更快,我们就要将他列为跳级对象。可是,另一方面的问题就会凸显出来,这个班级原本是一个团结的整体,其中一个孩子的成功会对整个班孩子的发展起到促进作用,班上有一名光彩夺目的孩子,其他孩子就会争相追赶,整个班级就会突飞猛进地发展。如果将这个孩子调离班级,显然对班里的其他孩子并不公平。我个人认为应该让那些出类拔萃的孩子参加一些课外的兴趣补充,比如绘画等。如果他们在这些方面也能取得成就的话,就会扩展其他孩子在这方面的兴趣,从而激励大家踊跃参与。

对于一名学生来说,最不幸的是留级。所有老师都一致同意这样的看法——留级生在家中或学校都是问题儿童,当然这也未必绝对正确,并不是每一个留级的孩子都是麻烦的制造者,有极少数孩子也能安安静静地重读一年。其实,不会制造出任何麻烦的孩子也会留级,但是绝大多数都是我行我素、甘愿落后,他们是班里最难调教的孩子,而且成绩一塌糊涂。他们免不了被同学们轻视,自己对自己也缺乏信心。在现行教育体制下,我们很难避免让某些孩子留级,可见这是一个不容易解决的难题。我们唯一能对这些孩子施以援手的办法是,老师可以利用假期时间来帮助这些孩子,帮他们找到形成错误人生态度的根源,避免他们留级。如果这些孩子认识到了自己的错误,也许会改正错误,摆脱以往的束缚,奋起直追,然后在下一个学期好好学习,努力获得进步。

我注意到在欧洲的学校里有一种情况,很多学校根据孩子的智力将他们分成优生、差生,分别安插进不同的班级,这种情况不知道在美国是否适用。在慢班中,聚集的全是智障儿童和贫苦人家的孩子;而在快班中,则云集了富家子弟。这种两级分化的分配是一个很不公平的现象。穷人的孩子父母每天都面临生活重担的挑战，他们根本腾不出时间来培育孩子，或者这些父母本身就缺乏教育，他们哪里谈得上会对孩子进行学前教育。

然而，我并不认为把那些缺乏学前教育的孩子划进慢班是个妥当的做法，这显然并不合适。一个称职的教师完全懂得该如何弥补那些孩子学前教育的缺失——把这些孩子和那些受过良好教育的孩子混编进一个班，这样的好处是可以让他们与那些有过充分准备的孩子交流而获益。如果将这些本身就输在了起跑线上的孩子集中到慢班，结果显而易见——他们会在快班孩子鄙视的目光中完全丧失自信，越来越沮丧，他们对个体优越目标的追求会因为被误导而逼上一条歧路，而且越走越远。

原则上，我支持男女合校的办学方针，这让男孩和女孩有机会相互了解，并且提供了一个绝佳的与异性合作的空间。但男女合校并不能一劳永逸地解决所有问题，而且也会自动生成一些特殊问题，除非这些特殊问题有特殊的应对措施。相对于男校和女校各自为阵来说，男女合校在两性之间的分歧更为明显。举例来说，女孩在十六以前比男孩发育得快，如果男孩不懂这一点，他会因为看着女孩超过自己而沮丧，这对他的自尊是一个打击，以致他成年以后仍然不敢和异性竞争，因为对早年间逊于女性记忆犹深。在男女合校执教的老师应该在这方面下点功夫，要在男生与女生之间做许多工作。而那些不支持男女合校，并且对这些问题漠然视之的老师，一定会失败。

男女合校的另一个难点在于，如果学生没有得到正确的引导并监督，性问题会不可遏止地凸显。这就是我们学校教育中的一个不可忽视的方面——性教育。这是一个很复杂的问题。试想一下，如果老师在课堂上堂而皇之地提及这一问题，对学生信口开河谈性，谈得越深入越会把学生搞得晕头转向，老师根本无从知道孩子们是否真正理解了他所讲的意思。这样做的后果只会引起孩子们的"性"趣，但却不能帮助他们在接受了这方面的知识后，如何调整自己的生活方式。如果有的孩子想在这方面知道得更多，他在私下向老师提问，老师应该坦然而真实地回答，这样老师就可以了解到孩子真正想要的是什么，也可以引导孩子在正确的途径上找到答案。但在课堂上反复谈论性并不是一个妥当的方法，课堂并不是一个进行性教育的场所，但如果过于忽视，这会让孩子对性产生误解，以为性是无足轻重的东西，不值得关注。

第八章　青春期的引导

青春期的特点

青春期是每个人走向成年的必经之路，没有人绕得开。作为人生一个令人瞩目的阶段，人的生理和心理都会在青春期发生巨大的变化，所以，青春期历来都是心理学家很重视的一个环节，因为这是一个人性格塑造的关键时期。汗牛充栋的青春期书籍几乎都在讲述一个关于孩子们面临的危险时期。青春期让成长中的孩子面临挑战，新的环境，新的问题，在这个关头，孩子们感到自己逼近了生活的前沿，他们过去生活方式中隐而未现的错误都将在这一时期冒出来，对于有经验的过来人来说，他们早已对孩子的问题有所洞察。青春期就像一针催化剂，使那些错误一天天凸显，再也不能熟视无睹。

心 理 特 征

孩子到了青春期时，最重要的一点是拿出证据来证明自己已经长大。如果我们真正能够使他相信这是水到渠成之事，那么处在这一境遇中的孩子就可以减轻很多压力。而如果非要迫切证明自己已不再是小孩子了，他们就会迫不急待地将自己的意图强烈地表现出来。

青春期行为的特征之一就是常常表现出与以往不同的行为——渴望自立、与成人平等，以及体现男性或女性的成熟气质。他们的这种行为主要取决于他们对"长大"的理解。如果他们心中的"长大"意味着不受约束，他们就会设法挣脱束缚，反抗一切限制。这是这个阶段的孩子最常见的现象。还有很多孩子开始学着抽烟、喝酒、说脏话或夜不归宿。有的孩子专门跟与父母针锋相对，使得父母大感不解，不知道为什么自己一向温顺的孩子怎么一夜之间变得如此忤逆。其实并非孩子对父母的态度发生了改变，事实上在孩子心中他们早就对父母有所不满，暗中作对，只是他们以前没有反抗能力，现在他们"成人"了，有了自由和支持他们反抗的力量，因此开始和父母公然对抗。比如，一个平时温顺的男孩，经常被父亲训斥和打骂，表面看他似乎很顺从，其实叛逆的内心一直蠢蠢欲动，等待报复的时机，等到他以为自己有能力对抗的时机到来，他就会公然向父亲宣战，对父亲挥起拳头，或者离家出走。

一般来说，青春期的孩子都会被赋予更多的自由。父母认为他们已经长大，觉得不再有权时时刻刻把他们捏在手上。如果父母以为还能像过去那样对他们严加管束，却斗不过他们人小鬼大，他们会想法设法摆脱控制。父母想让孩子知道自己还没长大，可是孩子却常常以激烈的反抗证明自己已经长大。这样的长时间对峙就会生出敌对情绪，形成孩子更强烈的叛逆心理，这就是典型的"青春期反叛"。

生理特征

青春期的时间跨度很难严格界定，一般始于十四岁至二十岁左右，但有的孩子从十岁或十一二岁就开始了青春期。此时，孩子的身体内所有器官都因为发育而出现较大的变化，这个时期，孩子身体的协调性会有明显的问题。比如，他们的个子明显长得很高，手脚也比过去大得多，但身体的灵活性却降低了。为了使灵活性跟上发育的需要，他们需要通过训练来增加协调性。在这一过程中，如果有人嘲笑或指责他们手脚僵硬不灵活，就会形成孩子的固化认识，认为自己天生就是一个笨手笨脚的人。这种嘲笑的危害程度不可低估，它可以使一个灵活的孩子真的变得笨拙。

对孩子的发育起着重要作用的内分泌腺在青春期这个关头尤其活跃，内分泌腺在婴儿时期就已开始发挥作用，但是进入青春期后，异常活跃的内分泌腺带动了第二特征的出现：男孩长出胡须，声音变粗；女孩身体变得丰满，乳房发育开始具有女性特征。接下来的问题是，孩子们开始为自己和身体变化感到不安和恐惧。

成年挑战

对那些还没有做好准备应对成年生活的孩子们来说，他们在遇到交友、爱情和婚姻方面的问题时，会变得惊慌失措。他们对自己应对这些问题的能力缺乏信心，变得胆小怕事，羞涩内敛，喜欢独自待在家里。在工作上，他们因为自己没有能力担当，从而对任何事都提不起兴趣。在爱情和婚姻上，他们不敢大胆地与异性接触，在群体中与女性交谈时，他们会脸红耳赤，笨嘴拙舌，不知道该怎样表达自己的意思。长此以往，他们会越来越感到绝望。

这种人属于极端案例中的一种，这样的人完全无法应对生活中的问题，他们不愿意看到别人，不愿意与人交谈，也不愿意倾听别人的谈话；他们没有工作的热情，也没有学习的兴趣；只想隐退到一个带有幻想的理想社会中，进行一些令人作呕的自慰行为。这是一种精神分裂症的症状，也是一种诞生于错误中的状态。如果我们能及时指出他的错误，一开始就给予他鼓励，引导他走上正确的道路，他的病是会痊愈的。但是，这个过程艰难而复杂，不是那么简单就能解决的事，我们不是从他个人的逻辑出发去考量，而是必须以科学的视角客观地分析他的过去、现在和未来，必须对他成长过程中的所有问题一一进行纠正。

说到底，其实青春期问题的出现都源自于在人生的三大任务上没有作好准备。如果孩子眼里的未来没有希望，对未来的悲观和担忧会使他选择最便捷简单的方法应对。但是，这条捷径根本行不通。如果我们采用批评、施压或警告的方法迫使孩子改正，反而会适得其反，孩子在命令或劝诫的高压下，如临深渊，举步维艰。我们越是推动他们，他们越是要退缩。此时，最有效的办法是适时的鼓励，除了鼓励他们，其他任何试图帮助他们的方法都不是解决之道，甚至还会导致相反的效果，摧毁他们处在失望、悲观和恐惧中的心灵。

被宠坏的孩子

我发现那些童年时期在家中被宠坏的孩子,到了青春期都会"失败",他们的青春期问题非常突出。那些从小就习惯于由父母包办一切的孩子,面对成年的责任,一下子会变得惊慌失措,而对承担起成年的责任,他们感到尤其艰难。不管何时何地,他们仍然要处于被宠着的地位,但是随着慢慢长大,他们发现自己不再被宠着,不再是人们关注的对象,这时,被生活欺骗的感觉会使他们对社会产生抵触,他们在惨败的地位中经营自己内心的温馨世界,而周围的世界在他们眼里是那么冷漠无情。

沉溺于童年

在这一时期,有些孩子表现出想重返孩提时代的倾向,他们会沉溺于童年的幻想之中,他们会装嫩扮稚,甚至模仿婴儿的咿咿呀呀腔调,喜欢跟比自己小的孩子玩耍,认为自己这样就可以永远稚嫩下去。但多数人还是尝试着让自己的行为举止表现出成人的风范。实际上,他们并没有真正的成年人的气魄,只会亦步亦趋地模仿大人,有时还会学着肆意挥霍,并且到处拈花惹草,制造风流韵事。

轻微犯罪

在一些棘手的案例中,我们可以看到处在这个阶段的孩子走上犯罪道路的轨迹:当一个孩子面对生活中的问题还懵懵懂懂时,外向而活跃的性格使他开始肆意而为,如果他干了一桩坏事没有被人发现,他们会窃喜自己的聪明,自以为能再次脱身。犯罪是逃避生活问题的唯一途径,一旦他们遇到问题时,尤其是在经济拮据之时,他们的犯罪念头就会冒出来,在十四至二十岁间,少年犯罪的发生率居高不下,都是处在青春期的孩子。实际上,我们看到的并不是一个不曾见过的新问题,而是在较大的压力下,他们早在童年时期就积聚起来的毛病在青春期张牙舞爪地显现了出来。

神经质行为

那些对交际没有兴趣、性格内向并处于青春期的孩子,很容易患上神经官能症。他们总是自我感觉良好,为保留自己的优越感地位寻找各种各样的理由。当他们面对生活问题却没有应对的方法时,他们就会表现出神经官能症或精神失常的一些症状。他们在困难重重的现实面前束手无策,从而导致精神方面产生巨大压力。在这种压力下,生理体质会异常敏感,所有的器官会因为受到刺激而影响到所有的神经。这样一来,身体的不适就为犹豫不决和失败提供了合理的借口。

那些患有神经官能症的病人总是心怀美好的意愿，他们并不否认社会情感与直面人生问题的必要性，嘴上声称自己愿意做好每一件事，声称自己愿意承担人生的责任，而实际上这只是说说而已，一旦问题摆在面前，他们就会忘记自己之前的承诺，将责任推卸得一干二净，最有力的搪塞理由就是身体不适，他们的整个态度都在表明："我有心解决生活中的问题，但心有余而力不足啊。"在这一点的表现上，他们和罪犯明显不同的是罪犯是公然暴露自己的恶意，责任感被犯罪欲望所压抑。到底哪一种人对人类的危害最大，我们确实很难区分孰占首位，孰占其次：神经官能症患者思想并不恶劣，但行为恶劣，为人刻薄，拒绝与人合作，挖空心思损人利己；而罪犯则思想恶劣，毫不隐蔽自己的恶意，但常与内心深处残存的社会情感纠结。

与预期相悖

我们发现，青春发育期的孩子常常表现出与预期相反的行为。比如，以前学习很好被寄予厚望的孩子开始明显逆转，成绩下降，遭遇失败。而那些资质平庸的孩子则开始反超那些优秀的孩子，展现出他们出人意料的潜质。其实这种现象与之前的事实并不相悖。那些学习不错的孩子在进入青春期后对寄予的厚望出现畏难情绪，害怕自己让人失望，这时如果他们能得到及时的肯定和赞扬，就能维持很好的状态，仍然继续向前，但是如果让他自己独立奋斗，他就会变得畏畏缩缩，怯步不前，放弃挑战。而那些以前看似落后的孩子则因为青春期获得的自由而受到鼓舞，变得信心十足，他们憧憬着实现自己抱负的阳关大道，整天浮现在他们的脑海中的都是他们对未来的新计划，他们的创造力空前爆发，对人类生活的各方面感觉充满好奇和激情，对事物的感知也很敏感。这些孩子是坚毅勇敢的，在他们眼中，独立带给他们的是不畏困难和风险，而且还会赢得更多的机遇，取得成就。

渴望赞赏与认同

那些早年在家中被人忽视的孩子，一旦与人建立了友谊之后，他们最渴望的一件事就是非常希望得到别人的欣赏。他们如饥似渴般地寻求这种欣赏。如果男孩子表现出对欣赏的关注，将是一个危险信号。如果是女孩，则是缺乏自信的表现，在她们眼中，只有在别人的欣赏中才能体现出自己的价值，因此她们很容易成为花花公子的猎物，对那些大献殷勤的男人投怀送抱。这样的事例屡见不鲜，我见过许多女孩因为在家中不被赏识，很早就开始与人有了性行为，她们这样做的意图在于宣示自己已经长大，表现出她们对心中的虚荣愿望的关注，她们怀抱的一个多年来渴望得到的欣赏终于成为现实。

我举一个例子，有个十五岁的女孩，她出生在一个贫苦家庭中，在她上面有一个病秧子哥哥，所以，母亲的全部精力基本上都放到了哥哥身上，无暇给她太多的关注，无意中遭到冷落的她没有体验到家庭的关爱。更为不幸的是，在她童年时期，父亲也得了病，这样一来，家中父子二人就"剥夺"了母亲的全部时间和关注,她就这样被悄然晾在了一旁。

处在这种境遇中的女孩特别在意被关注,她渴望被人呵护,这种呵护是她在家里从未享受过的待遇。后来,她父亲的病总算好了,可她仍然没有得到母亲的关注,因为母亲又为她生下了一个妹妹,由此,母亲的时间又要用于照顾婴儿。所以,这个女孩心理上始终有一片阴影,她认为自己在家里是唯一没有得到关爱和亲情的人。但她却是个优秀的孩子,在家里规规矩矩,在学校成绩优异,由于她的杰出表现,学校推荐她升学,上了一所高中。高中老师对她的情况一点也不了解,在这个新环境中,她一时接受不了新学校的教学方法,成绩开始一落千丈。老师对她提出了批评,她感到很失落,表现越来越差。她太渴望得到别人的赏识了,可她发现不管是在家里还是学校,都没有人赏识她,她看不到希望,非常灰心。

于是,她的生活方式开始出现问题,她尝试着寻找能喜欢自己的男人。后来,她遇到了一个男人,短暂地相处了几次之后,她便急忙离家出走和那个男人同居了两周。在她离家出走的两周时间里,她的家人非常担忧,到处找她。结果正如我们所预料的,她和男人的私奔并没有让她寻找到应有的尊重,于是她陷入了懊悔。

后来,她在绝望中想到了自杀,于是,她给家里寄去了一封信,信中写道:"别为我担心,我已经服下毒药,现在我感到很幸福。"实际上她并没有吃下毒药,看到家里人到处找她,她心里很清楚父母仍然爱着她,她还可以赢得他们的关注。所以她没有真正犯傻,她说这些恫吓的话只是想让母亲来找她,然后带她回家。假如当初女孩明白自己的所作所为只不过是渴望得到他人的关注，也许就没有后面的事了。假如在高中时期，老师对她的了解多一点，也可能会避免不该发生的问题。女孩在进入高中之前一直是成绩优异的孩子，如果她的高中老师注意到她对赏识以及对关爱的渴望，也许不会采取批评的方式对待她，她也就不会对生活感到失望。

我们再来看一个案例。这也是一个女孩，她的父母都是那种性格软弱的人，夫妻俩很希望能生下一个男孩，不幸的是，却生了一个女孩。这个女孩的降生给她的父母泼了一盆冷水，她的父母对女性角色的重要性缺乏重视，认为男尊女卑，所以他们根本不喜欢自己的女儿，这就注定了这个女孩在家庭中是个被冷落的孩子。女孩不止一次偷听到父母的谈话："这孩子长得一点也不漂亮，长大后也没有人喜欢她的。"或者："等她长大后，我们要拿她怎么办呢？"在这种充满恶意氛围的环境里，女孩生活了十多年的时间。有一次，她无意中发现了母亲的一位友人写给母亲的信，信中劝她的母亲不必总为有一个女儿而悲伤，安慰她还年轻，以后还有机会再要个男孩。

我们完全可以想象女孩看到信后的感受。几个月之后，她去乡下探望叔叔，在那里，她结识了一个有些智障的男孩，居然做了那个傻男孩的情人。她为那个男孩付出了很多，却遭到了抛弃，男孩把她甩了，但她却在这条路上走得越来越差。后来，我见到她时，她不但有了排成长队的情人，还患上了焦虑性神经官能症，她在那一长串的情人那里从未体验到丝毫被赏识的感觉，甚至连一个人出门都感到害怕。于是她来找我咨询。她的焦虑症已经很严重了，当她用一种方法仍然得不到家人的关注时，她开始转而寻求其他的办法。她采取自我折磨的手段来折磨着家人，让他们痛苦，从而赢得他们的关注。她总是无端地哭闹，还常常哭泣，威胁说要自杀，并以此来威胁家人。她这样寻死觅活地折腾把我们也逼到了一个很头疼的地步，我们不知道该怎样说服她认清自己的处境，该怎样让她明白在青春期她把得到关注看得太重了，能够让她走出困境的只有一条，她必须放下那种被拒绝的感受，我们想说服她却很难做到。

青春期性心理健康

在孩子的青春期以前，两性关系还没有摆上孩子们的议事日程，但随着青春期的到来，两性关系一下子在孩子们心目中占据了重要位置。孩子们为了证明自己已经长大，两性关系是他们表达抗议的一种手段。比如，一个女孩与母亲发生了冲突，她一直想摆脱母亲对她的管束。此时，她最有可能就是跑出去随便找一个男人发生性关系，此举是她表明自己对母亲的叛逆。母亲会不会知道此事她并不在意，她在意的是当母亲发觉后焦虑不安，这样她才开心，她认为自己达到了真正的目的。有些女孩子在家里和母亲或父亲吵架后，跑到外面和她遇到的第一个男人上床，这样的例子并不鲜见。这些孩子平时都是些乖乖女，在别人眼中有良好的教养，几乎没人敢相信她们会有如此大逆不道的行为。然而，我们不能把错误全归咎于女孩身上，这并不是她们本性上天生的差池，而是她们对生活的准备不足，是她们思想上的误解：她们认为自己被家人忽视，卑微渺小，似乎只有到处滥交才是她们体现自己强势的唯一途径。

"男性钦羡"

在我们的文化中，仍然是男权至上。有的女孩由于在家庭中备受宠爱，导致她们很难适应自己作为"配角"的女人角色，她们身上流露出一种"男性钦羡"，认为女性总比不上男性强势。女孩的"男性钦羡"表现形式五花八门，有时她们表现出对男性的排斥，对男性采取回避的态度；有些女性则表现出对与男性交往很感兴趣，如果遇到与男性在一起交谈时，又羞于启齿，表现得很拘谨，她们不敢主动与男性接近，也不愿意参加有男性出现的各种场合，当听到关于性的话题时，她们会感到非常尴尬，无所适从。随着年龄的增长，她们嘴上声称盼望早点嫁人，可是却处处躲着异性，不愿与男性接触，也不和男性交朋友。

处在青春期的女孩子们，也许是由于女性角色的压抑使她们产生了激烈的反感。所以，她们想让自己有男子汉气概，常常效仿一些类似男孩的行为，对男孩子干的那些坏事很有兴趣，比如抽烟、喝酒、说脏话、打架、加入一些帮派的小圈子、放纵情欲等，她们为自己的胡闹辩解，说只有这样才会有男孩喜欢自己。

如果对女性角色一发不可收拾地厌恶下去，这些女孩就会任自己发展成同性恋、卖身或者进行不合常理的性行为。几乎每一个卖淫者都有令她们厌恶的童年，事实上这并非真实情况，有时只是她们的自我评估，她们认为自己在童年时代就没有被关注过，先天条件永远比别人差一截，永远不会得到男性的真爱。由于她们抱有这样的成见，我们便不难理解她们为什么如此轻贱自己，为什么选择自暴自弃，为什么毫不爱惜自己的身体，贬损自己的性角色，认为性行为只是一种谋生的手段。其实对女性角色的反感并非是发生在青春期的新鲜玩意儿，我们可以追溯到童年时期，只是当时她们没有合适的机会发挥，但是这种思想早在她们的脑海中扎根了。

并非只有女孩有"男性钦羡"的表现，那些过高估计男性强势的男孩子们也把男子汉当作一种时尚来追求，他们常常怀疑自己会不会强到成为一个顶天立地的男子汉，他们偷偷地问自己："我长大后会不会是个有阳刚之美的大男人？"所以，我们的文化不仅仅是附加在女孩身上的男性气概压力，也给那些崇尚阳刚之气的男孩子们带来了困惑，尤其是那些不能把握自己的性身份的男孩更是如此。很多孩子长到几岁之后，还是糊里糊涂，弄不明白自己的性别以后会不会发生改变。所以，在孩子两岁的时候，父母就要明确地告诉他自己是男孩还是女孩，这一点非常重要。

那些长相有些像女孩的男孩子总会度过一段特别艰难的时光，因为他的性别常常会忽悠人，别人总是不能立马分辨出他是男孩还是女孩，甚至连家人或朋友也会这样说："你原本就该是个女孩子！"这些言论会给孩子造成一种错觉，认为这是自己的长相有先天的缺陷，将以后的爱情和婚姻视为严重的挑战。有时候，男孩的这种性别不确定性会让他在青春期变本加厉地追求女性化，他会刻意模仿女孩的一举一动，使自己看起来更像一个女孩子。他们会像一个被娇宠坏了的女孩那样任性而为，成天涂脂抹粉，搔首弄姿。

成　长　期

　　一个人对异性的基本态度在四五岁的时候就已经形成了。我们甚至发现，性的驱动力在几周大的婴儿时期尤其明显，但是在它没有恰当的释放渠道之前，我们不要去触动这种驱动力。在性驱动力没有被刺激的情况下，这时他们的表现都是极其自然的，没有什么值得大惊小怪。比如，当孩子在几个月的时候，还是婴儿的他们就会关注自己的身体，抚摸自己的身体，看到这个不必惊讶。我们可以利用影响力转移孩子的注意力，让他们少关注自己的身体，转而去关注周围的环境。

　　但如果他们的这种自我满足行为不能被阻止，事情就是另一种情况了。这时，我们可以作出判断，这个孩子的举动并非出于性的驱使，而是他想利用抚摸自己身体达到自己的某种目的。比如，他触摸自己的时候看到父母担忧的目光，因为这样很容易赢得父母的关注，所以这就成了他吸引父母目光的惯用手法。但是当这种习惯不能达到目的，他就自然而然放弃了。

　　父母和孩子之间的温暖拥抱或亲吻是表达爱和关心的一种方法，但一定要小心，不要去碰触孩子的敏感部位，以免引起不恰当的生理反应，所以在抚摸孩子的身体时，一定要多加小心。我经常听到有人对我诉说他在童年时期的一些事情，在父母的书房中看到一些色情读物或露骨的图片，从而受到刺激后的某种感受。所以，最好不要让孩子过早地接触到会对性产生刺激的东西，避免让他们看色情图片或色情影片，避免把他们的性欲望挑拨起来。

之前，我还提到了另一种刺激性欲望的形式，有的家长担心孩子缺乏性教育，常常给孩子灌输不合时宜的或超出其能接受范围的性知识。有些孩子对性知识充满好奇和热情，生怕自己长大后在这方面懂得不多而陷入被动。其实到了那个时候，我们回顾一下自己和别人的经历就会发现，这种被动几乎不可能发生。所以，做父母的人应该观察孩子对此的好奇心，等他们真正对这些事需要了解的时候，才是性教育的最好时机。如果孩子和父母之间关系融洽，他们一定会向父母主动提问，而父母也应该针对他们的疑惑，选择简明扼要的方式给他们解释。

还需要注意的是，父母要尽量避免在孩子面前有亲密行为。如果条件许可的话，孩子最好不要和父母在同一间卧室里睡，尤其不要在一张床上睡。最好的办法是，女孩不要和自己的哥哥、弟弟同处一个卧室。在这个时期的父母应该特别留心观察孩子的生长发育，不能太大意了。如果父母对孩子的性格和生理发育掉以轻心，就永远不会知道孩子受到了怎样的影响，就永远无法了解孩子的发展倾向，从而做到防患于未然。

人类发育到某个特定的阶段时，个体就会经历人生的转折点，这些转折点对我们的成长有着决定性的意义。比如，青春期就是人类在发育时期中的一个特别而奇妙的阶段，虽然目前我们还拿不出确凿的科学依据，除了青春期，更年期也与此相似。然而，这些阶段只是人生中很短暂的转折，它并不会给我们带来什么显著的变化，也看不出什么特别之处，它只是生活的一种延续。重要的是，个体希望在这个阶段获得什么，这才是这一阶段赋予的意义，以及学习如何面对。

青春期的来临，常常令孩子们如临大敌，感到惊恐和害怕，他们的行为也会异常诡异。如果我们能正确解读这一反应，就会发现，其实青春期带给孩子们的生理变化并不是被孩子们重视的关键，而是社会环境赋予他们的某种责任，他们必须对原有的生活方式进行调整和改变。比较普遍的问题是，他们担心青春期是一切生活的终止，之后，他们的价值和尊严都将随之而去。他们不再有合作和奉献的权利，没人再需要他们。所以，所有青春期问题都是源自于对这个转折期的担忧。

如果一个孩子学会把自己看成社会中的一分子，并且懂得奉献社会群体的意义，尤其是当他与异性交朋友时，可以保持一种很平和的心态，那么青春期给予他的就是为他提供了发挥创造力的机会，使他能够为未来做好准备。如果他自觉处处不如人，就会对环境产生错误解读，那么青春期带给他的自由会使他乱了阵脚，不知如何是好。有的孩子在别人的施压之下，也许可以去完成某事；但当他独立面对时，他就会不知所措，犹豫不决。这样的孩子已经习惯了被支配，一旦自由了，便无所适从。

第九章　犯罪及预防

了解犯罪心理

在个体心理学的分类中，人有不同的类型，而个体心理学可以帮助我们认知不同类型的人，从中我们会发现虽然人的情况各异，但却没有明显的差异。比如，我们可以从人的失败模式得到印证，罪犯、问题儿童、精神疾病患者、自杀者、酗酒者、性变态者都是失败的范例，他们被归于同一种类型的人。由于他们在处置人生问题上成了失败者，并且在某一点上来说，他们几乎犯了同一种错误——他们对社会责任没有兴趣，对人类伙伴的命运漠不关心。但即使这样，我们也没有本事一眼把他们从人群中分辨出来。任何人都不能标榜自己在责任感和合作精神上完美无缺，罪犯和普通人的区别只有一点，只是在共同的失败上程度轻重不同而已。

人类对优越目标的追求

如果我们要想了解罪犯，还有重要的一点，就是要明白我们都有克服困难的主观愿望，这一点罪犯和普通人没有什么区别。我们的一生都在竭力追求我们的优越目标，如果我们一路过关斩将，最终实现了这一目标，我们就会有强大和超越他人的感觉。在这一点，我们和其他人的心理完全相同。有人指出这一倾向表明了我们对安全的一种追求，也有人将这称为自我保全。但不管如何冠名，有一条主线清晰可见地贯穿在人的生命中——由卑微走向优越，由失败走向胜利，由底层走向上层。这条线始于幼年，或者说从一出生起就开始显现，一直持续到人的生命终止。生活就是在这颗星球上求得优质的生存，不断跨越障碍，追求卓越。因此，当我们发现罪犯也和我们一样持有这样的哲学观点时，并不感到出人意料。

如果我们仔细分析罪犯的行为方式和态度，会发现最明显的就是他们一直在努力地追求优势地位，摆脱困难，并向上攀爬。但他们却沦为罪犯，错误的根源不是因为他们的追求本身，而是追求的途径出了问题。如果我们明白，他们的失败是因为对社会生活的要求没有正确的认识，对人类的幸福漠不关心，不知道与人合作的益处。弄清楚了这一点，对他们的行为就很好解释了。

环境、遗传与转变

因为很多人持相反观点，所以我必须再次强调这一点，有些人将罪犯与常人分门别类，认为犯罪的人都与普通人天生就有区别。比如，有些医学家就言之凿凿地声称罪犯都是弱智。还有一种观点特别强调某种遗传基因，在他们眼里，罪犯都有与生俱来的罪恶基因，走上犯罪道路是必然的。也有人把犯罪归咎于环境的影响，只要他们一朝失足，终生都是罪犯。这一观点遭到很多人的驳斥，我本人也对这种观点持坚决反对的态度。如果人们对这一观点妥协，人云亦云，随波逐流，我们就永远不可能从根本上解决犯罪问题。我希望尽早从根源上杜绝这一问题。历史告诉我们，犯罪永远只是一种悲剧，给我们带来的是灾难性的后果，我们迫切需要在这方面有所突破。我们不能轻描淡写地一推了之："这是由遗传基因决定的，我们无能为力。"

其实，不论是环境还是遗传都没有任何强迫性的因素。比如，有个现象很常见，同一个家庭或同一个环境中长大的孩子，性格、爱好、兴趣大不相同。而那些名门望族的后代中也会有败家子，我们发现有些犯罪分子的出身背景往往是操守清白的家庭。有些出生环境恶劣，甚至家庭成员中有人曾多次被送进监狱或教养所，这样糟糕的家庭中却出现一些品德优秀的孩子。况且，有的犯罪分子也能改过自新，有的人平时喜欢偷鸡摸狗，不料三十岁以后却金盆洗手，循规蹈矩；有人年轻时喜欢惹是生非，但是到了六十岁之后却自动安定下来，老实本分，这些都是犯罪心理学家所无法解释的。如果我们抱守成见，一个人犯罪的决定因素是与生俱来的遗传或童年时期的环境，那么这种现象也就没有解释的依据了。但是，我认为这种情况的发生并不意外，有人也许是因为此时所处的环境有所改善，他身上不再背负沉重的压力，所以他的生活方式也随之改变，不再有过去那些错误行为。或许一个人在多次偷盗之后，他已从犯罪行为中得到了满足，犯罪已失去了那种刺激性的快感，所以他的目标也随着他兴趣的丧失而转移了。或许他年老体衰，行动不便，干偷窃这一行力不从心了，此时他不再身手矫健，已不适合干梁上君子的行当了。

童年影响与罪犯的生活方式

我们改造罪犯唯一行得通的方法就是研究他们的童年生活，看他们在童年时期到底遭遇到什么阻碍，使他们拒绝与别人合作。个体心理学在这一晦暗不明的空间为我们点亮了一盏探索之明灯，使我们对这一问题看得更加清晰。孩子早期的心理在他们五六岁的时候就基本定型，他们性格中的各个条线已经与很多事整合在一起。我们知道环境因素和遗传对孩子的成长至关重要，但我们却总是忽略孩子能给世界带来什么，他们成长中的经历和遭遇，他们如何吸取经验，如何学习应对。我们更多的是在乎他们怎样利用这些经历达到自己的人生目标的。对于遗传而来的能力欠缺和障碍，我们不甚了解，因此我们很有必要从以上角度进行研究，我们需要重点关注他们所处的环境可能会给他带来的后果，以及应对的方式。

其实，我们在罪犯的身上也可以看到合作精神，这是我们为罪犯辩护的唯一托词，然而，他们的这种合作能力远远不足以适应社会要求，产生这一问题的原因，责任要由父母来承担，尤其是母亲。家长必须要懂得如何培养孩子的兴趣，并教导孩子将自己的兴趣与他人分享，拥有共同的兴趣和爱好。家长需要率先垂范，影响孩子将关注的眼光放到人类及未来的发展上。也许有些母亲根本不愿意让自己的孩子对别人有兴趣；也许父母婚姻不幸福，正打算离婚；也许父母貌合神离，相互之间并不信任。所以，母亲视孩子为唯一的精神支柱，想要独占孩子，将孩子宠着,爱着,惯着,孩子得不到一丁点自立的机会。这种境遇会严重阻碍孩子的合作精神。

让孩子学着融入社会,培养他们对他人产生兴趣是非常重要的。如果一个孩子在家庭中特别受到父母一方的宠爱,家庭中其他孩子就不会对他(她)持友善的态度,他们会串通一气疏远他(她),这样,受到排斥的孩子与别人相处就有感情上的障碍。如果这种情况被他(她)错误理解,就很有可能成为他(她)犯罪生涯之肇端。如果家庭中有一名孩子出类拔萃,那么比他差一截的孩子沦为问题儿童的概率很大。还有一种情况,家庭中的幼子女都有特别受宠的经历,由于父母对他(她)们倾注了更多的关爱,他(她)们的哥哥、姐姐会认为他(她)独霸父母的关爱,会产生嫉妒。这样的孩子就会感觉自己被冷落而异常痛苦,陷入自欺欺人的错误认识之中。为了证明自己是受打压的那个,他(她)寻找证据来支持这种想法,他(她)的表现越来越糟糕而且屡教不改,被逮住施以重罚,他(她)固执地认为别人剥夺了自己的权利,坚信没有人爱他(她),坚信人人都与他(她)过不去。

如果父母常在孩子跟前抱怨命运不公、世事艰难的话,那些灌入孩子耳中的话会对他们产生消极影响,他们会对社会畏之如虎,大大阻碍了他们的社会兴趣的培养。如果孩子总是听到父母数落哪个亲戚或邻居的过失,或者总是流露出对别人的不满甚至恶意中伤,孩子也会深受其害。有这种环境经历的孩子,如果对周围的同伴怀有心理扭曲的偏见,并且转而与自己的父母作对,那也不足为怪,所谓"种瓜得瓜,种豆得豆"。当孩子的社会责任感缺失时,他们就会自我膨胀,会发出这样的诘问:"我为什么要为别人着想?"这样的胸怀和意识支配决定了他们在解决人生难题时优柔寡断,逃避问题,转而寻找便捷出口以摆脱困境。他们常常感觉到克服困难实在不易,为了自己不吃亏,可以伤害别人,损人利己,既然生活是一场恶斗,就要不择手段。

我将举一些例子来追溯犯罪的发展轨迹。一般来说,长子在家庭中是最受宠爱的,与表现优秀的哥哥不同,很多次子则是一个问题儿童,问题是,他和哥哥一样身体健康,也没有什么遗传缺陷,却成了问题儿童。弟弟迫切地想追上哥哥,他想要和哥哥一样优秀,兄弟俩好像在比赛,时刻想超过优秀的领跑者。弟弟的社会兴趣培养很差,他与人交往的能力很受限制,所以他非常依赖母亲,期望能垄断母亲的爱。可是,他在生活中事事处于劣势,哥哥的学习成绩优异,而他的成绩却在班里垫底。

他的强烈的控制欲从他的日常表现中显而易见。他对仆人总是居高临下的姿态,把她们指使得团团转,就像军官对士兵发号施令一样。有一个老女仆很疼爱他,一直侍候到他二十岁,还像对待顶头上司那样忠诚于他的指派。但当他需要独立完成别人交给的工作时,却焦虑恐惧,一事无成,当他手头拮据时,总是向母亲求救,虽然不免受到责备,但这老毛病他总是改不了。

有一天,他突然迅速地闪婚了,他的处境一下子陷入窘境,而且眼看着今后的生活会更加困难。然而,他唯一感到安慰的是他在婚姻一事上走在了哥哥前面,他把这当成一种超越哥哥的"壮举"。这使我们看到之前他已将自身价值估计得很低,竟然想通过这种荒唐的行为来获胜。其实,婚前他完全没有做好准备,所以婚后生活琴瑟失谐,争闹不休。后来,母亲实在没有能力再给予他经济上的支持,他订购了几架钢琴,可是款还没付清就倒卖了出去。他因此受到起诉,进了监狱。这件事能让我们明显地观察到他的犯罪根源，他的童年时期一直生活在哥哥的阴影之下，他像一棵小树苗被哥哥这棵大树遮挡了阳光，因而生长不良。总有一个念头在他的心里纠缠不休，与风光无比的哥哥相比，他觉得自己受到了太多的轻视和忽略。

另外一个案例是关于一个十二岁的女孩。这是一个有远大抱负的女孩，雄心勃勃而且深受父母的疼爱。可是她很嫉妒自己的妹妹，不管在家里还是在学校，她都要与妹妹争个高下。她总是严密地观察父母是不是给了妹妹特殊的偏爱，妹妹是不是得到了比她更多的糖果和零花钱。有一天，她把手伸进了同学的口袋，因为偷同学的钱她受到了惩罚。我很庆幸当时我在现场，得以有机会向她分析她的整体处境，让她不要再有嫉妒妹妹的心理。同时，我将这一事实与她的父母进行沟通，让父母设法制止姐妹俩的对立，使她逐渐淡化父母偏爱妹妹的想法。时间一晃已是二十年前发生的事了。如今这个女孩已为人妻，为人和善，她生活幸福，有自己的丈夫和孩子。从那以后，她再也没有犯过大错。

犯罪人格的构成

在第一章中，我对孩子在成长过程中的关键处境有过论述，这里我再重申并强调，只有对问题儿童的犯罪现象加以剖析，找出他们犯罪的根源，才能真正帮助他们回归正道，发展合作行为，这是个体心理学的理论依据。容易沦为问题儿童的共有三类人：一是有身体残障的人，二是备受溺爱的人，三是被轻视冷落的人。

从我亲自接触到的犯罪分子以及从媒体上了解到的案例描述,对罪犯的人格结构进行分析,我发现,个体心理学的关键手段是从深入研究方面来进行阐述。我可以举几个例子进行说明。

1. 康拉德·K（Conrad K）案例。康拉德·K与一个男人合谋杀害了自己的父亲。他的父亲是这个家庭的暴君,他不仅很轻视康拉德·K,而且对全家人的态度都很粗野。有一次,男孩反抗父亲,并将父亲告上了法庭。法官说:"你父亲品德残酷暴虐,又很好斗,我们对他实在毫无办法。"

请注意,法官在这里给男孩的某种行为提供了一个借口。家人希望男孩和父亲之间的关系趋于缓和,却是龃龉难入,势如水火,家人白费一番力气,陷入绝望。后来,父亲和一个放荡女人勾搭上了,竟将这个女人带回家同居,并将儿子赶出了家门。被赶出家门的男孩在外面结识了一个临时工,这个临时工也是个不务正业的人,平时专门喜欢恶作剧,男孩和他混在了一起,那人撺掇男孩杀了父亲。男孩开始考虑到母亲的感情,心有顾忌犹豫不决,可是家里的情况却越来越糟。经过长时间的犹豫不决之后,男孩终于痛下杀手,与那临时工合力将自己的父亲杀死。

从这个案例中可以看到,男孩没有能力将合作的社交行为扩展到哪怕是自己的父亲身上。他爱他的母亲并且尊重她,父亲在家中的暴虐使男孩身上仅存的社会兴趣崩溃之前,他需要找到合理的借口推卸自己的责任,在得到那名临时工的支持后,加上他对父亲的痛恨,他终于说服自己向父亲下手。

2. 玛格丽特·茨旺奇格（Margaret Zwanziger）的案例。玛格丽特有个绰号叫"投毒女死神"。她是一名弃婴,由于从小被父母遗弃,发育不良,身材矮小而畸形。从心理学的角度讲,这样的处境会诱发她变得爱慕虚荣，并渴望被人关注，所以，她对人总会显示出一副黏人的样子，讨好他人。

在经过很多次徒劳无功的努力之后，她陷入了绝望，不再对被人关注抱任何希望。她曾尝试三次投毒要杀掉几个女人，目的是将她们的丈夫据为己有。她认为那些东西本应是属于她的，但被他人夺走了，以致自己一无所有。除此之外，她又没有任何方法"夺回属于自己的东西"。为了控制那些男人，她撒谎说自己怀孕了，并威胁要自杀。从她的自传中（很多罪犯都爱写自传），我们发现了被个体心理学证实的观点，当然她并没有意识到自己在无意中说出的供词意味着什么："我每次做坏事的时候会想，反正我不管怎样都没有人同情我，既然这样，我又有什么理由同情别人呢？"

这些话语清楚地表明了她是怎样走上犯罪道路并且不可自拔的，她也一直在为开脱责任找各种借口。当我建议一个人要学着与人合作，要主动将兴趣点放在他人身上的时候，经常会得到这样的答复："可是并没有人对我有兴趣呀！"

我的回答一如既往："总会有人先跨出第一步，别人愿不愿意合作是他们的事，可是我建议你先走出第一步，而不是担心别人会不会与你合作。先做了再说。"

3. N. L. 的案例。他是一名长子，因为一条腿有残疾而成了瘸子，他生活在一个糟糕的家庭环境中，由于缺乏教养而骄横暴躁。他以长兄的身份，抚养自己的弟弟们。从这样的兄弟关系中反映出绝对优势地位的争夺，也许他在家里的优势地位会成为一个积极的因素，但他竟暴虐地将自己的母亲赶出了家门，让她出去沿街乞讨，并且骂道："滚远点！你这个老妖婆。"

这是一件令人悲哀的事,他甚至对自己的母亲都丧失了感情。但我们深入了解一下他的童年生活,就会明白他走上犯罪道路并不是偶然的。他曾失业了很长时间,没有分文收入,还得了性病。一天,他出去找工作,却无功而返。在回家的路上,为了抢夺弟弟手上那点微薄的工资,他竟杀死了自己的弟弟。由此我们看到了他合作意愿的极限——没钱、失业、染上性病,每个人都有被逼到极限的时候,一旦越过了这个临界点,他便觉得走投无路了。

4. 有一个孩子从小失去了双亲,这名孤儿后来被人收养。由于养母的溺爱,他成了被宠坏了的孩子。在百般宠爱的环境下,他变得毫无教养而且进攻性很强,总是处处要与人争个高低,总想高人一头,总想成为别人关注的焦点。他的养母整天纵容他,使他的成长受到很恶劣的影响。他在生意场上是个精明者,总想吞掉每个对手,养母也纵容他的野心,让他更加一发不可收拾,不择手段地骗取钱财,成了一个到处欺诈的骗子。他的养父母家境富裕,属于金字塔尖的贵族阶层,所以他处处摆出贵族风范的架子,不可一世。后来,他将自己的钱财挥霍一空,成了穷光蛋,最后被赶出家门。

不良的教育和骄纵的性格毁了这个孩子,把他引上歧途的罪魁就是他养母错误的教育方式,养母爱他甚于自己的亲生儿女和丈夫,他没有受到正当的管束,所以他自认为可以为所欲为,把欺诈视为他的人生目标,从这一点上我们也可以窥探到他的自惭形秽,他错误地估计了自己的价值,认为自己没有正常的谋生手段,除了欺诈,无法通过正当途径获得成功。

犯罪、疯狂和怯懦

在进一步阐述之前,我再次声明:那种把所有的罪犯都归为精神病之列的想法并不正确。事实是,有一些罪犯确实患有精神病,这种情况的罪行性质与我们平时所说的犯罪是不同的定义,我们不能让患有精神病的人承担犯罪后果,因为他们不受意识的支配,而我们应该承担的责任是对他们的行为方式上的理解完全失败,用错误的方式对待他们。

弱智的人也不能放在罪犯之列,那些思维简单的弱智者只是藏身幕后的指使者手中的工具,真正的罪犯是在幕后操纵他们的人,那些操纵者用收入丰厚或其他美好未来勾勒出来的虚幻图景激起他们的欲望,唆使他们对毫无防备的受害者发起攻击,自己则躲在幕后,逃脱惩处。还有那些年少不谙世事的人也会在别人的怂恿下犯罪,一手制造罪案的是那些经验丰富的老手,而去实施犯罪的却是儿童。

所有罪犯都是贪生怕死的人,他们会躲避自己无力解决的问题,我们可以从他们作案的方式和人生态度中看到怯懦的特性。他们常常藏身暗处,对受害者发起突然袭击,并且在受害者开始反击之前拔出武器。我们千万不要相信罪犯的自吹自擂,吹嘘自己如何勇敢。他们的犯罪行为只不过是对英雄的拙劣模仿,其实这只是他们追求的虚构的优越目标,是自己想象中的英雄,这是他们的一种错误的人生观,亦是对人生的一种误解。我们知道他们外强中干,但是如果我们的看法被他们得知,就像被戳穿了西洋镜，他们会感到莫大的打击。当他们想象着那些机智的警察还得围着他们团团转的时候，心中就会泛起一种荣誉感，他们认为"警察根本捉不到我"。

不幸的是，事实的确如此，通过我们对那些罪犯的犯罪类型的研究总会得知他们当中确实有人犯了案子却逍遥法外，这是一个令人遗憾的事实。当他们被缉拿归案后，他们会想："这次是我太大意了才被抓的，下次不要再疏忽，一定能溜之大吉。"如果他们果然逃脱了警察的追捕，就会认为自己比他人更聪明，就会觉得实现了自己高高在上的目标，得到了同伴的崇拜和赞赏。我们必须粉碎那种认为犯罪的人机智勇敢的神话，可是我们又从哪些方面介入行动呢？其实在家庭、在学校、在社会中都可以开展，在后面的章节中我会讲到最佳的切入点。

犯罪类型

我们发现罪犯大致可分两种类型：一种是他们知道社会中存在和衷共济的合作伙伴，但却从未付诸实践，所以这样的犯罪分子内心总有假想敌人，认为自己被排挤、孤立，得不到任何人的赏识；另一种则是被宠坏的孩子。我们在罪犯的供词中常常听到这样的抱怨："这都怪我母亲太惯着我了，所以才走上了这条路的。"产生这样的抱怨之词值得详细阐述，在这里我需要强调一个问题：虽然罪犯作案的类型五花八门，总体来说都是因为缺乏良好的教育，没有培养他们的合作精神，才使他们和社会脱节。

天下父母都望子成龙，都想让自己孩子成为社会的好公民，可是却找不到着手的好方法。独断、严厉、冷漠，都是行不通的败作。如果放手让孩子自行做主，事事迁就他们，把他们放在世界中心的位置，这会使孩子自视甚高，把自己看得独一无二。他们认为可以不费吹灰之力就能赢得关注。这样境遇的孩子丧失了独立处世的能力，只想处处吸引别人的注意力，只希望自己成为被关注的对象。他们总是对世界充满期待，可一旦他们的期待成为泡影，他们便会怨天尤人，把失败归咎于其他人、其他事。

犯罪案例分析

现在，我们来分析几个案例，以此来印证我持有的观点，看看能从中找出哪些因素。当然，我将这些案例记下来的目的并不是为了提供一个文本。我们先来进入一个关于卢克夫妇在《五百种犯罪生涯》中的案例讨论，这个案例讲的是一个男孩对自己犯罪生涯的回忆，名字叫作"辣手约翰"。

"我从未想过自己会变得如此堕落。在十五六岁之前，我跟其他孩子一样，是一个正常的孩子，没有任何败坏的迹象。我喜欢运动，热心体育比赛，常常进出图书馆自修，我每天都合理地安排自己的时间，生活井然有序，循规蹈矩。后来，父母强迫我退学，让我出去自行谋生，我出去打工，但父母拿走了我的薪水，每周只给我留五十美分零花钱。"

他这一番话充满了对父母的控诉。如果我们进一步询问他与父母的关系，也就可以了解到他犯罪的原因了，并且会切身体会到他经历了什么。现在，凭他的供词我们可以得出一个结论：他与自己的父母关系不睦。

"大约工作了一年之后，我结识了一位女孩，开始和她约会，她很喜欢享受。"

研究大多数案例的结果表明，很多人走上犯罪的道路都起源于这个问题，他们和一个喜欢出手阔绰的女友交往，这个让人很头疼的问题让约翰撞上了。之前我说过，这是一个对他们合作精神的考验。约翰每周只有五十美分的零用钱，他怎么能满足贪图享受的女友的花销？依我的价值观念，金钱绝对不是维持爱情的唯一因素，大丈夫何患无妻？世界上好女孩多得很，可是约翰没能说服自己的理智。如果遇到类似情况，我会断然了结："如果她只对贪图享受感兴趣，这样的女孩并不适合我。"只是穿衣戴帽，各有所好，每个人的价值观不尽相同。

"你想想，如今既便生活在镇上这个小地方，靠着每周五十美分，也远远达不到女孩的标准。老爸又不肯多给一分钱，我怒火中烧，异常痛苦，整天考虑的都是如何能弄到更多的钱。"

如果按照一般的思维方式，我们会说："多打几份工，就可以多挣一些钱。"然而他却想走捷径尽快发财，因为他交女朋友就是为了自己快活，他也不想为了这个去吃苦耐劳。

"有一天，我在路上遇到一个陌生的男人，很快我们就谈得非常投机。"

这个陌生男人的出现，使约翰的交往能力又面临一次考验。具有正常合作精神的人是不会误入歧途的，但此时的他已经邪念丛生，被人带坏是很容易的事。

"他是个很高明的窃贼，艺高胆大，聪明而经验丰富，对道上的事儿很熟。如果和他联手行动，从不会失手。他曾在镇上做过上千起案子，却没有被逮住。从此我们就合伙开始行窃。"

据我所知，他的父母有自己的住房。父亲在一个工厂当工头，一家人的生活勉强能维持。他们家一共有三个孩子，在他没有沦为罪犯之前，没有任何人有犯罪记录。这使我有了极大的好奇心，那些坚信遗传对其有影响的专家们该如何解释这一案例？这个男孩说自己的首次性生活发生在他在十五岁的时候。但是，我并不能把这个男孩归于好色之徒之列，因为除了满足自己的欲望之外，他没有对任何人产生兴趣。好色之徒只会沉迷于声色之中，而他却只想通过这种方法寻求赏识，成为别人眼中顶礼膜拜的性感英雄。

他十六岁时，进了监狱，因为与同伙入室抢劫而被捕。在我们对他的问讯中，他表现出来的兴趣证实了我们的分析。他挖空心思把自己打扮成英雄，让别人崇拜自己，为了赢得女孩子的芳心，不惜在她们身上一掷千金。他戴着一顶宽檐帽，一块红色的手帕别在胸前的口袋中，腰间的皮带上扣着一把左轮手枪，那副模样就像一个西部绑匪。虽然他表面装出不法之徒的强悍形象，其实他的内心异常空虚，他这样做只是想成为别人心目中的英雄，可是又不知道如何做才能展示一个英雄形象。对于警察所指出的罪行他都供认不讳，并且还说"并不止这些"。

"我觉得生存并没有任何意义，任何事都激不起我的兴趣，甚至对普遍的人性，我只有极端的蔑视。"

他的这些看似清晰的想法其实很模糊，他根本不清楚什么是生存的意义。生活在他心里是沉重的负担，他只感觉生活就是一种压力，但是他却弄不明白自己这样理解生活的原因。

"我所学到的知识就是要怀疑一切，不要对任何人抱有信任。

人们都说盗贼之间是坦诚相待,事实才不是这样呢,也会有欺骗存在。我曾经对一位搭档非常信任,可是他却背后算计我,暗中捅我的刀子。"

"等我有了足够的钱,我就洗手不干了,安分守己地过日子。我是说,我的钱要多到足够花,即使不干活也不缺钱花,我只想去做我想做的任何事,不想去工作。我一向很讨厌工作,永远都不想再工作了。"

我们可以对他上述这番话这样理解:"我是被迫走上犯罪道路的,精神上的压抑使我灰心丧气,我不得不压制着自己的欲望,所以才被逼成了一名罪犯。"这番话值得咀嚼,我们可以把它作为一个反复讨论的观点。

"我本不想以犯罪为乐趣,但每次都身不由己,当我将车开到有'目标'的地方时,就蠢蠢欲动想要下手,那时你根本管不住自己,只想上去速战速决,然后迅速逃离。"

他把自己视为一个英雄,压根儿不承认这些是怯懦的表现。

"有一次,我终于落到警察手中。那时我身上有价值一万四千元的珠宝,我打算将这些珠宝换成现金,然后拿着去和一个女人约会,结果被警察逮住了。后来我感觉那时不知为何脑袋里少了一根弦。"

把大把的金钱撒在女人身上,仅仅是为了赢得她们的好感,以为这就是对女人的征服,打心眼儿里认为很骄傲。

"监狱里组织我们学习,开了各种各样的课程可供选择,但无论开哪门课我都会去听,我积极学习并不是为了改过自新,而是为了让自己掌握更多的作案技巧。"

这样的表达已经淋漓尽致地宣示了他对人类极度仇恨的情

绪,不但如此,他还对在世上生存抱绝望的态度。他说:"如果以后我有了自己的儿子,他一落地我就会拧断他的脖子,因为他来到这个世界上,本身就是一种罪恶。"

现在,我们要付出怎样的努力才能让这样的人真正洗心革面呢?我想改造他的唯一办法就是帮助他找到自己思想错位的原因。首先,我们要向他证明他还有一点优势,那就是他还具备合作能力,现在除了让他与人建立起合作精神,别无他法。我们要帮他从童年的经历中找到对生命估量时所犯的错误,才有可能说服他回归正途。办理这个案子的人后来是怎么做的我不知道,卷宗中没有进行描述,没有指出我认为是非常重要的几点。所以,我只能去猜测:他的童年时期一定发生过令他对这个世界憎恨的事件,作为家里的长子,他和其他长子一样被寄予厚望,开始的时候是家里的关注中心,之后,另一个孩子出生了,他的风头被别人抢占了,这样,他有被抛弃的感觉。如果我的猜测没有错,你就会发现,即使这样微不足道的小事,对他的合作精神培养也是一个巨大的阻碍。

约翰说,他在劳教所里遭到粗暴对待,那些在劳教所的孩子们都受到过虐待,所以他们走出劳教所后,对这个社会更加憎恨。关于这一点我有必要说几句,站在心理学的角度,在监狱中对待犯人的所有暴行,都会被罪犯视为一种挑战和磨炼。如果他们的耳朵里每天都要被灌进重新做人的告诫,每天都要感觉到"打击阻止犯罪浪潮"的高压态势,他们会在这样的挑战下变得兴奋起来,因为他们希望自己成为英雄,他们巴不得迎接严刑拷打。他们认为自己正在继续与社会对抗,并且下定决心对抗到底。如果一个人开始就在和全世界作战,那么这个世上没有比一纸宣战书更具有刺激性了。

对问题儿童的教育同样如此，让他们迎接挑战是最糟糕的管教方式。因为这样就会在孩子们心中建立起对抗情绪："我一定要看看到底谁更厉害，看看到底谁能笑到最后！"这些孩子和罪犯一样，同样有让自己成为"英雄"的渴望。而且他们还知道，只要自己脑子灵活，就有足够的聪明逃脱法律的制裁。在监狱或劳教所中，如果管教人员向罪犯发起挑衅，是极为失误的策略。

现在，我们再来分析一个已经被裁决的杀人犯的案例。这名罪犯身负两条人命，他残忍地杀害了两个人，在实施犯罪之前，他真实地写下了自己的目的。我们从这些真实的记录中找到了线索，我们了解到了罪犯怎样在脑海中精心策划了犯罪机会。任何犯罪分子在作案前都不是没有翻来覆去盘算一番的，他们必须首先拟出计划，并且在作案缘由中掺杂进为自己辩护的某些合理的成分。在所有这类的文字自白中，没有哪一个罪犯不为自己的罪行开脱，没有哪一桩案件是他们对罪行的简单描述。

在此，我们可以看出社会责任感的重要性，即使罪犯，也不能脱离这一事实，必须向其俯首妥协。但是，他们却极力想挣脱限制，泯灭自己的社会责任感，让自己不再受此束缚，从而实施犯罪。俄国作家陀思妥耶夫斯基在《罪与罚》中曾这样刻画主人公的心态："拉斯柯尔尼科夫躺在床上思索了足足有两个月的时间，考虑自己是不是该去杀人。他不断地扪心自问'我是拿破仑，还是一只虱子？'"他用这种两极反差的质问来鞭策自己犯罪的勇气，这也是很多罪犯在实施犯罪之前的自我激励方式，用这种方法自欺欺人，从而实现犯罪的目的。其实，犯罪分子很明白他们过的是一种没有人生意义的生活，他们也知道什么样的人生有意义。但是,他们的软弱和怯懦给自己画地为牢,没有勇气跨出接受有意义的人生那一步。他们拒绝融入有意义的生活,因为他们的怯懦限制了他们奉献社会的能力,胆小怕事的他们不敢尝试有意义的人生,而解决生命中的问题需要合作精神的参与,而他们所缺乏的正是这种基本的合作精神。当罪犯为了甩掉自己身上的压力时,就会找一些借口来为自己辩护,"他是个病人",或者"他失业很久了",以此来博取谅解。

以下就是这名杀人犯的日记摘录:

"我被人们嫌弃,处处遭到轻视和唾弃(他先天鼻子畸形),甚至连家人都视我为路人,这些悲惨遭遇使我痛不欲生。我现在什么都无所谓了,我实在忍受不下去了。别人鄙视和冷漠的眼光我可以不在乎,可是吃饭问题咋办?饥饿的肚子是不会听话的。"

下面是他为自己为辩解:

"有人预言我不得好死,人们诅咒我会死在绞刑架上,请问,饿死和绞死又有什么区别呢?对我来说,要么饿死,要么被绞死,二者必居其一。"

有些时候,预言和挑战的后果同样可怕。在另外一个案例中,一位母亲曾经对他的孩子预言:"我知道早晚有一天,你会将我掐死的。"果然,这个孩子长到十七岁的时候,亲手掐死了自己的母亲。

这名杀人犯还在日记中这样写道:"既然我无论如何都难逃一死,那我还在乎什么?我还有什么后顾之忧放不下呢?连我喜欢的女孩都跟我翻脸了,现在我一无所有,没人能把我怎样。"

他很想讨到自己喜欢的女孩的欣赏,可是他囊中羞涩,穿不起一件像样的衣服来引起她的注意,更别提用钱去泡妞了。他认为得到一个女孩就是一笔财富，女孩就是他解决恋爱婚姻问题的唯一可用之物。

"横竖都一样，走到了这一地步，如果幸运，我能得到救赎，不然，就是彻底毁灭。"

我还是想进一步做些解释，这样的人一般都有两极化的极端表现，当他们的愿望没有得到满足时，就要与人为敌。他们就像一个任性的孩子，要么将所有的东西据为己有，否则就全部洗白。只在两个极端中选择其一：饿死还是绞死，救赎还是毁灭。

"到了周四那天，万事俱备，那个下手对象早已圈定，现在只等机会来临。只要时机一到，我将做出一番惊天动地的大事，这可不是一般的鼠辈之人所能完成的。"

他是自己心目中不可一世的英雄，"这是一件令人恐惧的事，并非人人可以为之"。他手持一把利刃，出其不意地袭击了第一个男人，那人当场身亡。

"就像一个牧羊人驱赶着他的羊群，饥肠辘辘之时会让人生不如死，饥饿会驱赶人铤而走险。也许我再也看不到明天初升的太阳，可是这一切我都无法顾及了。眼下的燃眉之急是需要解决饥饿，我实在没有退路。当我被推上审判席的那一天，我的痛苦也就终结了。出来混，总是要还的，杀人偿命，借债还钱，人总要为自己的行为付出代价，但这总比被饿死好得多。如果饿死了，没有人会关注我，甚至连看都不会看上一眼。而我在上绞架的时候，人群会涌上来围观，也许他们会以同情的眼光看着我死去，也许有人会把我当成一名敢作敢当的英雄加以赞赏。今夜我不能成眠，没人能体会我现在备受煎熬的滋味。"

实际上，我们知道他并不是自己想象中的英雄。他在法庭上这样为自己辩解:"我根本没有刺穿他的心脏,但还是杀了他。我知道我必死无疑,要被送上绞刑架的,很遗憾,他的衣着如此华丽高贵,我永远都穿不起那么漂亮的衣服。"现在我们看到他的作案动机已从因为饥饿转移到那人的衣着上,是那人时髦的服装引诱他犯了罪,以致那人遭到杀身之祸。他为自己声辩:"我当时根本不知道自己干了什么。"这样的辩解我们非常熟悉。有时,罪犯总是拿酗酒作为推卸责任的托词,声称他们是因为喝醉了才糊里糊涂作的案。

在这样的案例中我们可以看到,一个人要想打破社会关注的禁锢,需要经过多么艰难的挣扎。我相信,在这些案例的描述中,我前面提到的所有重点问题都有表现。

合作的重要性

现在让我们回到前面的主题,事实上,罪犯和普通人一样,都有追求成功的愿望,都在为追求优势地位竭尽全力。但是,这些目标却因人的社会兴趣各异而不尽相同。罪犯的目的总是以一己私利为出发点,追求个体感受上的优越,而对他人却毫无益处,他们不愿和任何人合作。然而社会却是一个需要共同成员为共同利益付出努力的整体,所有人都需要彼此互利,合作共赢。而罪犯的目标设定恰恰最缺失的就是对社会没有任何益处,这是所有犯罪中最突出的特点。形成这种思想的原因我们放在后面的章节里详细论述。现在我想说的是:如果要想真正了解一个罪犯的形成过程,最重要的就是要观察其在合作中的失败程度和性质。

罪犯们的合作能力也是高低参差不齐的，有的擅长此项能力，有的则恰好正是他的弱项。比如，有人仅限于偷鸡摸狗，从不敢越小偷小摸的雷池，有人则非惊天大案懒得动手；有人是主谋，有人则只是协从。为了更透彻地摸清这些犯罪经历，我们必须对他们个体的人生态度逐一剖析。

性格、生活方式和三大问题

如前所述，儿童在四五岁时就已基本形成主要的性格特征，由此可以推断，改变一个人的性格并非易事。作为一个人的特征，性格对其人生态度的形成起着决定性因素的作用，我们只有发现他在性格形成初期产生的错误，才有可能去改变。在此，我们终于悟出为什么有些人犯了多次错误，而且多次被羞辱、被唾弃、被剥夺生活的各种权利，无法享有社会提供的一切美好的事物，却依然顽劣难改，继续重操旧业，不能自拔。

其实，驱使一个人作奸犯科的主要原因并非由于经济困难，当然，我们不能否认"饥寒起盗心"的客观生活背景，由于时运不济，处于饥寒交迫中的人走上犯罪道路的概率要比正常环境中的人高一些。统计数据表明，有时犯罪数量的上升跟粮食价格上升成正比。但是，我们并不能说经济形势导致犯罪率的上升是必然规律。事实是，这与我们当中的一些人的行为受到各种限制有关。他们有限的合作能力无法胜任达到或超过这个极限，一旦过了这个临界点，他们就好像被倒空了的水桶，空空如也，再也拿不出什么来做贡献了。他们那点残存的合作意识也消失了，这时候,他们自然会想到用犯罪的手段来获取自己的利益。很多犯罪案例给我们带来一个结论:人生活在良好环境中的时候,他们犯罪的念头很少,可是一旦环境变化,尤其是向差的方面变化后,他们走上犯罪道路的概率就会增加。这时,他们的人生态度以及面对问题的方式将成为"变"的主要因素。

个体心理学的全部研究基础表明,我们从工作经验中获得了一个简单道理的认识——罪犯从来对他人都不会感兴趣,他们关注的中心都是自我。虽然他们也有一定的合作精神,但这种合作精神仅仅止步于相关利益的一定程度上,如果超出了他们接受的范围,他们就会走岔路。如果他们面临一个无法解决的困难时,就会抛弃安分守己的生活方式,铤而走险。现在我们把人生所面临的问题和罪犯遇到的困难两相比较进行分析,可以得出一个结论,人生中最大的问题当属社会问题,或者说合作能力是解决社会问题的基础,其余的都退而居其次,处于附属地位,而要想真正解决这一问题必须首先对他人感兴趣,否则别无他法。

我们在第一章中已经对人生中的三大问题有过简略的论述,简单来说就是,个体心理学将生命问题划分为三大类。

第一类是与他人的关系问题,人际关系最能考验人的合作能力。罪犯也有朋友,但物以类聚,都是同类。他们习惯于拉帮结派,盗亦有道,哥们儿之间也讲江湖义气般的友谊,只是他们的友谊都是靠唇齿相依的利益关系来维持。圆凿方枘,冰炭不能同器,他们不可能和利益之外的人成为朋友。如果把他们放在与普通大众一个临界点上,他们便会像一群身处异乡的陌生人,不知道该如何与他人轻松愉快地接触和交往。

第二类是与工作有关的职业问题。谈到与工作相关的问题,大多数罪犯都会说:"你根本无法想象我们那里的工作环境有多么恶劣!"他们对环境恶劣心存畏惧,就像遇到洪水猛兽一样。他们不会像一般人那样勇敢地面对并克服困难,使自己适应环境。一份有意义的工作必定是造福他人的,而且意味着对他人的兴趣,也就是需要与人合作,可这恰恰是犯罪分子性格中所缺乏的,他们的合作精神在他们的早期生活中就凸显出来,因此多数罪犯都达不到职业要求。罪犯一般从事的都是技术含量低、知识欠缺的职业。如果我们向前追溯他们的人生,就会发现,早在他们的学生时代甚至入学之前,他们的这种性格就已露端倪。他们与人合作方面的兴趣已关上闸门,不具备与人合作的能力。合作精神需要系统的培训才能熟稔运用,而他们从未接受过与合作相关的培训,一旦遇到难以解决的难题时,他们就会束手无策,干脆将责任一推了之。如果我们非要他们与人合作,等于叫一个从未学习过历史的人去参加历史考试,收到的答卷要么漏洞百出,要么就是白卷。

第三类是与爱情有关的问题。爱情婚姻是每个人都要面临的一个复杂而幸福的课题,关于这方面的经验之谈不绝于耳,告诫人们如果要想维持美满幸福的婚姻,需要双方的精诚合作和彼此兴趣的培养,这是一个最讲究高度契合的合作过程。可以说有半数被关进监狱或劳教所的罪犯都承认自己染上过性病,这一点很能说明问题。也许我们应该关注到罪犯的生理需要,他们都在寻找一种简单的性欲解决捷径。在他们眼里,伴侣是一笔私有财产,他们还认为,性具有商品价值,可以用来做交易,爱情也可以用金钱买来。他们虚幻的英雄情结告诉他们,性是征服、占有他人的一种手段,所以他们努力寻求的并不是一生的陪伴者,而是占有他人。我们听到很多罪犯这样说："如果我得不到自己想要的一切，那我还活着干什么？"

无论什么事都拒绝与人合作，这并不是芝麻小事无关紧要。在生命的三个问题中，最致命的缺陷就是缺乏合作精神。我们每时、每刻、每天都需要与人合作。一个人的合作能力高低可以体现在他的言谈举止中。如果我的观察没错的话，罪犯们的听、看、说方面都与常人有差异。他们的语言使用的是另一套表达方式，这种不良影响使他们的智力水平存在缺陷。当我们与人交谈时，我们的诉求是希望别人理解自己，事实上，理解同样是一种社交能力的体现，我们所表达的意思和听者理解的意思能够达成一致，而罪犯则不然，他们的表达能力和接受能力都有其私人逻辑、私人智力，这从他们的犯罪行为和方式中可能得到充分体现。他们不是傻子，也并非弱智。如果我们站在他们的角度去理解他们虚构的优越感，就会觉得他们的想法是相当明智的。

一名罪犯这样说："我看到一个穿着很讲究的人，我却没有他那样的服饰，于是就有想杀了他的冲动。"按照他的逻辑去想，我们也会认同他的想法，他们不想通过努力去挣得谋生的收入，而欲望却重于一切，这在他们的强盗逻辑中是合乎情理的。然而，这并不是能被大众所公认的正常想法。在匈牙利曾经发生过一桩案子，几个妇女遭到诉讼，检察机关指控她们合伙投毒杀人，她们被送进了监狱。其中一位妇女在铁窗中仍然心有余恨地说："我的孩子生了病而且我又失业了，他讨厌极了，只能毒死他。"如果她放弃与人合作，我们又能拿她怎样呢？这是个有知识的女人，她不是弱智，但是她看待事物的角度与方式都与常人有异。所以，我们就不难明白那些贪恋某一事物，想轻松占有的罪犯的思维方式与常人的不同点在哪里，他们要在这个充满敌意的世界上抢夺自己喜欢的东西，他们脑海中的错误观念引导他们走上歧路，他们根本就不能对自身的重要性和他人的重要性作出清醒的评估。

合作的早期影响

现在，我想列举几种可能导致失败的情形以供探讨。

（1）家庭环境

很多时候，我们把孩子的犯罪归咎于其父母未尽到责任。也许，由于这些父母本身的经验不足，在孩子的成长过程中确实没有传授过他合作的知识，由于他们的父母在这方面的重视程度不够，以为这无足轻重，因为他们自己在与人合作方面都很欠缺。在不幸或破裂的家庭中，最显而易见的问题就是父母之间的合作并不充分。孩子最初建立起的第一条纽带是与母亲的联系，有可能这个母亲不情愿将孩子的兴趣转移到他的父亲、同学或其他人身上，或者这个母亲并没有意识到把孩子的父亲、朋友或其他人引进孩子的关注范围内的重要性。

又或者，最初的时候，这个孩子是家中唯一的孩子，是全家人的关注重点。可是当他长到三四岁的时候，随着第二个孩子的降生，他开始感觉自己的失落，地位一下子降低了等级，自己的人生蒙上了一层黯淡的阴影。他的叛逆心态开始萌芽，他开始无视自己的父母或弟弟妹妹，排斥他们，拒绝与他们建立兴趣，这一切都在我们的预料之中。当我们追溯罪犯的早期生活时，就会发现制造麻烦的罪魁祸首就是他们的早期生活经历，他们的某些行为或想法在童年时期已初露端倪，而且更令人纠结的是，麻烦的环境并不是决定孩子成长的唯一因素，起决定性作用的是他们误解了自己在家中的地位，而父母以及身边的人都没有正确地引导他们。

如果家庭中有一个孩子特别优秀，天赋出众，这个孩子势必会影响其他孩子的成长。因为这个优秀的孩子吸引了家里的大部分关注，而其他的孩子则会沮丧失望，甚至对他妒恨不已。他们采取的最突出的行动就是孤立那个优秀的孩子，处处要与他一争高下，但又缺乏信心。这是一个不幸的事实，这些孩子身上的优点就这样在恶性竞争中被掩盖了，没人教导他们如何别开生面地发挥自己的才能，与优秀者并驾齐驱。这些生长在他人阴影下的孩子走上犯罪道路的概率很高，罪犯、精神疾病患者或自杀者中常有有这样经历的人。

我们来做一个饶有趣味的观察，观察孩子刚刚入学之时的表现，我们会发现他们上学第一天表现出来的第一个缺点就是不知道怎样和别人交朋友，他们缺乏合作精神，不爱交朋友，也不喜欢老师，上课时东张西望，注意力不集中，老师在上面讲，他在下面专注于个人的小动作。如果此时对他们放任不管，不给予他们与人建立合作关系的鼓励，更大的不幸就会找上他们。他们不仅不能从别人那里得到帮助，还会遭受斥责和打击。所以他们喜欢逃学，憎恨课堂，上学对他们来说是件痛苦的事，到后来会越来越讨厌上课。曾经有一个十三岁的孩子被编到了慢班学习，他经常被老师斥责是个笨脑袋，他的一生因为这样的负面作用被毁了。这样的孩子会在冷漠中度过他的余生，完全丧失关爱他人的兴趣，人生目标也越来越倾斜于人生的阴暗面，一步步向反社会的深渊滑去。

(2) 贫穷

"贫穷是最大的暴力"，这是圣雄甘地的名言，我们虽然不能绝对地说贫穷就能彻底毁灭一个人，但"贫穷"绝对不是一个好词儿，它是误导人走上歧途的杀手。贫穷很容易使人错误地解读生活，来自贫困家庭的孩子步入社会后，大多数都会对社会产生偏见。他们的生活环境像一块贫瘠的土地，寸草不生，家里总是缺衣少食，生活异常艰辛。他们很小的时候就必须出去打工谋生，迫于生计从事自己并不喜欢的工作。之后，他们目睹那些有钱人的富裕生活，他们生活资料丰富，这在他们心里产生了强烈的不满，认为社会不公平。强烈的不满会催生他们内心的恶魔——嫉妒，他们仇恨那些人享受着比自己优越的生活。所以这就是在贫富差距越大的城市犯罪率会越高的症结所在。嫉妒一定不是个好东西，身陷贫穷的孩子对自己的处境很容易产生误解，他们会认为达到优势地位靠的就是不劳而获。

(3) 生理缺陷

以我的一己之见，生理缺陷会摧毁一个人的自尊心，引发人的自卑感。这一发现令我感到有点羞愧难当，因为这个论点同时在神经学和精神病学中的遗传论找到了落脚点，当我从一开始撰写关于生理残疾与个体精神补偿的论文时，我已经意识到这方面的问题。其实，人的自卑情绪并不能归罪于生理残疾，而是我们的教育方式，我们没有对他们施以健全的教育方式，他们缺乏正确引导。如果我们采用正确的方式，即使有生理缺陷的孩子照样可以在对自己产生兴趣的同时，也对他人产生兴趣。如果他们身边从来没有人让他们感受到过关心，他们就会变得以自我为中心，变得自私自利。

很多人都有内分泌失调的问题，可是却没有人能明确地指出内分泌腺的正常功能是个什么状态。也许人的内分泌腺体因人而异，千差万别，但不管它们怎样变化，应该对人的性格和品质没有影响。所以，在我们探索如何培养孩子与人合作且能够发展为社会栋梁之才的过程中，应该排除这一因素。

（4）社会不利因素

在犯罪群体中，孤儿的比例很高，这是我们社会的责任，我们的社会没有尽其可能地给这些孤儿灌输合作意识。同样，那些私生子也是问题儿童的主体，因为他们从小就没有体验过被爱护，因此他们也没有这个意识，也不会主动去爱护他人。弃儿也是其中一类，尤其是他们在受到冷落，得不到他人关心的时候，犯罪欲望很强烈。长相丑陋的罪犯也不在少数，曾经有人以此作为一个证据来支持遗传学观点。我们可以设身处地想想那些相貌丑陋的人，体会一下他们内心是何等感受！他们的不幸恐怕很难用语言来表达。他们天生就不漂亮，所以常常遭到别人的白眼，也许他们一生都要因为令人不愉快的相貌在痛苦中度过，对他们伤害最大的就是在他们的童年时期，他们没有普通人那样活泼快乐的童年。然而，如果我们对他们妥善对待，我相信仍然能培养出他们健全的社会情感，使他们成为社会的优秀分子。

有一个现象耐人寻味，有些相貌英俊的人也在罪犯之列。如果我们把犯罪归咎于生理缺陷或相貌丑陋的遗传基因，比如畸形的腿或兔唇，那么又如何解释那些仪表堂堂同样陷入犯罪的人呢？实际上，他们的成长并非因为环境恶劣，很难培养合作精神，而是被惯坏了，被惯坏的孩子同样很难与人合作，而且责任感欠缺。

犯罪问题的解决方案

问题一大堆，我们该如何做？如果我前面的理论完全站得住脚，我们就能发现罪犯的共同特征，那就是社会兴趣的缺失，合作意识的缺失，总是在追寻一种虚拟的优越感。现在，我们能为他们做些什么？答案是他们的特征和精神病人相似。如果能说服他们与我们合作，还有挽救的余地，否则，无计可施，我必须再三强调这一点。如果他们懂得了关心人类幸福，如果他们懂得与人合作是解决人生困难的最佳途径，那对他们的改造就会成功，否则，还是那句话——无计可施。

现在，我们清晰地看到了应该从哪里入手对罪犯进行改造，这个切入点就是教会他们与人合作。如果把他们紧锁在铁窗内，永远不会有什么效果；如果放他们出来，他们还会继续危害社会，而且眼下来说也不具备对罪犯统统假释的条件。必须脱离犯罪才能有社会的安定，但将罪犯隔离开来并不是最好的解决办法，我们最终应该做到帮助他们回归社会，成为一个新人，以全新的人生态度为社会做出自己的贡献。

这个问题说着容易做着难。我们既不能用优厚条件来换取他们的合作，又不能让他们的处境难上加难。我们不能直截了当地挑明他们的缺点和错误，也不能因为一时难以说服他们就与之争吵不休。他们的思维历经了多年的成长已经定型，多年来一直用已经形成的世界观打量世界。如果我们要使他们已经固定的看法真正得以改变，必须找到他们这种思维形成的源头，发现他们的失败始于何处，以及促使他们犯罪的环境因素。他们的性格特征在四五岁时基本定型，只有纠正他们在早期形成的错误认识，才能纠正他们的人生态度。

错误的人生观形成之后，为了证明自己是对的，他们会挖空心思找出生活经历中的遭遇来支持他们的观点，如果证据不足，他们可以改造这些经历，使之与预定目标相契合。比如，一个人如果抱着"他们羞辱我，对我态度恶劣"的想法对待生活，他就会专门热衷寻找与之相符合的证据，挖掘出大量事例说服自己坚信自己观点的正确性，而对相反的事例则一概熟视无睹。罪犯感兴趣的只是自己的想法和感受，他们固守着自己的认知方法，漠视那些与他们观点相反的事。所以，我们必须了解他们人生态度形成的深层原因，才能真正帮助他们走出困境。

体罚是无效手段

体罚是惩治手段中最下等的手段，事实证明，对罪犯进行体罚收效甚微，体罚本身就向罪犯证明社会的敌意和不合作，只能激起罪犯与社会更加对立。也许犯罪分子在上学的时候就有过被体罚的经历，他们因此变得越来越不合作，成绩差劲，表现顽劣，被责骂，被惩罚，成为班里的小混混。到了这个地步，如何指望培养他们的合作精神？恰恰相反，他们只会对社会更加失望，在他们眼中，人人都是敌人。他们也会因为受到的体罚对学校深恶痛绝，巴不得逃离学校。

孩子受到体罚后，最恶劣的后果是丧失对自己的信心，一个没有自信的孩子会对学习、同学、老师产生排斥心理。他会想方设法逃离学校，逃到一个没有人认识他的地方去生活。在那里，他和自己有着相似经历的孩子们相遇。那些五湖四海聚集在一起的有着共同经历的人不会责骂他，反而会对他抱以同情和理解。这样，得到肯定的他就会雄心勃勃地在反社会的道路上走下去。因为他早已失去了对社会的兴趣，社会大众都是他痛恨的对象，他的心里只有圈子内和自己"同病相怜"的人才是朋友，他们相互认可，可以成为同伴轻松地在一起。就这样，越来越多的孩子加入了犯罪团伙。如果在管教他们的时候，我们仍然施以体罚的手段，他们就会将我们确定为他们新的敌人，而他们的朋友就是和他们一样的罪犯。

我们不应该抡起体罚的大棒将他们击倒，让他们成为生活的手下败将，我们更不能采用武力捻灭他们的希望。如果从学校开始就对孩子们给予正确的方式和鼓励，他们就会看到希望而不会步入歧途。对于这一点，以后我会完整地阐述，在这个节点上我只是举例说明体罚只能使罪犯更加坚定地与社会为敌。

不管从哪方面来看，体罚都是劳而无功的失败之举。很多罪犯根本不珍惜生命，他们当中很多人都有过自杀的念头。所以在对待他们的方法上，不管体罚还是枪毙，都起不到震慑作用，他们根本不会害怕，"脑袋掉了碗大个疤"，对他来说，根本不知道何为"害怕"。如果狱警对他们严苛甚至残暴，只能激起他们更强烈的反抗，他们会像英雄一样挺起胸膛来跟警察一决高下，他们要证明他们比警察更强大更聪明。在他们看来，只要能战胜警方，什么都可以在所不惜。

这就是他们对待一切事的解读。他们将自己与社会间的冲突视为一场某种意义的战争，他们要在这种冲突中奋勇求胜，如果我们也以同样的想法来应对的话，就正好中了他们的下怀，他们甚至会把坐电椅都看作是一种挑战。警察在罪犯眼中就是妖魔鬼怪，他们必须要勇敢地与之搏斗，对他们处罚越重，就越是给他们提供了战斗的借口，很多罪犯以这样的思想对抗到最后一刻。那些即将被处以极刑的罪犯，在接近死亡的最后时刻还在想当初该怎样逃脱追捕，声称："如果我的眼镜没有落在了那里就好了。"

培养合作

我在前面已经说过，不要让孩子灰心丧气，这样会使他们自己看不起自己，认为自己处处不如人，以致完全丧失与人合作的兴趣。任何人都没有理由在面对人生中的难题时不战自溃。然而，罪犯选择的是一种错误的处事方法，所以我们应该把他们犯错的环节指出来，让他们明白自己的错误观点形成的原因。并且，我们要热情地鼓励他们对他人发生兴趣，与人合作。如果人们都弄懂了犯罪是软弱而非勇敢的表现，那么罪犯便不会卖力地自我辩解，为自己的行为寻找到充分的说辞，也就不会有孩子去积极效仿罪犯充当鸡鸣狗盗之徒了。在所有犯罪的案例中，不管描述是否准确，有一点不容置疑：童年时期的生活方式直接影响到个体合作精神的发展。

我想强调一点，人的合作能力必须后天培养，它必须通过学习来获得，没有谁天生就有合作精神。当然，合作的潜质可能是天生就存在，这在每个人身上都与生俱来，但只有经过后天的培养和锻炼，合作精神才能得到尽情发挥。此外，所有关于犯罪的观点，于我而言都缺乏依据，我从来没有遇到过一个具有很强合作精神的人仍然成了罪犯的案例，时至今日，也没有耳闻这样的事例。所以，预防犯罪的正确防御机制就是适当程度的合作。如果认识不到这一点，要想制止犯罪只能是一纸空谈。

教人合作可以像教授知识一样在课堂上授之于人，因为这是真理。如果一个孩子在考试之前没有充分地做好准备，必然会考砸。同样，无论孩子还是成人，在未经准备的情况下去参加一场应对合作精神的考试，也必然会考砸，在我们充分挥自己合作潜能之前，需要懂得必要的合作知识，才能有备无患地解决一切问题。

说到这儿，对于犯罪问题的讨论即将进入尾声，现在需要我们鼓起勇气面对真相。在上千年的探索中，我们至今还没有找到应对这一问题的正确方法，当人们倒空了脑袋里所有的办法之后还是徒劳，这一灾难仍然对我们紧追不舍。如今，我们通过研究找到了答案，那就是从未有人采用正确的方法帮助我们探寻错误的人生态度形成的原因，更别说制止错误人生态度的发展。现在，至少我们知道了什么才是真正有效的手段，那就是我们应该着力培养犯罪分子的合作精神。

如今,我们既有了充分的知识,又有了应对的经验。我相信,个体心理学会在我们指导罪犯改造的过程中提供帮助,还要考虑因人而异,对他们的生活目标逐一矫正。同时,不妨设想一下,要改造所有的罪犯这是一个浩大的工程,其艰难程度可想而知。可悲的是,在现实生活中,当遇到难以解决的困难时,大多数人都会将自己的合作精神退回到他的个人城堡之中,这就是犯罪率飙升的原因。所以,我认为,如果我们真的运用这样的方法去消灭犯罪,那么需要治疗的人非常之多,我们要对大部分人进行教育,要让那些犯罪的或有犯罪潜意识的人了解到真相:不是每个人都可以成为英雄,不是每个人都可以成为社会的栋梁之才。

可行性措施

此外,需要我们努力去做的事很多。如果我们无法有效地改造每一名罪犯,那就择其重点而为之,先为那些承受巨大压力的人减轻压力,比如针对那些缺乏知识的人和失业的人提供专业培训,帮助他们找到一份工作,这样起码可以使那些人不会失去最后的那点合作能力。毋庸置疑,如果先做到了这一步,犯罪率必然会下降。我不知道现行经济条件下,是否能获得实行这一改良性质的机遇,但起码这是我们努力的方向。

我们还应该提早为孩子将来更轻松地就业做好准备。今后如果他们在生活中遇到挫折,他们能够沉着应对,在面对职业问题时,他们才会有更加广泛的择业选择。这项工作完全可以在监狱里展开,其实我们已经在这一方向上做了一些有益的尝试,但还不够,还需要进一步努力。虽然我们不大可能对罪犯一对一地进行单独改造,但是可以建议组织一些关于社会问题的讨论,和他们在一起展开讨论,还可以让他们现身说法,并向他们提出各种问题,然后通过他们的回答对他们进行启迪,唤醒他们沉睡在梦魇中的理智,纠正他们思想中对世界的错误解读,让他们形成正确的人生观。我们应该让他们明确一点,没有必要为自己设限,把自己拘泥于各种条条框框之中,要解放思想,平息对社会问题的恐惧心理,直面生活中的困难。我相信,这样一定会带来显著的成效。

同时,针对那些容易受到诱惑的群体,那些将一切事物都看成挑战的穷人或罪犯们,我们应该尽可能消除极端显著的贫富差距,消除他们的仇富心态,人世间的贫富差距也是一个使社会动荡不安的因素,贫富差距过大会使穷人心生嫉妒,对社会不满度增大。所以,我们要尽量避免过于奢侈和炫耀,那些高调的炫耀实则毫无意义。

在对智障儿童和少年犯的治疗中,挑战他们的能力是最不恰当的做法,这很容易引起他们与社会对抗,他们会把周边的环境视为与他们过不去的障碍,他们会以消极的态度来抗衡。这一现象在罪犯身上同样明显,全世界的警察、法律、法官这些强大的国家机器都在和罪犯作对,这会激起他们的强烈的反抗心理,他们乐意把自己打扮成一个英雄。所以,对罪犯采取威胁是得不偿失的下策,我们不妨试着低调行动,不要宣扬他们的姓名和罪行,这样也许会取得比较好的效果。看来,是时候该我们进行校正对待罪犯的态度了,因为不管严厉打击或者怀柔绥靖,似乎都收效甚微。要想彻底解决问题，我们首先应该人性化地对待罪犯，用死刑恐吓他们只会给这种对立火上加油，很多死刑犯到死到临头时感叹的不是悔过，而是叹息自己大意失荆州的失误。

如果我们秉持着人道主义精神去做事，破案率会再高一些，对我们的研究也有很大帮助。据我了解，落入法网的罪犯只有犯罪分子刚超一半的比例，至少还有总数百分之四十左右的罪犯逍遥法外，这一事实致使其他犯罪分子更加变本加厉，作案却逃脱了追捕，这让他们积累了更多的作案经验。如今，我们在这一点上的研究已经有了一些进展，而且正在朝着正确的方向发展。同样至关重要的是：罪犯不管是在狱中还是已经出狱，都不要去揭他们的伤疤，不要让他们再受到羞辱或挑衅。如果有适当的人选，我认为增加缓刑的感化人员会是一个有效的办法，当然，这些感化人员自身也必须接受对社会问题和合作问题的教育。

预防措施

如果在未来的某一天，这些建议得以落实，我想应该会收到巨大的成效。当然，即便这样仍不能把犯罪的数量控制到理想值，好在我们还有一套预备方案，我们还有另一个可以随时利用的实用有效的方法，那就是把工作重心前移。如果我们在孩子们身上下足功夫，培养起他们的的合作意识，培养起他们的社会兴趣，那么就会有效地减少犯罪的发生概率，持之以恒地坚持下去，一定会收到成效。这时，诱惑和唆使将对这些孩子无计可施，他们即使遇到了麻烦和难以解决的问题，也仍然会坚守自己对他人的兴趣与关爱精神，与我们相比，他们更具备圆满的处事能力和合作精神。

很多犯罪分子的犯罪生涯都始于他的早年生活时期。一般来说，十五至二十八岁这个年龄段的人很容易走差路，这就是我们所说的"青春期问题"。所以，我敢断言，如果我们正确地教育孩子，也会对整个家庭产生影响，我们的努力很快就会见到成效。对于父母来说，最欣慰的事就是培养出一个有远大抱负、坚强乐观、独立、进取并且健康发展的孩子。做到这一点需要社会各界的共同努力，如果孩子得到了正确的培养，合作精神之硕果就会在全世界丰收，人类也将会提升一个新的高度。我们还要关注一个问题，在考虑影响孩子的同时，还要关注对父母和教师的影响。

接下来，最后一个问题也是一个带有技术性质的问题，从哪儿入手最恰当，这个最佳出击点选对了，以后的事情做起来就顺手多了。我们应该采取怎样的方法培养孩子解决困难的能力？难道在他们父母身上下功夫吗？当然不，对父母进行培训的建议不大可能付诸实施。并且那些真正需要培训的父母反而会躲着不见我们。所以，我们只好另辟蹊径。怎么做呢？难道把孩子们像赶鸭子一样赶拢来，室内装上监控设施，把他们一举一动都监控起来？这当然也是一个行不通的办法。

其实，有一种方法是真正切实可行的，那就是把老师动员起来，我们可以训练老师，让老师作为社会进步的推动力量，让他们培养孩子的合作能力，并纠正孩子们在家里形成的错误观念。作为一个家庭要负担孩子的全部教育任务是不可能的，这样，学校就成了家庭教育的延伸。正是因为家庭对解决孩子人生中的所有问题心有余而力不足，所以学校才应运而生。那么，我们为何不能物尽其用，利用学校成为孩子提高自己的社交能力和合作能力的实验课堂，为人类的幸福共同进步呢？

　　简而言之，在文明的现代社会中，我们所享用的一切好处都是先辈留下的宝贵遗产，所以，我们的行动必须建立在以下认识的基础上：那些为人类做贡献的先辈们留给我们取之不尽的财富，如果我们互相之间没有合作、对他人没有兴趣、社会情感缺失、没有奉献，我们的人生就是一片荒芜的沙漠，我们的生命等同于浪费，我们离开这个世界后，不会遗留下丝毫有价值的痕迹。只有那些甘于奉献的人，才有成功的人生，并为后世所铭记。如果我们以此为教育孩子的基础，那么他们长大后必定发自内心地乐意与人合作。在困难面前，他们不会瞻前顾后畏缩不前，而是直面困难，有足够强大的勇气去解决最艰难的问题，并且懂得运用合作共赢的方式为最佳解决手段。

第十章　职业问题

平衡人生难题

束缚人类的三大约束的表现就是人生的三大问题，这三个问题相互关联，任何一个都不能剥离开来单独处理，其中任何一个问题的解决必须倚仗其他两个问题的顺利解决。第一大约束是职业问题。在我们生活的这个星球上，我们依赖土地、丰富的矿藏，以及气候、空气、水资源等物质而共存，解决地球带给我们的问题成了人类生存条件要求我们寻找解决之道的重要议程。时至今日，我们都无法宣称已经找到了最好的解决办法。虽然在某一历史时期，在一定程度上得到了相对顺利的解决，但仍然可以看到有更大的空间急需发展和改进。

职业问题的解决必须倚仗另一个问题的解决——人际交往的问题。束缚人类的第二个因素就是我们同属一个族类，必须群居这一事实。如果世上只有一个人存在，那他的人生态度和行为方式将与我们截然不同。但是，作为必须群居的族类，在我们生存的同时，必须考虑到其他人的生存和利益，我们的行为方式必须调整到与他人相适应，并让他们也对自己有兴趣。解决情感与合作这一问题的最佳手段就是友谊，就是关爱他人，培养责任感。如果人际交往的问题得以顺利解决，职业问题的解决方案就形成了。

由于人类学会了合作，继而有了劳动分工这一重大发现，这也是人类幸福的重要前提。如果人们只想凭一己之力生存，不想与人合作，也不依靠前人合作创造的财富，仅凭单打独斗求生，生命的维系将难以为继。只有我们通过分工劳动，利用我们经过各种训练得到的技能，并学会优化组合，共同为人类谋取福祉；这既可获得人类的安全保障，也可为更多成员创造工作机会。诚然，我们还远远没有达到令人满意的合作结果，距离劳动分工的完美境地还需时日。无论如何，眼下我们必须在人类劳动分工的框架之下解决工作中的问题，人尽其才，物尽其用，共同创造美好的未来。

生活中总有一些人试图逃避工作问题，他们厌恶工作，要么赋闲在家，要么蜻蜓点水似地做一些与大众关注的工作毫不相干的事。然而，虽然他们在力图逃避工作，却有要依靠同伴帮助的实际需要。他们以各种方式生活在别人的劳动成果上，自己却不做出一分一毫的贡献。那些被宠坏的孩子就是这种人生态度，无论何时，他们一旦遇到困难，就会把解决问题的重担推诿于人，他们阻碍人类合作，对那些积极解决生活问题的人加诸不公正的期望值，世界的问题就是因为这些被惯坏的孩子搞乱了人类合作的因素。

人类的第三条约束来自我们的性别问题，这条约束的范围虽然只在男女之间，但影响却很深远。一个人的性别取向只有两种，要么是男性，要么是女性，二者必居其一。我们在延续人类的过程中如何实现自己的性角色，取决于我们怎样接触异性以及以自己性别付诸实践的程度。和前面的两个问题一样，两性问题同样是无法孤立解决的。一个成功的人必定是一个成功解决了爱情和婚姻问题的人，成功的爱情婚姻是促进我们更好地发展职业的积极因素，除此之外，还需要建立起良好的人际关系。正如我们所看到的，一夫一妻制是当今解决这一问题的最佳方法，也是人们最能广泛接受的解决方式，因为它对满足社会和劳动分工的要求可以达到最大值。同时，观察一个人的合作程度与能力，也可以从他对待爱情和婚姻的人生态度中透彻地体现出来。

可以说这三个问题同生共死、互相牵制影响，没有哪一个问题能够孤立存在。只要顺利解决了其中的一个问题，那么一定会有助于其他两个问题的解决。或者我们可以这样下定义：它们是一个问题的不同侧面，而这个问题的终极意义则是维系人类的生存，并且在所处环境中得以长久地繁衍生息。

有时，当一个人想逃避社会和爱情的时候，职业便首当其冲成为逃避者的一种托词。在如今的信息化社会中，人们的生活节奏加快，这正好给有的人提供了远离爱情和与人交往的借口，同时，这还是那些婚姻失败者的一个冠冕堂皇的理由。比如，一个工作狂会言之凿凿地说："我根本没有精力和时间去谈情说爱，实在腾不出时间来操心婚姻之事，所以我的婚姻失败不能归咎于我。"以此为借口逃避婚姻和人际交往的人大多数都患有神经官能症，他们几乎不和异性相处，也不可能对别人感兴趣，整日整夜埋头于工作之中，他们把自己搞得像打仗一样高度紧张，睡梦中想的也是这些事。久而久之，被高度紧张折腾得分不清白天黑夜的他们开始出现一些精神疾病的症状，肠胃不适也跟着来了，接下来，肠胃不适等毛病也成为他们避免社交和婚姻的借口。在其他案例中我们还发现，有些人总是在频繁地跳槽，不停地更换工作，他们总是一厢情愿地认为还有更好的工作在等着他，事实上，他总是不能在一个职位上确定下来，总在不断地弃旧换新，结果只能是一事无成。

家庭和学校的影响

　　母亲是孩子的职业兴趣发展中有着最初影响的第一人。因此在孩子四五岁前对他们进行训练有助于他们对职业的认识，这对他们成年以后的活动范围起着决定性影响。当我为别人做职业指导时，我首先会询问他们的幼年生活，他们早年生活时期的梦想及那时最感兴趣的事。那一段时间的记忆像一座金矿，可以挖掘出有价值的线索，这些线索对我们分析他们最早受过的那些训练很有参考价值，通过这些线索可以看到他们透露出来的理想和人生目标。在后面的章节中，我还会讲到最初记忆的重要性。

　　培养孩子兴趣的第二因素就是学校，这是对孩子进行训练的第二驿站，我相信，如今我们的学校越来越重视对学生职业方面的培训，特别重视训练学生动手、动脑和观察能力，为以后的职业发展奠定基础，尤其对双耳、双眼及其他器官功能的训练，这些训练都和教授各种一般学科知识同等重要。我们同时也要重视教授一般学科的必要性，虽然我们常听到一些人说，他们早已将在学校里学到的拉丁文或法文忘掉了，即便如此，我们也不能否认教授这些课程的必要性。我们发现，全面锻炼一个人心智各种功能的最好途径就是学习各科知识。如今，在一些新式的学校开始重视技能的培训,并增加了手工技能的课程,这样既可拓展孩子的亲身实践,又能激发他们的自信。

纠正潜在的错误

有人对工作挑三拣四,但他选择的职业却很难令他满意。其实他们选择的并不是工作,而是一种安逸,一种享受,他们并不缺乏工作,而是缺乏能保证他们优越地位的捷径。在他们心中,从来没有居安思危的思想,他们认为自己的人生应该风平浪静,所以他们也从来没有想过要面对问题,一旦发生波折,他们便把一切问题归咎于上天的不公。这都是些被宠坏的孩子,生活中习惯于依赖别人的帮助。

还有一些孩子愿意甘拜下风,他对当"头儿"不感兴趣,他的兴趣是喜欢当"跟屁虫",当他寻找到一个可以追随的孩子或成人后,就会甘愿仰望他。我们不鼓励孩子养成这样的习惯,因为这是没有益处的,最好在他的童年时期就先下手为强,打消这种孩子的被动倾向。如果他的这种顺从性格在他的童年时期得不到遏制,他在以后的生活中也难担当领导者的角色,只能在一个下级员工的职位上逆来顺受。

懒惰、邋遢和散漫的习惯倾向都始于一个人的早期生活时期,这些错误习惯的形成必将影响到孩子成年以后的生活,他们日后必屡遭挫折。如果我们看到一个孩子总是在逃避困难时,就要采取科学的方法找出其错误的成因,并用科学的方法纠正他们的错误。假如我们的生存环境是一个可以坐享其成的星球,一切应有尽有,"所求于迩,故不劳而得也,衣来伸手,饭来张口",如此,懒惰便是美德,而勤劳反而是多此一举的行为。就目前我们和地球的关系来看,我们根本没有坐享其成的权利,我们不得不努力工作、合作与奉献,这是我们凭直觉就可以得到的答案。下面我们从科学层面来进行分析。

天才与早期兴趣

在那些卓越的人身上我们可以看到,天才的培养都始于幼年,通过对卓越人才的分析,我们对天才的定义应该是:只有那些为人类的利益做出了卓越贡献的人,才会被我们誉为天才或人才,而没有一个人称那些对公共利益毫无作为的人为天才。人类文明的发展是人类共同合作的结果,而将文明推到了一个更高境界的就是那些人类的天才。

《荷马史诗》的作者只描述了三种颜色,这三种颜色可以区分开所有浓淡和细微的差别。人们对颜色的感觉早已与生俱来,但却忽略了色彩的生命力,它们只是人们眼中的一般事物而已。那么,是谁启迪了我们对身边五彩缤纷的色彩的鉴赏能力?是画家,画家用色彩描述的艺术形象提高了人们的欣赏水平。而作曲家则训练了我们的听觉,使我们懂得用非凡的听觉欣赏音乐。如今我们喉咙里发出的音调不会像我们的祖先那样只能喊出沙哑的声音,而是可以哼唱出动听的旋律,这些都得益于作曲家的奉献,是他们滋润了我们的灵魂,训练了我们的耳朵和声音。是谁教会了我们谈吐文雅、思维敏捷、情感丰富?是诗人。他们使我们的思想丰富，可以明晰而生动地表达我们的感受，并且在任何场合都能适当地运用丰富的语言。

毋庸置疑，人类合作精神最突出的当数天才人物。虽然从表面上看，他们的言谈举止和为人处世中没有明显的合作精神，但观其一生的成就，他们全部生命过程的合作精神就会非常清晰地显露出来。与他们合作并不简单，他们的整个生命篇章起伏跌宕，因为他们选择的是一条充满了艰难坎坷的路途。他们在这条路途上行进的时候，生理和心理上的考验都达到了极限。纵观那些杰出的人物，我们就会发现，他们当中很多人都有某些严重的生理缺陷，然而在那些杰出之士身上，即使生理上先天不足，他们仍然奋力拼搏，克服一切面临的困难。他们最为明显的特点是，年纪轻轻就对周围的事物怀有强烈的兴趣，他们的早期兴趣使他们受益匪浅。他们通过早期训练将自己的感官锻炼得机智敏捷，让自己建立起与世上各种问题的联系，接触并理解它们。通过对他们早期训练的了解，我们可以下这样的结论：他们的艺术资质和天赋都来自后天的训练，而非天生的遗传或先辈的恩赐，他们竭尽所能创造了大量劳动成果，使我们从中受益。

培养才能

一个人日后的成功基础始于他早期的兴趣。我们假设一下，如果一个三四岁的小女孩对她的布娃娃的衣着很有兴趣，开始学着为自己的布娃娃缝制帽子，我们看到她的工作，夸奖她缝得很漂亮，并且建议她如何使帽子看起来更漂亮。这样的鼓励会使小女孩对她的工作更加有兴趣,她会在我们的鼓励下努力慢慢提高自己的缝制技能。但是如果在她缝制帽子的时候,你走过去板着脸对她说:"赶快将针放下,你不怕针会扎到你吗?你根本不用自己去做,你想要的话,我们出去买一顶很漂亮的。"接下来的事情就是,她当即就会放下手中的活计,而且以后对缝制的活儿越来越没有兴趣。我们可以继续观察这两个女孩的日后发展,我们将会看到,第一个女孩的手工艺会越来越好,她不但对劳动发生了兴趣,而且培养了很高的艺术品味;而第二个女孩却对工作毫无兴趣,她会放弃一切努力,因为她认为买的东西都会比她笨手笨脚做的好。

童年宣言

如果一个孩子在童年早期生活中就憧憬自己的未来,他会为自己定下一个准确的目标,这对他的成长会很有帮助。当我们问孩子长大之后干什么,大部分儿童会明确地回答他们幼稚的远大志向。只是他们在回答自己的愿望时一般都没有经过认真考虑,比如,有人说自己想当飞行员,有人说想当火车司机,但是他们却并不知道为何要选择这些职业。我们的责任就是要穷究他们回答下潜藏的因素,把孩子立下此志向的原因挖掘出来,发现他们努力的方向,是什么因素推动他们立此志向,以及他们想以什么方式实现自己的目标。其实他们的回答只能说明所选择的职业在他们心目中体现了优越感,然而我们可以通过他们的职业选择来从其他方面帮助他们实现目标。

孩子在十二至十四岁的时候，会对自己人生的目标有更清晰的认知，如果在这个年龄阶段的孩子还不能回答自己今后想干什么的话，我会很遗憾。当然，说不清楚自己长大以后要做什么，并不等于他们对任何事都没有兴趣，也不等于他们完全胸无大志，也许他们是有志向的，只是没有勇气告诉别人。碰到这样的孩子，我们必须设法了解他们的主要兴趣和他们所接受过的训练。有些孩子已经十六岁高中毕业了，仍不能明确自己要从事怎样的职业。这些孩子都是学校的高才生，成绩优异，但对自己今后的人生道路该怎么走却茫然无知，他们缺乏的不是抱负，而是合作精神。他们不知道如何在分工劳动中找到自己的定位，更不知道通过什么方式实现自己的理想。

这就对我们提出了一个要求，我们必须在孩子的早期生活中灌输他们未来职业的定位，这确实是有益无害的。我在课堂上经常有意识地就这个问题向孩子们提问，我的目的是避免他们敷衍了事或有意隐瞒答案，他们必须认真考虑，然后回答我的提问。此外，我还会问他们选择这一职业的原因，他们也会实话实说，坦露他们努力向往的目标。从他们对职业的选择中，我可以了解到他们的人生态度，以及他们认为在自己眼中最有价值的东西。我们应该尽到的责任就是有必要鼓励他们选择在他们心中有价值的工作，价值观也是因人而异，所以我们无从判断职业的高低贵贱之分。如果他忠实于自己选择的职业，并能为社会做出自己的贡献，他就称得上是一个栋梁之才。而他们唯一的责任则是让自己得到锻炼，自强自立，在劳动分工的框架内实现自己的目标。

可以这样说，大多数人在成年之后的兴趣与他早期生活时期的兴趣偏差不大，早年的兴趣就像烙印一样深刻地留在他的印象中。或许是成年后由于经济所迫,或者出于父母的压力,被迫从事自己不喜欢的职业。这从一个侧面说明了早期训练的影响力和重要性。

早期记忆

在给一个人提供就业指导的时候,应该非常谨慎地考虑他的最初记忆。如果一个人在儿童时期的最初记忆中,对与视觉相关的事物兴趣尤深,那么我们可以建议他从事与视觉相关的职业。如果一个人说他孩提时对人们的谈话和风铃"叮叮当当"的声音很敏感,我们就此可以判断他属于听觉型的孩子,那么他很适合做与音乐相关的职业。有些孩子在写作文的时候,会写他对运动的印象比较深刻,此类孩子体力充沛,比较好动,关于体力的或者旅行方面的职业也许更适合他。

角色扮演

我们在观察儿童的行为时,常常可以发现,他们儿时的游戏其实不知不觉地在为他们以后所从事的职业奠定基础。有很多孩子对技术或者机械方面兴趣浓厚,如果他们朝此方向发展,并能从事与自己兴趣相关的职业,他们一定会卓有成效地做好这项工作。通过孩子所玩的游戏,我们可以一窥他们的兴趣所在。比如,将来想当老师的孩子,常常喜欢把一群年幼的孩子聚集起来，做模仿老师上课的游戏。

有些小女孩常常学着妈妈的样子抱着布娃娃玩耍，假装妈妈哄孩子睡觉，这是她们对婴儿的兴趣。我们应该支持她们的兴趣，鼓励她们扮演母亲的角色，不必顾虑小女孩玩布娃娃，有人认为给小女孩布娃娃，会让她们脱离现实。其实，她们通过这样的游戏在认同自己未来的角色转换。在孩子的童年时期培养这种兴趣很有必要，因为一旦错过了定型的年龄，重提儿时的兴趣已经引不起他们的兴趣了。

在此，我要特别重申，女性作为母亲对人类生命所做的贡献，母亲的功劳可以漫无边际地夸奖。如果一位母亲关心自己孩子的生活，竭尽所能培养孩子，帮助拓宽孩子的兴趣，培养孩子的合作精神，为孩子今后成为社会的栋梁之才铺平道路，那么这位母亲的工作价值无论给予多高的评价都不为过。在我们的文化中，人们往往将母亲的工作低估到无关紧要，认为她们所做的事并无多大意义。母亲的付出常常被湮没在流逝的岁月中，溅不起回报的浪花，尤其是那些全职母亲在经济上也处于依附地位。然而，成功的家庭需要父母双方的共同付出，无论这个女性作为全职母亲还是职业女性，她们和丈夫的重要性应该平分秋色。

影响择业的因素

当一个孩子在童年时期目睹了有人突然患病或者死亡，他们会对这些猝不及防的事心有余悸，一直会保留很深的印象。这样的孩子会希望自己长大后成为医生、护士或者药剂师。我认为他们的想法应该得到鼓励，我们应该支持他们朝着自己的理想前进，据我所知，那些热爱自己医生职业的人在儿童时期就萌生了对这一职业的浓厚兴趣。有时，对死亡的惧怕也会让他们以另一种形式得到补偿。比如，他们会通过艺术类或文学类的创作来超越死亡，使"生命"得以延续，也可能成为虔诚的宗教信徒。

在孩子们的心中，他们最普遍的一种目标追求就是要超过家庭中的某个成员，尤其是要胜过自己的父母。这样的目标追求难能可贵，长江后浪推前浪，青出于蓝胜于蓝。有很多事例向我们证明，如果孩子想在同一职业领域超越自己的父母，父母的经验就会成为他们起步时的宝贵经验。父亲是警察，孩子的理想也许就是成为法官或律师。父亲是医院的职员，孩子就希望成为大夫或者外科医生。父亲是老师，孩子就一门心思希望成为教授。

如果一个家庭的金钱观念至高无上，那么这个家庭中的孩子衡量所从事职业的高低就会以收入多少来评判，这是很失败的家庭。因为这样的家庭氛围根本不能帮助孩子形成为人类奉献的价值观。金钱在孩子心中压倒一切，他们会无视与他人合作的重要性，只求一己利益。他们只对挣钱感兴趣，去偷、去抢、去坑蒙拐骗，只要能达到挣钱的目的，可以不择手段。如果他们有幸没有走上犯罪道路，即便在拜金思想之下还稍微残留一点责任感的底线，他们的行为对社会和他人也不会有多大益处。现代社会很复杂，以不法手段一夜暴富的人很多，有时，投机取巧也能使人致富。我们不能肯定保持正确人生态度的人就一定是成功人士，但能保证他们永远不会成为懦夫，永远不会失去尊严。

寻求解决之道

　　解决问题儿童的关键是，我们首先要找到他们的兴趣所在，先走好这一步，下一步才能更好地帮助和鼓励他们。当年轻人在选择职业时瞻前顾后或中年人在职场频频卡壳时，我们同样需要挖掘出他们的兴趣所在，真诚地建议他们选择与自己兴趣相适应的工作，当然这并不是一件容易的事。如今，失业率居高不下，逐渐形成一个社会问题，已引起了人们的注意。可见我们所处的时代环境并不利于我们提高合作的深度和广度。所以，我认为只要认识到合作的重要性的人都应该为减轻失业现象发挥聪明才智，让每个人都得到一份相对满意的工作。

　　我们可以开动脑筋拿出办法来改善这一状况，比如，通过增加技术学校的数量和推广成人教育，使那些失去工作的人获得一技之长得以谋生，这样，他们中有些人或许会对社会产生兴趣。社会中还有一些未经技能培训而无所事事或对公共利益漠然视之的人，都是社会的一种负担。这些人有强烈的自卑感，知道自己无任何优势可言，知道自己有缺陷，几乎没有价值，很多缺乏教育的人很容易走向犯罪的道路，或者沦为精神病患者和自杀者。他们缺乏训练，受教育的程度很低，甘居下流。我们的家长、教师和所有关注人类进步的人，都有责任让孩子受到良好的教育，都有责任为孩子今后在劳动分工中可以为自己找到位置打下基础，而且这些工作必须从孩子的童年时期抓起。

第十一章　个体与社会群体

人类需要团结

从古到今，人类都是群居生活的族类。在人类文明早期，可以看到人类最早的生存形态就是追求与人结伴，通过对同胞建立兴趣，结下共同的友谊。因为有了人与人之间的相互关心和帮助，人类才得以繁衍壮大。原始社会的部落反映了我们的先辈组成家庭的倾向，同族成员在统一的标志下聚集在一起生活，守望相助，共享劳动成果。人类需要团结，在一个家庭中，相互的关爱必不可少。

宗教的角色

图腾崇拜始于最早的宗教仪式，可以视为最质朴的崇拜原始形态。古代社会生产力低下，人们在严酷的自然环境中生存、繁衍。当人类还不能支配自然力的时候，产生了对自然界的幻想，人类将某些动物看作神灵的化身，认为本氏族的祖先与某种动植物有密切关系，于是开始有了图腾信仰。有的部落图腾是蜥蜴，而有的部落图腾则是公牛或蟒蛇，他们认为图腾有某种神秘的力量。每个氏族都有图腾，同一图腾的成员是一个整体，其成员共同生活，共同合作。在原始部落中，这种方法成为人类获取并保持共同协作的重要手段之一。每逢原始宗教的祭祀日，同一图腾的人就会聚集到一起，讨论今年的收获以及如何抵御野兽和天灾，寻求安全保障的方法。

当时的婚姻被视为与公共利益有关的事，关系到整个部落的繁衍生存。古代图腾的禁忌之一是禁止同族成员通婚，所以，部落里的男性都必须按照部落的规则，不得在同一氏族或图腾部落里寻偶。即使在今天的现代社会，婚姻也不是个人小事，而是全人类在精神和心灵上都共同参与的事。婚姻不光是一纸结婚证，而是包含了双方共同承担的责任，这是社会赋予婚姻双方的义务。并且还要为社会期待优生优育，然后以合作精神将孩子共同抚养成人。所以，全人类对婚姻的态度都是庄重严肃的。虽然用我们现在的眼光来看，原始社会中用图腾、风俗来控制婚姻的制度体系十分荒谬，但它向我们显示了一个重视婚姻的原则，当时对婚姻的管制是为了加强人类之间的合作。

在基督教信仰中，信徒有一条重要的生活原则——"要爱你的邻舍"，这让我们看到人类为了增进同类之间的合作所做的努力。有趣的是，即便今天我们从科学的角度证实这种观点，仍然可以看到这条原则的价值。我们常被那些被过分宠爱的孩子诘问："我干吗要爱我的邻居？我的邻居爱我吗？"从他们的话中我们看到了这些孩子缺乏合作精神的训练，以及他们的利己主义思想，只对自己感兴趣。那些对生活遇到最难以解决的问题的人，以及给他人带来严重伤害的人，都是这种待人冷漠、对同胞没有兴趣的人，这一类人往往都是终生的失败者。很多宗教或团体都有一套自己的方式倡导合作，我认同那些将合作当作人生目标并为之努力的人。互相争执、批判或贬低对方都是阻碍人类文明发展的。至今人们常为"真理"一词众说纷纭，莫衷一是，其实谁的手上也没有绝对真理，因为达成人类合作愿望的道路有无数条，只是我没有把握说哪一条是最合适的。

政治和社会行动

我们都知道，在政治上，即使最佳方式也会被篡改，世上的政治团体多种多样，无论哪个团体，无论哪个政治家执政，如果不谈合作，都不可能通过政治手段达成成果。所有的政客都必须有促进人类进步的政治远见，这意味着，必须要有更高程度的合作精神才能达到人类的终极目标。我们无法确定到底哪个政党才能担当更高层次的合作重任，如果我们要判断哪个政党才能真正改善人类的生存环境，可以观察这个政党成员的生活方式，如果一个政党运用自己的影响力使党内成员愉快合作，我们就可以认定这个政党对社会是有益的。在社会行为方面，我们也可以秉持这个标准去判断，如果那些社会行为的参与者以把孩子造就为国家的栋梁之才为己任，让孩子们有更强的责任感，并尊重自己国家的文化和传统，即使他们按照自己认为最理想的方式推广他们的文化，并试图改变或修订法律，我们也必须承认他们社会行为的积极性。社会行为同样具有促进人类发展的目的，我们没有必要持片面的眼光去看待。

所以，是否能促进人类的发展和增进人类同胞的合作，是判断政治和社会行动的唯一客观标准。同时，我们会看到还有促进合作的多种形式，有些方式也许并非正大光明，但只要其目标是促进人类合作，我们就没有必要苛求其方法不是最佳而加以排斥。

利己主义

利己主义者的行为对社会有百害而无一利，无论是对个人还是集体，这种人对人类的进步都是一种障碍。我们一再强调，只有通过与周围的人互助互爱，才能促使人类在各个方面的能力向前发展。无论说话、读书、写字，都是与人交流的方式，语言作为人类的共同工具，本身就是人类共同努力的结果，也是社会兴趣的产物。相互理解是人类之间分享功能，而非个人之事，理解的内涵意味着通过与人分享的方式去解读其中的含义。

世界上总有一些追逐个人利益的人，他们一直在寻求个人的优越感目标，他们将私有意义赋予到个人的生活中，简言之，只为自己而活。他们的生存意义只有一个目标，就是为了谋求个人利益，但这种观点并不被大多数人认同。我们发现，这样的人根本不能很好地与周围的人建立关系。在我的经验中，只要遇到这种以自我为中心的儿童，一定会看到他们脸上布满自卑和迷茫的表情，这种表情也可以在罪犯和精神病人脸上看到。他们似乎从来不会用眼神与人交流，甚至对世界的感知能力也异于常人。这样的儿童或成人甚至不愿意把目光投向周围的人，他们对对方的表情和眼神麻木不仁，如果遇到与人的视线相遇便急忙将目光移向别处。

精神障碍

  与他人建立关系的失败体现在很多精神疾病患者身上,这是我们常常遇到的问题。他们与人沟通有很大的障碍,主要原因在于他们缺乏对他人的兴趣。所以,一些强迫性症状在他们身上非常明显,比如脸红、口吃、阳痿、早泄等。

  最严重的自我孤立者就是自闭症患者,自闭症的巅峰状态就是精神病。如果一个精神病患者在他人的帮助下,能够建立起对他人的兴趣,那么这人还有救。比起单纯的自闭症患者而言,精神病患者的危险程度严重得多,单纯的自闭症患者只是内心更疏远社会而已,但对社会的危害程度不大,而精神病患者疏远社会的程度比起其他症状的人更严重,仅次于选择自杀的人。要治愈这种病人的先决条件是必须赢得病人的合作,而做到这一点需要高超的技巧,这个技巧就是我们的善良和耐心,再辅之以真诚友善的治疗手段。我曾被人请求去救助一名患有精神分裂症的女孩,我接触她的时候,她已经患病八年,她患病七年后才被送进精神病医院。那时的她已经接近疯狂状态,见了人就像狗一样狂吠,到处吐口水,扯烂自己的衣服,曾经还试图把一张手帕吞进肚里,从她的状态中可以看出她与人的疏远程度已经很远了。她把自己扮成一只狗,我这样理解她的行为,也许她母亲待她就像一条狗,所以她只想成为一条狗。她的行为似乎在说:"见到的人越多,我就越想让自己成为一条狗。"我跟她聊天,和她一直聊了八天,结果对牛弹琴,她只字未吐,没有一点反应。我告诉自己必须耐心、再耐心，我一直坚持和她谈心，一个月之后，她开始有了茫然不知所云的反应，嘴里说出了一些混乱不清、不知所云的话语。我知道我的努力开始有了成效，这得归功于我对她的友好态度，使她受到很大的鼓舞。

但是这类病人即使受到别人的鼓励，也不知道如何运用自己的勇气，他们根本不知道该如何与他人发生兴趣，因为他们内心对他人有强烈的排斥感。虽然我们可以预测他们找回勇气的行为，但有个事实却难以如愿，那就是他们仍然拒绝合作。他们就跟问题儿童像一个模子里出来的一样，想尽一切办法惹是生非，使劲摔东西、袭击医护人员。我在和这位女孩聊天的时候，也被她打过。我不得不考虑采取什么样的应对措施了，结果我让那个女孩得到一个她唯一想不到的结果，我没做任何反抗。女孩的手劲并不大，我任随她捶打我，打不还手，继续用亲切的眼神望着她。我的友好态度太出乎她的意料了，所以她慢慢停止对我的攻击，反抗的情绪逐渐消失了。

我虽然将她的勇气唤醒，但她却不知如何运用被唤醒的勇气，她还是精神病发作的巅峰状态，砸碎了我的玻璃窗户，窗户碎片划伤了她的手指。我丝毫没有责备她的野蛮行为，反而帮她把受伤的手指包扎好。对待这种暴力倾向的病人，常常是将他们锁在房间里不让出来，但对她来说，我认为这并不是治疗的最佳办法。治病也需要因人而异，治疗和女孩类似的病人，最好的办法是不惜一切赢得病人的信任。如果期待一位患有精神病的人和常人有一样的行为方式，这本身就是一个很大的错误。因为精神病人不能和正常人有一样的反应，所以我们常被精神病人的行为激怒，对他们生气、厌烦。其实，对待他们有一个高招，那就是当他们不吃饭或者撕扯衣服的时候，不要呵斥，任由他们暂时撒野。

后来，这个女孩终于康复了。她健康地生活了一年之后的某一天，我在去她住过的那家精神病医院的路上与她相遇。

她问我："你要去哪儿？"

我说："你跟我来！我要去你曾经住过两年的那家医院。"于是她跟着一起去了医院，我们找到了那位曾经为她治疗的医生，我在给其他病人看病的时候，建议那位医生陪她聊会儿天。不料当我再回来时，那位医生脸上满是不悦的神情。

他说："她的确完全康复了，但她却不能让我高兴起来，因为她不喜欢我。"

后来，她健康地生活着，有十年时间我一直关注着那位女孩，她身上的任何不正常反应都消失了。她有了正当的职业，可以自食其力，而且能与他人融洽相处，别人都不相信她曾是一个精神病患者。

从两种精神病患者的身上我们可以看到非常明显的与人疏远的现象，那就是妄想症和抑郁症患者。妄想症病人总是抱着与他人的严重隔阂抱怨不休，抱怨所有的人都是他的对头，都在串通一气与他对抗。而抑郁症患者恰恰相反，不抱怨别人而指责自己。比如，他们总会不停地唠叨："都怪我，是我毁坏了这个家庭"，或者"我把钱全丢了，孩子们只能挨饿"。从表面看，虽然他们一直在责备自己，其实那是在表演，而观看他们表演的是他人，也就是说，他们其实责备的是别人。

比如，一位地位显赫而且颇有影响力的女人，不幸遭遇了一次意外之后，她再也不能在社交场合尽情施展她的魅力了。她的三个女儿都已嫁为人妇，从家里搬了出去，她一下子感到异常孤单。不久，她的丈夫也去世了，她从风光无限的环境中跌落为空巢老人。之前，她一直备受呵护，现在她想努力找回失去的一切。于是，她开始环游欧洲，可是，她再也无法找到以前那种举足轻重的感受了。在国外旅行期间，抑郁症找上了她，而她的那些新朋友却抛弃了她。

对于身处这样境遇的人来说，抑郁症简直就是对她的生死考验。她拍电报给女儿们，希望她们来看她，可是她的女儿们一个都没去看她。她回到家后，一天到晚唠叨的一句话就是："女儿们对我都很好。"其实她的女儿们已经抛弃了她，只为她请了位看护照顾她，而她们偶尔过来看她一眼。她现在这样说其实是在谴责女儿们，了解内情的人都懂她的意思。抑郁症患者总是怀着对别人的怨恨和责备，其实他们只是想通过抱怨来获得关爱、同情和支持，从表面上看，病人总是对自己的过失表现得很自责和无奈。在抑郁症病人的最初记忆中，常常出现这样的描述："我记得自己正准备躺上一把长椅的时候，哥哥抢先一步躺了上去，于是我开始拼命哭闹，最后他只好走开了。"

抑郁症病人还有一把撒手锏，常常选择自杀来报复他人，这是最值得医生警惕的一个细节，一定要避免为他们的自杀提供任何借口。我在遇到这类问题时，解决办法就是一句话："任何时候都绝对不要做你不喜欢的事。"这句话虽然看似微不足道，却能缓解他们的紧张情绪，我相信这触及问题的本源。如果一个抑郁症患者有为所欲为的倾向，还责备什么呢？他还要报复什么？所以我会对他说："如果你想去戏院，或者去度假，那就去吧。如果走到半路又不想去了，那就不要勉强去。"

这是任何人都可以达到的优势地位，这样能够满足他对优越感的需求。他觉得自己像神一样自我感觉良好,可以为所欲为。但是,这种境界却与他们的生活方式完全不同。他们的本意是想控制别人,不料别人却逆来顺受地依着他,他的控制欲就无从施展了。我采取的这一招很有效,我的病人中没有出现一例自杀行为。不过还是不能大意,最稳妥的办法是找人监护他们,但有的监护人员对病人的监护细节不大令我满意。不过,只要身边有监护人照顾,病人基本上不会有危险。

有时我向病人提出自己的意见,病人常这样回答:"可我什么喜欢的事都没有。"

这种回答早在我的意料之中,因为对这样的回答我已熟悉得不能再熟悉了。我说:"没关系,不喜欢的事不去做就行了。"

但有时,病人会这样回答:"我只想整天在床上躺着。"

我知道他们的反抗意识,如果我允许他这么做,他肯定会反其道而行之,反而不会这么做。如果我阻止他的行为,他就会与我爆发争端,偏要这么做。所以,我使用的方法之一就是顺水推舟,这不失为一良策。此外,还可以采用直接挑战他们生活方式的方法,即我直接对他说:"只要你遵从我的嘱咐,我保证你会在两周之内痊愈。但要切记,每天都要考虑一下怎样才能让别人快乐。"

想想看,听到我这样的话他们的反应会怎样?本来平时他们满脑子打的主意就是:"我怎样才能让别人高兴不起来。"

他们的回答会令人喷饭,有的人说:"这太简单了!我这辈子都想让别人高兴。"而实际上,他们从未有过这样的念头。我建议他们认真思索这个问题,可他们却懒得去想。我对他们说:"如果你睡不着觉,可以把时间花在考虑一下怎样讨别人开心,这样做对你的健康很有利。"

第二天，我再问道："你们考虑我的建议没有？"

他们却说："昨晚一上床我就睡着了。"

当然，与他们交流、沟通的时候一定要掌握好技巧，那就是态度一定要和蔼、友善，不能有一丝一毫的盛气凌人之态。

也有人会说："我根本想不出来怎样让别人快乐，我的烦心事还多着呢。"

我会说："如果那样，你就继续烦吧，但我建议你还是抽时间考虑一下别人。"我想引导他们将兴趣转向别人。

也有人会说："我干吗要讨好人？他们讨好过我吗？"

答曰："可是你必须为自己的健康着想，如果你不为别人着想，你自己也会受到伤害。"

根据我的经验，几乎很少有病人会说："我认真想过你的建议了。"我所做的一切都是为了一个目的，想让病人增加社会兴趣。我非常清楚他们得病的根源在于缺乏合作意识，我非常希望他们也能明白这一点。只要他们可以与人类伙伴建立平等合作关系，只要他们能走到这一步，他们的病就可以痊愈。

过失犯罪

缺乏社会兴趣还会引起另一种情况发生，即过失犯罪。比如，一个男人无意间扔了一根还燃着的火柴头，不料引发了一场森林大火。或者一个工人收工时，忘了将一段电缆收好，那根裸露的电缆就这样横在马路上，结果一辆摩托车经过时碾在了电缆上，司机当场身亡。在这两个案例中，肇事者都没有伤害他人的主观愿望。从道德的层面上来讲，他们似乎并无罪责。但他们缺乏的是安全训练，不能自觉地考虑到他人的安全，没有采取预防措施保障他人的安全，这是一种更深程度的缺乏合作意识。这与那些邋遢的孩子，那些一不小心踩到了别人的脚趾头、摔碎了杯子、弄坏了公共物品或碰落了壁炉台上的装饰品的损人不利己行为相差无几。

社交兴趣与社会平等

培养一个人的合作精神，需要家庭和学校的共同努力。前面我们已经揭示了阻碍孩子成长的因素。也许社会情感不能归咎于遗传所致，但是社会情感的潜能却是与生俱来的，也就是说和遗传有着密切的联系。影响这种潜能萌芽生长的因素有父母培养孩子的技巧、对孩子的兴趣培养、教会孩子对自身环境的判断等。如果孩子对周围的人抱有敌意，他会认为一群敌人环伺周围，被逼到一个死角的他肯定不可能交到朋友，同样道理，别人也不会把他当作朋友。如果孩子认为周围的人都应该是他的奴隶，那么他的愿望就是如何控制别人、驱使别人，而不会想到如何帮助别人。如果孩子只对自己身体上的感觉乐此不疲，那么他就不会对人敞开心扉，只会沉浸在个人的世界里，与世隔绝。

之前我们已经讨论过，怎样才能让孩子感受到自己是家庭中具有平等关系且有价值的一员，并且能对家庭所有成员以及其他人怀有关爱之心。我们还看到，父母之间在家庭中和谐相处的影响力，并且能将这种和谐友好的氛围延伸到家庭之外的其他人身上。这样就会让孩子感到无论是在家里,还是在家庭以外的人都一样值得信赖。我们还看到,孩子在学校时能感受到自己是班级中的一员,同学之间都是可信赖的好朋友,他们的友谊真诚可靠。家庭和学校的训练都是为他们以后步入社会打下基础,家庭和学校的责任就是把孩子培养成社会人,让其成为人类群体中平等的一员。只有这些条件都具备了,他们才能信心百倍地勇敢面对人生的问题,才可以造福他人。

如果一个人能和所有的人成为朋友,并且通过他有益的工作和美满的婚姻贡献于社会,那么他绝不会有自卑感和挫败感,绝不会被问题所击倒。他会觉得:"这是一个充满爱的世界,时不我待,我必须积极行动起来,不能做等待和空想的俘虏!"他完全相信自己已融入整个人类历史的进程中——过去、现在和未来:"这是我们共同的世界,我们必须去创造,为人类的进步做出自己的贡献。"他同时也明白,世界上虽然也有罪恶、挫折、偏见和灾难,但这是我们的世界,无论善恶美丑,长处弊端都在其中,这是不争的事实。但我们在这个世界工作,就要推动这个世界更加美好。我可以断言,如果人人都可以以正确的方式面对自己的职责,他就会为社会进步做出贡献,他就不会辜负自己肩负的历史使命。

担负起自己的职责,也就意味着承担起以合作的方式解决人生三大问题的责任。我们对一个人所提出的最高要求,以及能给予其的最高赞美就是:在工作中,是一位好同事;在朋友中,是一个好伙伴;在爱情和婚姻中,是一个忠诚的伴侣。一句话,他(她)应该证明自己是人类忠实的朋友。

第十二章　爱情与婚姻

爱、合作与社会兴趣的重要性

在德国的某些地区，有一个测试订婚男女的古老习俗，这个流传已久的测试很具有科学性，它可以通过在测试中双方的表现判断出这一对未婚男女今后是否适合在一起共同生活。在举行婚礼前，这一对儿会被带到一片空地上，空地上放着一棵被砍倒的树。有人上前将一把双人锯放到他们手中，对他们的测试课题是把眼前的树干锯为两截。这个测试可以揭示出他们之间的合作默契度。这项工作的前提是需要两人才能完成，如果他们之间的默契不到位，锣齐鼓不齐，就会彼此消耗对方的力气，最后竹篮打水一场空。如果他们中一个人想要包打包唱，一杆子独揽下来，另一个则在一旁作壁上观，那么工作时间会成倍延长。这当然不是测试的理想结果，理想的测试结果是两人必须同心协力、精诚合作。这一地区的德国村民已经认识到，幸福生活的前提是合作精神。

如果有人要我解释爱情和婚姻意味着什么，我将会给出一个虽然不太完善的回答：爱情结出婚姻的果实，这是他们一方对另一方异性伴侣的奉献，具体形式体现为生理的亲密吸引、相濡以沫的厮守，以及生儿育女延续后代的行为。爱情和婚姻是人类合作的精粹，这不是双方简单的幸福合作，也是为了全人类的幸福合作。

爱情和婚姻构筑的爱巢是为全人类的幸福所完成的合作，这一定义可以解释贯穿这一主题下的各种问题。即使是人类最原始的生理吸引，也是所有人类冲动中必不可少的。之前我曾说过，人类的弱点很多，我们受着各方面的约束和限制，如果要想在地球上永存，唯一能让人类延续的途径就是繁衍生息，所以生理的吸引和生育能力是人类繁衍后代不可或缺的因素。

我们发现，当今时代对于爱情和婚姻的阐述不尽相同，其中存在的各种困境也不尽相同。新婚夫妇必须面对各种难题，双方父母也很关注，如此，他们的难题就会对整个社会产生连锁反应。要想使这些问题有客观公正的答案，我们对事物的分析就不能存有偏见。我们必须摒弃那些先入为主的信息，深入调查，撇去浮在表面的干扰因素，展开自由而全面的争论。

当然，我并不是说把爱情和婚姻作为一个完全孤立的问题加以分析。我们在寻求这个问题的答案时，不可能彻底洒脱不受任何约束，人类从来没有彻底自由过，也不可能把答案建立在私人观点上进行思考。事实上，人人都摆不脱环境的限制，所以我们解决问题时也要考虑被几根纽带绑在一起的环境因素，并与之适应。正如我们之前讨论过的，这三根主要纽带就是人生的三大制约：一、我们生活在地球上，就必须在身处的环境给我们带来的制约和可能性中求生存、求发展；二、我们与自己的同类共同生活，必须发展我们的社会兴趣，调整适应与人相处的技巧；三、人类由两种性别构成，人类的延续必须依赖于良好的两性关系。

由此可见，如果一个人将其生活的意义归于关心人类的幸福，那么他所做的一切都会以首先关爱他人为导向，在爱情和婚姻的问题上，他也会充分考虑他人的幸福，郑重对待这个关系整被需要，才会认为自己有价值，这就是我们认同的幸福婚姻的基本保障，以及婚姻幸福的基本含义。双方都感觉到了自己的不可替代。你是很优秀的，你既是我亲爱的伴侣又是我真诚的朋友。

让任何一方接受自己处于附属地位，这是婚姻合作的大忌。如果双方在一起生活，总有一方有强烈支配欲望，强迫对方服从，那么他们的所谓幸福便实际上名存实亡。很遗憾，当前却有很多男人甚至女人还固守一个旧观念，认为男人才是一家之主，是家庭的栋梁，女人应该服从男人的统治，老实说，这也是众多不幸婚姻的症结所在，任何人都不想毫无理由地忍受他人的奴役。所以合作者之间只有地位平等，才能共同抵御生活中的风浪。比如，双方会在生育后代的问题上达成共识，他们知道，如果不愿生儿育女，人类的繁衍就会止步于这种自私的考虑。在子女的教育问题上他们仍然需要达成共识，当婚姻出现裂痕时，他们要采取措施努力补救，因为他们知道不幸的婚姻会给子女的健康成长造成难以弥补的损失。

婚前准备

我们发现，现在很多夫妇都对婚姻双方的合作毫无准备，以致事到临头时手忙脚乱。我们总是把关注的重点放在如何使自己成功，总是更多地考虑如何获取更大的利益，而从不去或很少去思索我们能对生活奉献什么。应该看到，当两个人追求的亲密关系合二为一之后，任何彼此关心对方的失败，以及合作方面的疏漏，都将引起不堪设想的后果。对于绝大多数人来说，婚姻是他们第一次体验这种关系的合作,所以他们总是不能习惯地考虑对方的利益、目标、欲求、希望和雄心,他们还没来得及有充分的准备共同应对生活中的难题,由此,我们就能够解释生活中的错误了,但现在我们需要做的是审视事实,学习如何使这种错误不再发生。

一旦遇到成年生活的危机,我们在这个关头总是手足无措,面对一大堆问题无从下手,因为我们应对危机的反应遵循的是我们一贯的人生态度。而为婚姻所做的准备也不是一夜之间就可以完成的。我们观察一个孩子的行为特征,以及他们的想法和态度,就能八九不离十地预测到他成年之后的处事方法,我们可以看出他怎样通过自我训练来适应他成年以后的生活,一般人在五六岁的时候,他对爱情的态度就已百草权舆,开始有了萌芽的认知。

观察孩子在童年的极早阶段,就可以看到,他已形成了自己对爱情和婚姻的看法,我在这里指的并不是他们有了性需求,因为在他们这个阶段,不可能以成人的感知套用他们的感受,而是这个时候的他们已经意识到这是人类生活的一部分。因为他们身边存在爱情和婚姻的环境,这种意识会毫无防备地闯入他们的思想,于是他们据此构筑自己未来的概念。他们在自己的生活环境中无意间对这些事有了一些理解,并有了自己的立场。

孩子在儿童时期的早期表现出对异性的兴趣,并拥有自己喜欢的异性时,我们切不可粗暴斥责其荒谬或性早熟,也不要以此嘲弄他们或者开一些不恰当的玩笑。我们应该把他们这种行为看作是对爱情和婚姻的训练,绝不能一笑置之予以忽略,反而要积极引导,同意他们对爱情和婚姻的早期准备,让孩子明白婚姻在人生中的重要性，让他们懂得婚姻是为人类未来而承担的责任。这样，我们才会在他们的意识里埋下种子，在他们今后的人生中，才能够做到夫妻之间相敬如宾，才能够与亲密关系中的伴侣和朋友顺利合作。可以肯定，受到这些引导的孩子会自发地拥护一夫一妻制，会拥有和谐完美的婚姻，即使他父母的婚姻并不一定和谐幸福。

如果父母的婚姻融洽美满，孩子也会对婚姻准备得更好。因为孩子对于婚姻的早期认识来自于自己的父母。一个在婚姻失败或家庭支离破碎环境中长大的孩子，遇到的困难比常人多得多。如果连父母都无法以身作则进行合作，孩子又将从何处传承到合作意识呢？当我们要更好地了解一个人的时候，想考察他（她）是否适合结婚，先观察他（她）是不是在有良好氛围的环境中长大，观察一下他（她）对父母和兄弟姐妹的态度。最主要的是，他（她）以什么样的筹码谈婚论嫁，这是一个必须严肃对待的问题。

我们已经知道，环境并不是决定一个人思想的唯一因素，但有一点必须备加小心，孩子对爱情和婚姻的认识来自于何处，虽然决定他思想的并非他所处的环境，而是他对环境的解读。由此可见，他对环境的解读十分重要。他的解读也许是正面的积极的，也许在与父母的共同生活中，他的家庭生活体验并不幸福，但经历的挫折只能使他有信心在自己的家庭中做得更为出色，而且不愉快的经历还会激起他对美好生活的憧憬，使他为自己的幸福婚姻而努力。所以，我们不能从一个人的成长环境给出全面肯定或全面否定的评判，我们也绝不能凭过去不幸的家庭作为筛选条件，判断一个人是否有资格结婚。

友谊与工作的重要性

培养社会责任感的另一种方式是培养友谊。友谊可以使我们学会推心置腹,学会用别人的眼睛去看,用别人的耳朵去听,学会用心体会别人的心和感受。如果一个孩子常常遭到打击,常常受到严厉的约束;如果一个孩子在遇到挫折的时候身边总有保护神,那么这个孩子就被放置在了一个封闭的空间,他在这个空间里长大,总是孤孤单单,他就会自我限制,没有朋友没有伙伴,他也不会培养出设身处地为别人着想的能力。在他心目中只有唯我独尊,把自己看成是世界上唯一重要的人,而且总是急于优先考虑如何保全自己的利益。

友谊训练也是为婚姻做的一种准备。友谊和爱情二者之间有微妙的差别,友谊是通往爱情的铺路石。孩子们常常做以合作为目的的游戏,这样的游戏多少可以起到培养合作精神的作用,但我们发现,在孩子所做的游戏中,多数带有竞争或逞强好胜,相互争斗以超越对方为目的。如果我们能够营造一个让两个孩子一起做功课、一起读书、一起学习的环境,这样的氛围或许会有更大的益处。我还认为,应该把舞蹈列为培养手段之一,我们不要低估舞蹈的作用。跳舞的特殊之处在于是由两个人共同参与的一项娱乐活动,我认为跳舞可以让孩子轻松地接受训练,这不失为一个好方法。当然,我这里所指的并不是那种表演成分更甚于合作的现代舞蹈形式,因为它看似也是两个人的活动,而实质上只是一个表演项目。如果我们能创作出适合孩子跳的简易舞蹈,这将对他们的成长大有裨益。

显然，美满的婚姻也包括工作准备，婚前谋求一份稳定的职业也是帮助人们为婚姻做好准备。现在，职业问题已被人们置于婚恋问题的前端。婚姻中的一方或双方，必须先有一份稳定的正当职业，这样才能为婚后的生活提供保障，维持一个家庭不能把经济收入完全割裂开来，无源之水的婚姻是难以经营的。

性 教 育

我对于父母过早地对孩子进行性教育持有异议，如果父母过早向孩子解释超出他们理解能力的性生理知识，会对孩子起到误导作用。显而易见，孩子对婚姻如何理解十分重要，如果在处理这个问题时家长犯了教导方面的错误，孩子会在这些问题上做出两极分化的判断——或者某种不可触摸的危险，或者与他们毫无关联。根据我所掌握的情况，那些过早就被家长灌输性知识的孩子和有早熟经验的孩子，成年之后反而会对爱情更为恐惧，退避三舍。他们认为生理的吸引意味着异常危险。如果孩子在稍大以后才有初次的性知识，就不至于产生恐惧感了，在处理两性关系方面犯错的概率也小得多。

不要对孩子坑蒙拐骗，也不要对他们提出的问题闪烁其词，一把钥匙开一把锁。我们应该弄懂他们提问背后所隐藏的东西，并向他们解释他们想了解而且能理解的知识。将性知识一览无余地告诉孩子过多的信息，会给他们造成最具危险性的破坏作用。这种问题和人生中的许多问题一样，最好留给孩子自己解决，不要担心他们搞不懂，他们不傻，他们会凭借自己的认知能力去学习自己能够接受的知识。如果孩子和父母之间彼此信任，孩子在这方面就不会出大的问题。

人们普遍存在这样的忧虑：如果孩子的同龄人给他们传递一些不良信息，孩子很容易走上邪路。但是，我认为这种顾虑大可不必，因为同伴间的悄悄话不会对一个受到良好教育且有独立思考能力的孩子造成杀伤力，一个在其他方面都很健康的孩子不会迷信那些只言片语的引诱。如果他们对听到的信息真假拿捏不准，他们会去找自己的父母或者哥哥、姐姐问个端详。但是，必须承认，我发现孩子在这方面的机敏程度比起他们的父母更为敏感谨慎，所以他们往往羞于启齿发问。

影响配偶选择的因素

即便是成人之间的互相吸引，最初的性吸引已经在儿童时期就初露端倪。孩子们会无师自通地懂得博取异性的好感，孩提时代异性给自己留下的好感，以及身边的女性留给他们有意无意的感觉，都会成为生理吸引的根源。如果一个男孩仰慕自己的母亲、姐妹，或在其他女孩身上获得了好的感觉，那么这些感觉就会成为他以后择偶的标准，对那些在他早期生活中出现过的异性相貌相似的人情有独钟，或者有时，他们也会对艺术作品中符合他审美情趣的虚构人物想入非非，产生生理吸引力。所以，我们可以肯定地说，由于某种思维的约束，一个人在他以后的生活中不再拥有广义上的自由选择，他的成长经历无形之中影响着他的择偶标准。

我们并不反对追求美，任何形式的美都存在审美意义。美貌和健康的体魄是我们的审美基础，我们的生理机能包括所有技能都渴望着这一目标。美的事物是永恒的存在，是对人类有所贡献的东西，是人类的幸福和未来的重要部分。而这也正是我们的期待，期待我们的孩子朝着这个方向发展。

如果一名女孩在生活中不能与自己的父亲融洽相处，或者一名男孩和自己的母亲相处不愉快（如果父母在婚姻中缺乏合作，这种事情就是家常便饭），那么他们在择偶时就有可能选择一个与自己父母性格完全相反的人。比如，一个男孩的母亲很苛刻，又爱唠叨，而且很强势，常常有控制别人的欲望。而他却性格软弱，又害怕被别人呼之即来，喝之即去，随意驱使，那么女强人类型的女人就会让他产生排斥心理。他只欣赏温顺的女孩，这样就有可能把他推向一个误区，即他只对服从他的女性产生性吸引力，这样的婚姻乃是一纸不平等条约，很难保证幸福。或者他可以找一个看似强势的女人，对她进行压制，显示自己是个"爷们儿"，以证明自己的强大。如果他从小就和母亲的关系隔阂很深，那么他不可能对爱情和婚姻有充分的准备，甚至阻碍他对女性身体吸引力发生感觉。这种阻碍如果过了头，还可能严重到他以后对女性的彻底排斥和厌恶。

婚姻的承诺和责任

带有功利性的婚姻是只图自己的利益，这种在婚前隐藏着的图谋会在婚后暴露出来。将为自己谋利的打算带进婚姻中是对婚姻的最大忽视。如果存有这样的念头，那么，此人就会整天盘算如何从生活中得到有利于自己的东西，这种人在解放个性的口号下寻求快乐和刺激，不愿受到婚姻的任何约束，以及不愿承担婚姻的责任，从不考虑对方是否快乐和舒心。这是对婚姻灾难性的破坏，通常这种婚姻都是短命的，终究会葬送在自己手中，这是绝对不能效仿的。

如果把犹豫和猜忌的成分掺杂进婚姻中，也是一大祸害，注定不会幸福。没有坦诚的阳光，爱情便不能蓬勃生长，婚姻中的合作要求终生的承诺，没有至死不渝的承诺，婚姻就会摇摇欲坠。我所说的承诺并非单指爱情长久的誓言，还包括养育子女的决心，培养子女成为社会有用之才的教育，并教育子女人品优秀，讲究平等、懂得负责。我们应该谨记：幸福婚姻是重在养育下一代的最佳办法。婚姻也是一项了不起的工作，其中也有固定的规则可循。如果我们断章取义，只遵从其中一项而忽略其他，就没有收获幸福婚姻的希望。

如果我们给自己的婚姻设限，规定一个试婚期，视为一场考验，那么这场包含故意犯错以考验对方的游戏，会亲手摧毁这段婚姻。再者，如果双方或任何一方都为婚姻留有余地，给自己考虑一条退路，那么，双方绝不可能达成真正的亲密和赤诚。"丈夫然诺重如山"，在任何严肃而郑重的人生问题上，我们都不能拟定一条"脱身"条款，婚姻亦是如此，那些在婚姻中存有暗室私心并另谋打算从中脱身的人，终生都将无法获得幸福的婚姻。这种半路抽身会给对方造成严重伤害，甚至会给即将跨入婚姻门槛的伴侣心理上投下阴影，使他们对"承诺"一词大打折扣，使他们也学会半路抽身这一套，从而不再履行当初的誓言，最终分道扬镳。

我们都知道，社会存在许多问题会对婚姻产生影响，妨碍我们对婚姻的培养，致使其中龃龉丛生，矛盾重重。我们都想尽力消除这些干扰因素，却无从下手。但是，我们不能因小失大而舍弃婚姻，因为应该废除的不是爱情和婚姻本身，而是社会问题。如果我们能遵循伴侣之间的一些法则：忠诚、诚实、信赖、摒弃私心……相信社会因素的干扰可以降低到最小限度。

常见的逃避方式

疑心极重的人根本不适合结婚，如果一个人相信一夜之间就会遭到背叛，那他根本就没有做好婚姻准备。或者，如果双方或一方想留有一席个人的"自由"之地，真正的伴侣关系也无从谈起。既然已经走进婚姻，就表明任意而为的大门已从背后关闭，我们说过，婚姻是与对方保持合作、共同生活，而合作关系是不能任意改变方向的。下面我为大家举一个例子：

一个离了婚的男人和一个离了婚的女人结了婚，双方都是有素质的人，有知识有教养，双方都对这次婚姻抱有很高的期望，希望这次婚姻是成功的婚姻。可是他们却没有反省自己以前的婚姻为何失败，他们一直希望寻求和谐的婚姻并为之努力，可是他们却没有意识到责任的重要性。他们承认自己对自由主义的向往，对婚姻的约束不能认同，所以他们想寻求一种现代婚姻模式，使双方不致"日久生情，情久生厌"，于是有了一纸协议：双方享有足够的自由，对方可以任意而为，但双方却要彼此信任，向对方坦白发生的事。

丈夫比妻子的行为来得更快、更大胆一些。每天回家，他都有在外边的"花边新闻"，放肆地对妻子高谈阔论一番，妻子也很乐意洗耳恭听，津津有味，并且很有自豪感，认为丈夫是个有魅力的男人。后来，她也开始蠢蠢欲动，想红杏出墙，想让自己也有一段风流韵事，但是她的想法还没付诸行动就患上了"广场恐惧症"，从此无法独自出门，只想窝在家中。只要跨出家门一步，一种恐惧感就会袭上心头，逼得她不得不转身回到家中。"广场恐惧症"阻碍了她出轨计划的实现，且慢，他们的故事到此还没有完。由于她无法单独出门，丈夫也无法再自由了，得整天相伴左右，被迫留在家里守着她；而妻子也因为患病不再自由行动，这下双方的自由都无从谈起了，婚姻的逻辑将他们那一纸自由协议击得粉粹。如果这位妻子想要病愈，就必须要对婚姻有更为清醒的认知，而那位丈夫也要忠诚地担负起婚姻的责任，将婚姻视为一种合作的伴侣关系。

还有一些错误始于婚姻的最初阶段，也就是说，在婚姻伊始就存在了。那些在家中被宠坏了的孩子结婚后常常有一种失落感，感觉自己受到了忽视，不再重要了。由于他们缺乏社会需要的训练，不知用何种方法调整自我。被骄纵的孩子在婚姻中常常以领导者自居，动不动就施展暴力手段控制对方，而对方这时身陷樊笼，惶惶不可终日，为了不扮演这个出气筒的角色，奋起反抗，闹成一锅粥。如果夫妻双方都是被宠坏了的孩子，那么这桩婚姻会错得更加离谱。双方都要争夺那个兴趣和关注的中心，所以丈夫对妻子不满意，妻子也对丈夫不满意，接下来，双方都会想方设法脱身，一方或者双方都开始在外寻求外遇，期待寻求自己的欣赏者赢得关注，婚姻也由此失去了婚姻的意义。

有些人对待爱情朝秦暮楚，见异思迁，从不专一。或者脚踏几只船，同时和几个人恋爱，他们在这种多角恋爱中摇摆不定，根本不知道"责任"二字为何物，只知道自由才是自己所需要的，有了几方候选人的自由空间，他可以从这个的怀抱投送到那个的怀抱。几个都爱，等于一个都不爱。

还有一种人，理想主义到走火入魔的地步，总是沉浸在自己构思的一段爱情邂逅中：浪漫、感动，时时都在浪漫的梦中情人中流连。他们根本不知道如何在现实里寻觅那个真实的一半，更不知道如何承担起对待自己伴侣的责任。虚幻的爱情封锁了通往幸福的婚姻之路，终其一生，除了浪漫的设想，一无所有。

有些人因为在成长过程中遇到过某种波折，开始对自己的性角色厌恶或抗拒。他们压抑自己的性欲望，而并没意识到这是病态，如果不经治疗的话，这样的人连生理上的婚姻也无法营造，更别说幸福的婚姻。之前我说过，过分抬高男性的地位会导致"男性钦羡"。如果一个人在他的童年时期就开始怀疑自己的性别角色，就会失去安全感。如果我们的文化中不能纠正男性是占统治地位的偏差，那么不管男孩女孩，都会对男性角色趋之若鹜，产生顶礼膜拜的敬仰。他们开始怀疑自己的性角色是否能扮演好，所以他们或者极力模仿大男子汉的气概招摇过市，或者极力逃避男子汉气概的挑战。

我们还常常遇到对自己的性别无法认同的孩子，造成这个的祸首是由于女性性冷淡症或者男性的心理阳痿症。通过病例发现，这些病人常常通过生理上的抗拒而拒绝爱情和婚姻。如果不能实现真正的男女平等，这些问题就在所难免。如果世界上有一半的人可以找出自己对性别不满的足够理由，这就会成为婚姻中的一个巨大障碍。我们扫清这一障碍的有效手段就是训练平等意识来防患于未然，让男女平等的事实深入人心，与此同时，要教导孩子对自己的性角色充满信心。

我认为，如果婚前不发生性关系，将是爱情和婚姻水乳交融的最大保障。我发现很多男人在私心里都有"处女情结"。如果在新婚之夜发现妻子不是完璧之身，会大为震惊和愤怒。并且，从另一方面来看，女性会对婚前性行为承受更大的心理压力。如果由于是惧怕而不是勇气缔结的姻缘，是一个严重的错误，因为这会给婚姻带来很多麻烦。众所周知，勇气是婚姻合作的一个方面，如果男人或女人是由于恐惧而被迫结婚，这意味着，他们的合作并非心甘情愿。如果选择酗酒之徒或者社会地位或者受教育程度与自己差距过大的人结婚，也是不明智的，这样的婚姻同样没有很好合作的基础。这样的人对爱情和婚姻心怀惧怕，他们的不相称婚姻只是为了达成一种能让对方抬头仰视自己的愿望。

恋　爱

观察一个人接触异性的方式，可以判断出他对待异性的勇气多寡以及合作能力的高低。每个人都有其独特的接触异性的方式，包括追求对方的方式，但不管方式如何千差万别，百川归海，这些行为都脱离不了他的人生态度的轨迹：从他在恋爱中的个性行为和气质可以看出，他对人类延续有没有兴趣，对未来有没有自信，对合作精神是不是抱以饱满的热情，是否总以自我为中心，是否临阵脱逃，或者老是问自己："别人对我的印象会如何？他们在心中怎样评价我？"用这些问题折磨自己。

男人在接触女人时的方式也不一样，有的是缓慢而谨慎小心，有的是激情洋溢动作很大，不管他们行为方式如何表现，造就他们恋爱行为的表现都会与他们的目的和生活方式相一致。当然根据一个人在求爱之时的表现看他是否适合结婚来下断言，为时过早，因为恋爱中的他此时有非常明确的目的，也许在其他场合，他并不是一个激情洋溢或者谨慎言行的人，不管怎样，从恋爱行为可以使我们管窥到此人的个性。

我们的文化认为，男人主动示爱是理所当然的，一般人都期待由男性走出第一步。只要这种习惯不改变，我们就要重视训练男孩子主动去做男人该做的事——毫不犹豫，不能退缩。当然这必须在他们认同自己是社会中的一员，而且对自己的优缺点有清醒的认识的前提下，只有具备了这样的素质才能接受训练，培养他主动出击的勇气。其实，女性作为恋爱关系的另一半，同样也可以采取主动，然而，西方的文化氛围更认可女孩子要表现得矜持一些，如果她们遇到心仪的人选时，可以用她们的外貌、服饰以及行为举止来表现，用看、说话、倾听的方式表达自己的兴趣。简言之：男人的表达方式要主动直白，而女孩子的表达方式则要委婉含蓄。

婚姻的生理方面

夫妻之间的性吸引力必不可少，性吸引力同样应该置于为人类造福的目标上，也就是说，作为人类最本质的原始本能，它也必须受到制约。如果一对夫妻彼此有浓厚的互感兴趣，他们的性吸引能力是不会消减的。一旦问题出现，只有一个解释，双方对对方的兴趣减少了，他们之间也不再有平等、和谐的鼎力合作。有时，他们认为关系并没有走下坡路，因为彼此间的关心还在，只是生理上的吸引力减低了。这不是真相，嘴巴可以不认账，但身体机能却骗不了人。如果没有了生理上热烈的依恋，那说明两人之间缺乏真正的协调，双方都丧失了彼此间的兴趣。至少一方已经开始准备卸下爱情和婚姻的责任重担，考虑另寻出路。

人类的性驱动力不同于动物的发情期，人类的性驱动力是可持续性的，这就从另一方面保障了人类能幸福繁衍，人类凭借天赐的优势扩大种群人数。至于动物，大自然则会有另一套方式让它们生存下去，比如，雌性动物会产下不胜枚数的蛋或卵，虽然其中有很多不太成熟，而且还有大量蛋或卵会损失或毁坏，但庞大的数量能保证其中总有幸存的孵化成幼雏存活下来。

人类保全自己的方式就是生儿育女，使自己的后代得以延续。所以，在婚姻中关心人类未来幸福的人最有可能要孩子，而不想生孩子的人都是对同类有意无意表现出反感或没有兴趣的人，他们总是期待索取而不想付出，在那些人眼里只有自己才是最重要的，孩子只是负担或累赘，把养育孩子视为占据自己的时间或精力，他们更愿意将时间花在自己关注的事物上。所以，在完美的爱情和婚姻解决方案中，必须生儿育女。就我们所了解的，一桩和谐的婚姻是可以为下一代提供良好的教育，而养育子女也是婚姻的最佳方式。

一夫一妻制，努力经营和现实主义

目前，一夫一妻制是直接解决婚姻的最佳方案。这样的婚姻关系是亲密奉献和彼此关心。如果有一方打算离家百里之外金屋藏娇；或者一方企图眼皮子底下瞒天过海，他（她）唯一的障碍就是无法撼动一夫一妻制的基石寻得解脱。不幸的是，婚姻破裂是人们见惯不惊的事实，在全世界每个角落都有发生，无法避免。然而，如果我们把婚姻和爱情视为一种社会功能，或许可以降低这种事的发生概率。所以在婚姻中我们当防微杜渐，尽早弥补。

一般而言，婚姻中出现裂痕是因为夫妻双方没有不遗余力地合作，没有共同努力使婚姻走向美满，而是幻想幸福生活来敲门，坐等天上掉馅饼。幸福的婚姻要靠主动去赢取，被动的态度肯定会让婚姻走向失败。再者，用极端的眼光来看待问题也是大错特错，或者将爱情和婚姻绝对理想化，或者将婚姻看成爱情的坟墓，这都是没有真正懂得爱情和婚姻的内涵。两个人自从步入了婚姻殿堂那一刻起，他们之间的各种关系才算真正成立，正是因为这段关系中的种种可能，他们才开始正式面对生活的责任，以及有了为社会创造财富的机会。

现在还流行另外一种解读婚姻的观点，把结婚看成是实现了终极目标，或者另一种新生活的起点。就像言情小说中描述的情节，愿天下人终成眷属，所有这类小说的结局都是两厢情愿的男女经过一番波折最后喜结良缘，故事就结束了。其实，结婚正是夫妻共同生活的开始，然而理想主义的小说家们却把结婚描写成万事圆满，从此生活就可以终生幸福了。其实不然，复杂的问题还在后头，我们必须认识到一个事实：结婚并不是解决一切问题的灵丹妙药，爱情的形式多种多样，最有效的解决之道还得靠共同的兴趣爱好，靠彼此关爱、互信、合作。

揭开婚姻关系神秘的面纱，发现婚姻关系并没有奇迹发生，前面我们说过，一个人对待婚姻的态度都是他人生态度的呈现。对一个人全面了解之后，就可以知道他对婚姻的态度，看到很多人试图从婚姻的围城突围，我能准确地判断出具体哪一个人是持有逃避态度的，就是那些从小到大直至今日还被娇纵的孩子。即便他们已经成年，但他们的生活方式仍然停留在四五岁的阶段，这一类人对社会往往会构成危险。

"我会得到我想要的一切吗？"他们常常这样问。如果他想要的东西没有得到，他们就会对生活失去兴趣，觉得人生索然无味，甚至不知道自己为什么要活着。他们在这样的思想支配下，会变得悲观厌世，甚至寻死觅活要自杀，一天到晚弄得自己神经兮兮、疑神疑鬼。他们还会为自己的生活方式构建出一套处事理论，认为自己的错误观点是绝对正确的，其权威性前无古人，后无来者。他们认为自己的性欲望和情感被压抑，所以他们理所应当表达对社会和人的憎恨。他们就在这样的思想灌输中逐渐长大。过去，他们都曾有过被宠爱的童年生活，那是他们的黄金时代——他们有什么欲望，长辈们就要满足他们的欲望，真可谓为所欲为。而此时，有些人仍然想以这种方式夺得自己的特权，"爱哭的孩子有糖吃"，如果自己哭得够凶，反抗得更激烈，更固执地拒绝合作，就会有人让步，自己就能再度享受被宠的特权。

他们并不关心个人应该如何与社会这个整体相融合,而是只关心自己如何从社会索取到什么。

最后,结果是他们不愿做出一丝一毫的奉献,总想不劳而获,总希望有人为他们奉献一切。婚姻在他们眼中除了是一门"交易"以外,没有任何意义。他们并不需要合作式的婚姻,尝试着伙伴式的婚姻接触方式,同居、试婚、结婚、离婚,他们在婚姻初始就为逃避留了退路,因此他们的婚姻没有亲密合作的婚姻精粹,而掺杂了个人自由和不忠的权利,只要对这段婚姻感到腻了,便会轻易抛弃,另寻新欢,这与我们的婚姻原则完全背道而驰。如果一个人对对方拥有真正的爱,他一定会表现出以下几点特质:忠诚可靠,有责任感,值得信赖。我认为,一个人对待爱情和婚姻如果缺乏以上几点,那就等于,他在人生的第三个任务中败下了阵。

此外,还有一个不容忽视的问题,必须关注孩子在婚姻中享有幸福的权利。如果我们的婚姻缺乏合作精神的基础,那么孩子的成长将会面临巨大困难。试想一想,如果一个家庭充满暴力和争端,父母三天一大吵,两天一小吵,闹得乌烟瘴气,孩子会从父母那里学到什么?孩子在充满敌意和不负责任的家庭里会有阳光心态吗?我可以这样说,在这种环境中长大的孩子,今后是无法扮演好社会角色的。

解决婚姻问题

有些人根本不适合成为夫妻共同生活，或许造成这种情况的原因有很多，总的来说，遇到这种情况，还是分开更好一些，这方面的例子也有。值得深思的是，谁有资格评判这场离婚大战的是与非？是那些根本不知道婚姻是一种责任的人吗？或者是那些只对自己有兴趣的人？如果他们对离婚和结婚的态度是"就那么回事儿"，他们唯一关心的是"怎样才能脱身"，那么这样的人显然没有评判的资格。

我们发现那些多次结婚离婚的人，总在不断地重复同样的错误，婚姻对他们就像恶性循环，周而复始。问题是，到底应该由谁来决定婚姻是否真的走到了尽头？我想，当你感到这段婚姻难以为继，最好找心理学家做个咨询，再决定是不是应该分开。当然，在我们国家，似乎这是一件很难办的事。我不知道美国是不是如此，但我发现，欧洲大部分心理学家是把个人的幸福放在首位。如果有病人向他们咨询，他们最常见的方法就是建议病人去找个情人，认为这是最有效的解决办法。我对这点持有异议，我认为他们早晚会改变这样的思路，不再叫病人去找情人。他们之所以这样建议是因为，他们对问题的整体性缺乏全局眼光的判断，包括这一问题和其他生活中的问题千丝万缕的联系，他们都没有条分缕析，以致判断问题时缺乏整体考虑。所以，我希望在面对病人的求助时，我们能将这个问题放在大背景下综合考虑。

还有一种把婚姻当作是解决个人问题的人，也会犯同样的错误。美国的情况我仍然不了解，但我知道欧洲的情况，如果一个男孩或女孩在神经上出现某些病症的时候，心理医生也是建议他们去找情人，或者开始发生性关系。对于成年人，医生也会用这种治疗方案，因为他们认为爱情可以包治百病，结果是爱情和婚姻遭到贬值，跌落到特效药的地位。可是如果谁吞服了这粒特效药，谁反而要生病，病人会更加严重地迷失方向。我们认为，爱情和婚姻问题的妥当处理，将是一个人完美人格的体现，爱情和婚姻的幸福度需要能真正实现自身价值的人才能切身体会，这不是闹着玩儿的，更不是治疗罪犯、酗酒者和精神病患者的灵丹妙药。患有精神疾病的人必须治好自己的病，康复以后才能谈恋爱，才能谈嫁娶。如果他们处理问题的能力还不具备就带病上阵，贸然恋爱、结婚，他们就无法避免很多难题和不幸。婚姻是一种崇高的理想，需要我们有很高的境界，需要付出很多的努力和创造性行为，才能维持幸福的婚姻，才能担当起婚姻赋予的责任。

有些人结婚的目的并不纯洁。有人从经济角度寻求保障结婚，有人则是因为怜悯情怀而结婚，也有人只是为了给自己找一个贴身仆人。这些目的与婚姻根本扯不上关系，而且也违背了婚姻的高尚品质。我甚至还听说一个类似奇葩的理由，有人结婚是为了磨砺自己，有意给自己添麻烦。我认为这当中必定有某种借口的原因，比如，一个年轻人在职业或学业上都不尽如人意，他对自己的一无是处颇为沮丧，这时候他就会选择结婚给自己解压，冠冕堂皇的托词就是自己被婚姻绊住了手脚，失去了取得成功的机会。

婚姻与男女平等

高估或低估爱情的重要性都是有失偏颇的，实际上，婚姻应该被置于更高的位置上。在我看见或听见过的所有婚姻破裂事件中，受到最大伤害的总是女性。这说明在我们的文化中，男性受到的约束比女性更少，所以他们比女性活得更轻松。这是社会错误对待婚姻带来的恶果，个人抗争无法改变这个事实。尤其在婚姻中，任何一方的反抗都会影响到双方的关系，给婚姻造成难以弥补的裂痕。改变这种状况的唯一出路是，我们必须认识到我们文化中的主流，并付出努力去改变自己的观念。我的一个学生，底特律的拉塞教授曾在一项调查中得知，他所询问过的女孩中，有百分之四十二的女孩希望自己是男孩，这个调查问卷反映出一个问题，这些女孩对自己的性别不满。如果有超过一半的人对自己的女性性别感到失意和灰心，人类的婚姻问题到哪里去找解决的办法呢？如果女性以宿命论的观点看问题，认为自己的性角色地位低于男人，认为自己就是男性发泄性欲的工具，难道这样就能真正解决这个问题吗？

综上所述，我们得到了一个简单而实用的结论。人类的天性并非一夫多妻制或一夫一妻制。我们虽然共同生活在地球上，虽然人人平等，无论如何还是有男女两种性别之分的。生活经验摆在这里，每个人都必须解决好人生中的三个问题，这三个问题让我们看到，如果我们要追求幸福的爱情和婚姻，使之达到最圆满、最高级的境界，唯有一夫一妻制才是正确处理爱情和婚姻的不二选择。

附录　关键词释义

个体心理学

个体心理学是阿德勒的精神分析心理学体系，以"自卑情结"与"创造性自我"为中心，强调"社会意识"。主要概念是创造性自我，生活方式，追求优越，自卑情结，补偿和社会兴趣。

个体心理学基于下列十点基本假设：

1. 应该全面而非片面地看待一个人的整体，人的所有生理局部官能都对全身功能起作用。

2. 人的心理健康与否绝非取决于过去、遗传或环境，但也不能完全脱离这三者，人具有选择的权利和能力。

3. 人的一切行动都有明确的目标，因此在追求其目标时，追求的运动和方向最能为人所理解。由于这种追求目标的活动，人始终处于生成转化的过程之中，结果是个体会朝着由负向正的情境运动。

4. 人的选择权利和能力决定了人有积极主动性，而非仅仅是被动地做出反应。人能够感知事件、评价事件、对事件下结论。

5. 人对环境、事件或受到的刺激有适应能力，此外，还能客观地或主观地创制、修正和改变受到的刺激。

6. 人对世界的理解有很大的主观性，所以，欲了解一个人，"必须能以其人之目视之，以其人之耳闻之"。

7. 个体心理学等同于一门社会心理学，依据是人的一切行为都应放在社会环境的背景下理解。如同早期的格式塔心理学学派所描述的那样，"人们在现象场内东逛西闯，个体心理学也是一种'场'"。

8. 精神分析法在弗洛伊德体系中是中性的，阿德勒的心理学较之弗氏理论更有价值观。他认为，最高价值，乃是人的理想价值，在于社会利益。这一观点后来被许多人视为诸如"爱人如己，爱你的邻舍"和"切莫总是曲高和寡"等宗教戒律在心理学上的重新演绎。作为现代存在主义先驱的阿德勒，不但从理论和实践阐述了生活常规，而且着重强调诸如选择、个体责任和生活意义等观念。

9. 个体心理学可以被描述为一种研究特殊规律的心理学。一方面，阿德勒认为研究一般规律的描述可以植入教学目的，另一方面，他又用带有预测性的眼光告诫学生："等到了那时，它也可能是全然不同的局面。"

10. 个体心理学是一种应用心理学而非一种拥有心理学。它是功能的，也是能动的，除非用于探索，个体心理学不会产生分支。那些诊断术语与阿德勒学派的实践格格不入。

个体心理学的主要贡献在于：

1. 人是天生的社会动物，人的一切行为受社会驱力的推动，人格形成的要素是社会兴趣。

2. 最早提出"创造性自我"的观念。

3. 强调人格的独特性，一个人的一举一动都有不可替代的个人生活格式。

4. 意识是人格的中心。人是一个自我意识的个体，能充分了解自我实现意义，并能用计划指引个人的行为。

5. "学校心理卫生中心"的最早设立者。

6. 将弗氏人格发展的重点转移到社会的需要与社会文化的影响上。

7. 创设人本主义的人性理论，即人的命运由自己支配，不受命运主宰。

但个体心理学也体现了它的局限性，主要表现在：

1. "个体心理学"强调的补偿作用偏重于生理组织方面，而对社会文化各方面却忽视了。

2. 积极的补偿并非可以体现在所有有缺陷的人身上，只有那些虽然有生理缺陷但本身有足够的自信的人，并且有外在力量的支持，才能因积极的补偿作用产生理想的"优越感"。

3. "个体心理学"的补偿作用基于反抗自卑感，这乃消极倾向的解释，忽略了人的积极支配欲。

自卑情结

阿德勒提出的自卑情结是个体心理学的重要概念，在阿德勒的理论中，当一个人面对他适应不了或者解决不了的问题时，他会给自我设定一个限制，认定自己绝对无法解决这个问题，这时的畏难情绪就是自卑情结。此外，还有眼泪、愤怒以及认错道歉，都可以圈定为自卑情结的表现。有自卑情结的人总是有一种紧张感，这时候，争取优越感的补偿动作必然会出现，正如阿德勒指出的那样，自卑感"是人类地位之所以增进的原因"。有自卑情结的人通过争取权力可以变得更为有力来补偿机体的柔弱不足。补偿途径表现在两个方面：

一种是认识自身生理缺陷，集中力量在低劣的器官上发展其功能。例如，身体孱弱者可以通过持之以恒的体育锻炼增强体质，当个体经过非凡的努力之后，原来的生理缺陷转变成为自身的优势。对此,阿德勒称之为"超补偿"。

另一种是承认自己的某种生理缺陷,通过发展其他器官机能弥补有缺陷的机能。例如,耳聋者可以发展视觉来进行弥补,或者体弱者可以转向思想领域,以笔代剑获得补偿。

自卑感并非只在个体身上体现,同样适合全人类应用,正如阿德勒指出的,自卑感"是人类地位之所以增进的原因",比如,科学的兴起和发展,都是因为人类认识到自己的无知,以及人类预测未来的需要,必须改进人类的整个情境,对宇宙进行更进一步的探索,在试图妥善控制自然力时,努力奋斗的结果。按照这个定义,人类的全部文化都是以自卑感为基础的。

社会兴趣

社会兴趣是指个体对所有成员的一种情感,或对人类本性的一种态度。具体表现在为了社会进步而不是从一己私利出发而与他人进行合作。阿德勒认为,社会兴趣作为人类本性的一部分,一直根植于人的潜能之中,因此,社会兴趣的发展可以造就有益的生活方式。同时,社会兴趣还是衡量一个人心理健康的标准。

社会兴趣的发展可以通过人们的职业选择、参与社会活动的热情和妥善解决爱情婚姻这三大任务来衡量,而三大任务的顺利解决可以反映个体丰富的社会兴趣,反之,可以视为社会兴趣缺乏。社会兴趣缺乏的人会有两种生活方式,一是优越情结,二是自卑情结。阿德勒根据个体所具有的社会兴趣特点,把人划分为四类:①统治——支配欲;②索取——依赖型;③回避型;④社会利益型。前三种类型的人的社会兴趣和生活方式都是错误的,只有第四种类型的人才具有正确的社会兴趣和健康的生活方式。